SV

Jacques Derrida
Schurken

Zwei Essays über die Vernunft

Aus dem Französischen von
Horst Brühmann

Suhrkamp

Titel der Originalausgabe:
Voyous. Deux essais sur la raison
© 2003 Éditions Galilée, Paris

Bibliografische Information Der Deutschen Bibliothek
Die Deutsche Bibliothek verzeichnet diese Publikation in der
Deutschen Nationalbibliografie
http://dnb.ddb.de

© der deutschen Ausgabe
Suhrkamp Verlag Frankfurt am Main 2003
Alle Rechte vorbehalten, insbesondere das der Übersetzung,
des öffentlichen Vortrags sowie der Übertragung
durch Rundfunk und Fernsehen, auch einzelner Teile.
Kein Teil dieses Werkes darf in irgendeiner Form
(durch Fotografie, Mikrofilm oder andere Verfahren)
ohne schriftliche Genehmigung des Verlages reproduziert
oder unter Verwendung elektronischer Systeme verarbeitet,
vervielfältigt oder verbreitet werden.
Druck: Nomos Verlagsgesellschaft, Baden-Baden
Printed in Germany
Erste Auflage 2003
ISBN 3-518-58373-5

1 2 3 4 5 6 – 08 07 06 05 04 03

Inhalt

Vorwort. Veni 7

Das Recht des Stärkeren (Gibt es Schurkenstaaten?) 15

1. Freilauf 21
2. Zügellosigkeit und Freiheit: der Roué 37
3. Das Andere der Demokratie, der regelmäßige Wechsel: Alternative und Alternanz 48
4. Herrschaft und Metrik 66
5. Freiheit, Gleichheit, Brüderlichkeit oder Wie nicht sinnsprechen 84
6. Der Schurke, der ich bin 93
7. Gott, was darf man nicht sagen? Und in welcher kommenden Sprache? 102
8. Der letzte der Schurkenstaaten: Die »kommende Demokratie«, zum Öffnen zweimal drehen 111
9. Mehr Schurkenstaaten, keine Schurkenstaaten mehr . 134
10. Sendung 150

Die »Welt« der kommenden Aufklärung
(Ausnahme, Kalkül und Souveränität) 159

1. Teleologie und Architektonik: Die Neutralisierung des Ereignisses 160
2. Ankommen – an den Grenzen des Staates (und des Krieges und des Weltkriegs) 189

Vorwort
Veni

»*La raison du plus fort et toujour la meilleure*
Nous l'allons montrer tout à l'heure.«
»*Des Stärkern Recht ist stets das beste Recht gewesen*
Ihr könnt's in dieser Fabel lesen.«[1]

Aus welcher politischen Geschichte könnten wir heute, in derselben Tradition, diese fabelhafte Moral ziehen? Lehrt sie uns, wie man oft annimmt, daß Gewalt »vor« Recht geht? Oder, was nicht dasselbe ist, daß der Begriff des Rechts selbst, daß die juridische Begründung a priori den möglichen Rekurs auf Zwang und Zwangsmittel, also auch auf irgendeine Gewalt einschließt? Diese Deutung war zum Beispiel diejenige Kants, und sie stellte nicht notwendigerweise den Standpunkt des Wolfs dar. So wenig wie den des Lamms.

Und vor allem: woher stammt eigentlich diese unermeßliche Tradition, die Gewalt und Recht paart und die weit über La Fontaine, über Bodin, Hobbes und Grotius, Pascal und Rousseau zurück- und hinausreicht, von Platon bis zu Carl Schmitt? Stehen wir noch in dieser unruhigen und zugleich unverrückbaren Abstammungslinie? Und ganz abgesehen von Gewalt: läßt sich Gerechtigkeit auf Recht zurückführen?

Was ist nun mit dem Recht? Und wer hat es? »Qui de droit« sagt man im Französischen, um jemanden zu bezeichnen, der ein Recht hat auf …, der befugt ist zu … oder der die Macht hat, zu entscheiden über … Aber wer hat eigentlich das Recht, recht zu geben oder das Recht zu nehmen, sich das Recht zu geben, zuzuschreiben oder in souveräner Weise Recht zu setzen? Es souverän aufzuheben? So hat Schmitt den Souverän definiert: als denjenigen, der das Recht hat, das Recht zu suspendieren.

---

1 Jean de La Fontaine, »Le loup et l'agneau«, in: *Fables*, Erstes Buch, 10. Fabel. Deutsch: *Sämtliche Fabeln*, übersetzt von Ernst Dohm und Gustav Fabricius, Düsseldorf/Zürich: Artemis und Winkler 2002, S. 39.

Zwei Vorträge[2] scheinen hier einander zu antworten, vielleicht so, wie Echo eine letzte Silbe des Rufs von Narziß zu wiederholen vorgab, um in Wahrheit etwas anderes zu äußern, um in diesem Augenblick etwas im eigenen Namen zu bekunden, gleichsam um die Fähigkeit einer zurechnungsfähigen Antwort wiederzugewinnen und sich dadurch dem souveränen Verbot und der Tyrannei einer eifersüchtigen Göttin zu entwinden. Echo gibt also jedem, der Ohren hat zu hören, jedem, der es vielleicht gern hören möchte, etwas anderes zu verstehen als das, was sie zu äußern scheint. Obwohl sie nichts vorgaukelt, nur getreu wiederholt, was sie eben vernahm, schleicht sich ein anderes Gaukelspiel ein, das ihrer Antwort die Eigenschaft einer bloßen Wiederholung nimmt. Sie spricht aufrichtig, sie erklärt ihre Liebe, sie ruft zum ersten Mal, indem sie das »Komm!« des Narziß wiederholt, indem sie sich zum Echo einer narzißtischen Rede macht. Sie ist voll überströmender Liebe, sie überströmt mit ihrer Liebe die Rufe des Narziß, von denen sie nur die Kadenz oder die Zueignung [envoi] zu wiederholen scheint. Asymmetrische Korrespondenz, wie stets ungleich, ungleich im Verhältnis zur Gleichheit untereinander: Ur-

---

2 Der erste Vortrag, »Das Recht des Stärkeren (Gibt es Schurkenstaaten?)«, wurde am 15. Juli 2002 in Cerisy-la-Salle gehalten. Das von Marie-Louise Mallet geleitete zehntägige Kolloquium vom 9. bis zum 18. Juli 2002 stand unter dem Titel »Die kommende Demokratie (Um Jacques Derrida)«.
Der zweite Vortrag, »Die ›Welt‹ der kommenden Aufklärung (Ausnahme, Kalkül und Souveränität)«, wurde zur Eröffnung des 39. Kongresses der Vereinigung der französischsprachigen Gesellschaften für Philosophie am 27. August 2002 an der Universität Nizza gehalten. Dieser Kongreß trug den Generaltitel »Die Zukunft der Vernunft und das Werden der Rationalitäten« und fand vom 27. August bis zum 1. September 2002 unter dem Vorsitz von André Tosel statt.
In beiden Fällen schien es angemessen, die Texte im Druck unverändert wiederzugeben, um ihre unvermeidlichen Beschränkungen und ihre ursprüngliche Bestimmung zu respektieren. Nichts wurde also von den Eigenheiten gestrichen oder geändert, welche die Situation des mündlichen Vortrags mit sich bringt: ein bestimmter Tag, ein bestimmter Ort, diese oder jene bestimmten Adressaten. Nur einige Anmerkungen am Fuß der Seite werden bei Gelegenheit nachträglich eingefügt.

sprung der Politik, Frage nach der Demokratie. (Wenn ich hier allzu wohlgefällig bei den *Metamorphosen* zu verweilen scheine, so deshalb, weil sich in der berühmten Szene alles um einen Ruf *zu kommen* dreht. Und weil man dort, im Schnittpunkt des Unvorhersehbaren und der Wiederholung, jedesmal aufs neue, eines ums andere Mal, ein für allemal nicht *kommen* sieht, was als *Künftiges* noch aussteht, das durchgängigste Motiv dieses Buches. »Veni!«, ruft Narziß, »komm!« »Komm!«, antwortet Echo ihrerseits und von sich aus. Man lese nach, was daraufhin folgt.³

Andererseits bleibt in der Korrespondenz dieser beiden Adressen etwas offen, unerledigt, gleichsam vernachlässigt. Eine kommende, noch ausstehende und buchstäblich notleidende, unzustellbare Sendung.

Tatsächlich scheinen diese beiden Reden – die im Abstand von einigen Wochen gehalten wurden, verwandte Themen und Probleme behandeln, aber an ganz unterschiedliche Zuhörer

---

3 »›Ecquis adest?‹ et ›adest‹ responderat Echo / hic stupet, utque aciem partes dimittit in omnis, / voce ›veni!‹ magna clamat: vocat illa vocantem« (Drittes Buch, Vers 379-382). Auch wenn eine Übersetzung nahezu unmöglich ist, auch wenn sie jeweils eine idiomatische Neuerfindung des Gaukelspiels in jeder Sprache erfordert, zitiere ich leicht abwandelnd die französischen Versuche (von J. Chamonard, Paris: Garnier-Flammarion 1966, S. 99; von G. Lafaye und J. Fabre, Budé 1961, Bd. 1, S. 81 f.) sowie einen englischen (von F. J. Miller, Cambridge/London: Penguin Books 1916/1984, Bd. 1, S. 151). Wenngleich teilweise unzulänglich, scheinen sie einander hier und da zu ergänzen.

»›N'y a-t-il pas quelqu'un ici?‹ – ›Si, quelqu'un‹, avait repondu Écho. Narcisse stupéfait porte ses regards de tous côtés: ›Viens‹ crie-t-il à pleine voix. À son appel répond un appel d'Écho, ›Viens‹ …«

»›Y a-t-il quelqu'un près de moi?‹ – ›Moi‹ répondit Écho. Plein de stupeur, il promène de tous côtés ses regards. ›Viens!‹ crie-t-il pleine voix. À son appel elle répond par un appel.«

»›Is anyone here?‹ and ›Here!‹ cried Echo back. Amazed, he looks around in all directions and with loud voice cries ›Come!‹; and ›Come!‹ she calls him calling.«

[»Rief: Ist einer allhier? und Allhier! antwortete Echo. / Jener staunt, und indem er mit spähendem Blicke sich umsieht, / Rufet er: Komm! laut auf; Komm! ruft sie dem Rufenden wieder.« Deutsch von Johann Heinrich Voß, Frankfurt am Main: Insel 1990, S. 78. A. d. Ü.]

gerichtet waren – sich auf eine *kommende Vernunft* als eine *kommende Demokratie* zu berufen – im Zeitalter der sogenannten »Globalisierung«.

Die Begriffe der (theoretischen oder praktischen, moralischen und juridischen, aber auch technischen) »Vernunft«, die Begriffe der »Demokratie«, der »Welt« und vor allem des »Ereignisses« (die Ankunft oder das Kommen dessen, *was* kommt, und dessen, *der* kommt) bilden hier ein und denselben Problemknoten. Im Rahmen eines Vorworts lassen sich die Fäden nicht entwirren. Auch wenn sie kein »System« ausmachen, bleibt jedenfalls (so meine Hypothese) eine gewisse Verflechtung bestehen. Und deren Analyse geboten. Ein roter Faden, einer der am deutlichsten erkennbaren, wäre dabei die große, drängende und schwierige Frage, das alte und neue Rätsel der *Souveränität*, besonders der nationalstaatlichen Souveränität, heiße sie nun demokratisch oder nicht.

Was »kommt« heute auf die Technowissenschaft, das internationale Recht, die moralisch-juridische Vernunft, die politischen Praktiken, die bewaffnete Rhetorik »zu«? Was geschieht ihnen, wenn sie dem Begriff und dem Namen der *Souveränität* unterstellt werden, wo doch die überkommene Macht und die ontotheologische Fiktion dieses Namens und dieses Begriffs mehr denn je an Legitimität eingebüßt haben?

Was geschieht mit dem Motiv des »Politischen« und des »Krieges« (des Weltkriegs oder regionalen Kriegs, des zwischenstaatlichen oder Bürgerkriegs, ja selbst des »Partisanenkriegs«)? Was wird aus dem Motiv des (nationalen oder internationalen) »Terrorismus«, wenn das alte Gespenst der Souveränität seine Glaubwürdigkeit verliert? Schon länger, als man zumeist glaubt, aber heute auf andere Weise und in anderem Tempo?

Diese Situation ist durch jenes angeblich zentrale, auf einen ominösen »11. September 2001« datierte »Ereignis« gewiß nicht geschaffen, ja nicht einmal an den Tag gebracht worden, auch wenn diese Morde und jene Selbstmorde (so wie viele andere) die Voraussetzungen dieser Situation und einige ihrer unvermeidlichen Folgen medial inszeniert haben und auch wenn diese mediale Inszenierung für die Struktur und die Möglichkeit des besagten Ereignisses wesentlich waren.

Das Wort *voyou* [Schurke] hat in der französischen Sprache

eine Geschichte. An sie muß man erinnern. Hingegen ist der Begriff »Schurkenstaat« die rezente und mehrdeutige Übersetzung dessen, was die amerikanische Regierungsadministration seit einigen Jahrzehnten anprangert: den *rogue State*, jenen Staat, der seine Staatspflichten gegenüber der Weltgemeinschaft und die Verpflichtungen des Völkerrechts mißachtet, den Staat, der das Recht verhöhnt – und den Rechtsstaat verspottet.[4]

Diese Sprache besitzt also ein gewisses Privileg, wenn man sich die Frage stellt, was bei der Globalisierung – *mondialisation*, so die fragwürdige und ebenso noch ganz neue Übersetzung des englischen Begriffs *globalisation* – eigentlich *geschieht*. Eine gewisse Erfahrung mit englischen Übersetzungen wird uns hier gleich an das denken lassen, was man in wenigen Worten, ohne bereits darauf einzugehen, als »die Frage der Vereinigten Staaten«[5] und ihres »Rechts des Stärkeren« zumindest etikettieren kann. Hegemonie? Suprematie? Neue Gestalt eines Imperiums oder des Imperialismus? Müssen wir uns mit diesem Wortschatz begnügen, oder sollten wir, ohne über einen Kompaß zu verfügen, noch nach etwas anderem suchen?

Wie jüngst in *Die unbedingte Universität*[6] schlägt jeder der beiden Versuche am Ende des Weges eine schwierige oder zer-

---

4 Als Rechtsstaat, so sollten wir hervorheben, bezeichnet man ein verabredetes, zugleich logisches und soziales *System*. Es *schreibt* einen bestimmten Argumentationstyp *vor* oder gibt ihm den Vorrang, nämlich denjenigen, der den angestrebten Konsens und die Schlußfolgerungen einer Debatte oder eines Konflikts, eigentlich also die Gegenstände eines Streitfalls, dem Recht unterwirft. Unterwirft sich die Staatsräson immer dem Rechtsstaat? Untersteht auch die Souveränität dem Rechtsstaat? Oder reicht sie über ihn hinaus und verrät ihn, stets in einer Ausnahmesituation, genau in dem Augenblick, in dem sie ihn zu begründen vorgibt? Vielleicht ist dies der *Typus* der Fragen, die sich in diesem Buch aneinanderreihen.

5 Diese Problematik der »amerikanischen« Dimension dessen, was man seit beinahe vierzig Jahren als »die« »Dekonstruktion« bezeichnet, wurde in bewundernswerter Weise aktualisiert, neu reflektiert und originell formalisiert von Peggy Kamuf in ihrer Einleitung (»Introduction: Event of Resistance«) zu Jacques Derrida, *Without Alibi*, Stanford, CA: Meridian 2002.

6 Jacques Derrida, *Die unbedingte Universität*. Übersetzt von Stefan Lorenzer, Frankfurt am Main: Suhrkamp 2001.

brechliche Unterscheidung vor. Ich halte sie für fast unmöglich, aber wesentlich, sogar unentbehrlich. Gleichsam für einen letzten Hebel. Man müßte, was Vernunft und Demokratie angeht, was eine demokratische Vernunft angeht, in der Tat versuchen, die (stets prinzipiell unteilbare) »Souveränität« und »Unbedingtheit« voneinander zu trennen. Beide entziehen sich absolut, wie das Absolute selbst, jedem Relativismus. Darin liegt ihre Verwandtschaft. Doch aus bestimmten Erfahrungen, von denen in diesem Buch die Rede sein wird, und – allgemein gesprochen – aus der Erfahrung, die sich von dem affizieren läßt, der (das) kommt, also vom *kommenden anderen*, erweist sich ein unbedingter Verzicht auf die Souveränität als *a priori* erforderlich. Noch vor dem Akt einer Entscheidung.

Eine solche Trennung legt zugleich den Gedanken an die Unvorhersehbarkeit eines Ereignisses nahe, das notwendigerweise in keinem Horizont liegt, die einzigartige Ankunft des anderen und folglich eine *schwache Kraft*. Diese verletzliche, kraftlose Kraft setzt sich dem *Kommenden*, der (das) sie affiziert, bedingungslos aus. Das Kommen dieses Ereignisses fällt nicht mehr unter die Herrschaftsbedingungen und die konventionelle Autorität des sogenannten »Performativen«. Es überschreitet also auch, ohne ihr eine gewisse Triftigkeit abzusprechen, die nützliche Unterscheidung zwischen »konstativ« und »performativ«. Und darüber hinaus viele weitere mit ihr zusammenhängende Unterscheidungen, beispielsweise die zwischen theoretischer und praktischer Vernunft oder die zwischen Wissenschaft und Technik.

Einmal mehr ähnelt die den beiden Vorträgen gemeinsame Behauptung einem messianischen Glaubensakt – freilich einem irreligiösen Glauben ohne Messianismus. Mehr als an eine »Religion innerhalb der Grenzen der bloßen Vernunft« (die bei Kant ja letztlich noch sehr christlich grundiert ist) hätte eine solche Behauptung Anklänge an eine weitere Bestimmung der *chora*.[7] Im Zuge einer Neuinterpretation des Platonischen

---

7 Es sei mir erlaubt, an dieser Stelle neben anderen Voraussetzungen auf einige Werke hinzuweisen, die mir nach »Chora«, »Außer dem Namen« und »Passionen« (alle in: *Über den Namen. Drei Essays*. Übersetzt von Hans-Dieter Gondek und Markus Sedlaczek, Wien: Passagen 2000) den

Timaios hatte ich mit dem Namen *chora* (der ganz allgemein *Lokalität*, Verräumlichung, Intervall bedeutet) einen anderen, alterslosen *Ort* [lieu] benannt, ein anderes »Statthaben« [avoir-lieu], den Platz oder die unersetzliche Setzung [placement irremplaçable] einer »Wüste in der Wüste«, eine Verräumlichung »vor« der Welt, »vor« dem Kosmos oder Globus, »vor« jeder Chrono-Phänomenologie und jeder Offenbarung, »vor« jedem »als solches« und jedem »als ob«, »vor« jeder Dogmatik und jeder anthropo-theologischen Geschichtlichkeit.

Aber das, was ihnen Raum gäbe [donnerait lieu], wenn auch keinen festen Boden und kein Fundament, wäre eben genau die *chora*. Dem, was man das Kommen des Ereignisses nennt, gäbe sie *statt* – ohne jemals irgend etwas zu *geben*. Die *chora* nimmt eher auf, als sie gibt; Platon stellt sie übrigens als »Behältnis« dar. Selbst wenn sie »vor allem« kommt, existiert sie nicht für sich. Ohne daß sie zu dem gehörte, dem sie Platz einräumt, ohne daran *teilzuhaben*, ohne davon *Teil* zu sein und ohne etwas anderes oder ein anderer zu sein, ohne irgend etwas und irgend etwas anderes zu geben, gäbe sie Raum. *Chora*: vor der »Welt«, vor der Schöpfung, vor der Gabe und dem Sein; *chora*, die es vielleicht »vor« allem »da ist [il y a]« als »*es gibt**« gibt.

Aus diesem Denken läßt sich zweifellos keine Politik, keine Ethik und kein Recht *ableiten*. Natürlich kann man damit nichts *tun*. Man muß nichts daraus machen. Aber sollte man deshalb daraus schließen, dieses Denken hinterlasse keine Spur in dem, was es zu tun gibt – zum Beispiel in der künftigen Politik, der künftigen Ethik oder dem künftigen Recht?

Nach ihm, nach dem, was hier den Namen *chora* erhält, würde so vielleicht ein Anruf ergehen: der Ruf nach einem Denken des *kommenden* Ereignisses, der *kommenden* Demokratie, der *kommenden* Vernunft. Gewiß liegen auf diesem Ruf alle Hoffnungen, aber er als solcher bleibt ohne Hoffnung. Nicht verzweifelt, doch jeder Teleologie, jeder Hoffnung und jedem *Er-*

Weg bahnen sollten: insbesondere *Marx' Gespenster* (übersetzt von Susanne Lüdemann, Frankfurt am Main: Fischer 1995), »Glaube und Wissen« (in: Jacques Derrida und Gianni Vattimo (Hg.), *Die Religion*. Übersetzt von Alexander García Düttmann, Frankfurt am Main: Suhrkamp 2001) und *Donner la mort* (Paris: Galilée 1999).

lösungsheil [salut de salvation] fremd. Nicht fremd hingegen dem Gruß [salut] an den anderen, dem Lebewohl (»komm« oder »geh« in Frieden) und der Gerechtigkeit, doch heterogen, widerspenstig und irreduzibel auf das Recht, die Macht und die Ökonomie der Erlösung.

Das Recht des Stärkeren
(Gibt es Schurkenstaaten?)

Für eine gewisse Sendung, die uns erwartet, stelle ich mir eine knappe Formalisierung vor, einen sehr elliptischen Satz in den beiden Bedeutungen des Wortes *Ellipse*. Die Ellipse benennt nicht nur den Mangel. Sie ist auch eine Kreisfigur mit mehr als einem Brennpunkt. Schon befinden wir uns zwischen dem »Weniger als ein(s)« und dem »Mehr als ein(s)«.

Vielleicht hat die Demokratie – zwischen dem »Weniger als ein(s)« und dem »Mehr als ein(s)« – eine tiefe Affinität mit jener Wendung oder Trope, die man als Ellipse bezeichnet. Die elliptische Sendung würde uns per E-Mail erreichen, und wir läsen:

»*Die kommende Demokratie: dafür braucht es die Zeit, dafür muß es die Zeit geben, die es nicht gibt* [il faut que ça donne le temps qu'il n'y a pas].«

Zweifellos wäre es, wenn ich so sagen darf, ein wenig »schurkisch« von mir, wenn nicht »gerissen«, wenn ich hier beginnen würde, ohne noch einmal meine Dankbarkeit zu bezeugen.

Noch einmal, gewiß, aber für mich ist noch einmal stets ein neues Mal, auf jedesmal ganz neue Weise, nochmals ein erstes Mal, einmal mehr und ein für allemal das erste Mal. Nicht ein einziges Mal für immer, sondern ein für allemal das erste Mal.

In Cerisy empfinde ich in Momenten wie diesem, unter der Last einer Wiederholung, die sich niemals wiederholt, mehr denn je die dringliche Notwendigkeit, das, was man mit jenem rätselhaften Ausdruck das »Mal« nennt, und seine jeweilige »Wieder-kehr« [re-tour] zu denken, die Drehung, Wendung, Runde [le tour], den Turm [la tour], die Umdrehungen [les tours], kurz: alles, was mit »Wieder-kehr« zusammenhängt, Ursache einer ewigen Wiederkehr noch in der Vergänglichkeit eines Tages, in der unleugbaren Endlichkeit des Flüchtigen.

Vielleicht wird sich heute bei mir alles nur um diese Wendungen drehen, um Nacheinander [tour-à-tour] und Wieder-kehr.

Ich wäre also, mögen Sie denken, nicht nur »schurkisch«, sondern »ein Schurke«, würde ich nicht zu Beginn eine grenzenlose und rückhaltlose Dankbarkeit äußern, die man niemals wird ermessen können, um zu erkennen und anzuerkennen, was mir hier geboten wurde.

Aber es wäre, sagen wir es noch einmal, schon ein wenig »schurkisch« von mir, wenn ich unter dem Vorwand, daß die Schuld grenzenlos ist und ich, wenn es so etwas wie Dankbarkeit gibt, diese Schuld niemals werde abtragen können, Ihnen allen mein Gefühl der Ergriffenheit verbergen würde, denen, die mich im Verlauf von wenigstens vier Dezennien, seit 1959, und für nun schon vier Dekaden in diesem Schloß empfangen haben.

In mehr als vier Dezennien also und vier Dekaden, ganz zu schweigen von den mehr als vier weiteren, an denen ich teilgenommen habe (»Genese und Struktur« – 1959 auf Einladung von Maurice de Gandillac, und ich schätze mich glücklich, ihn hier begrüßen zu können –, »Nietzsche«, »Ponge«, »Lyotard«, »Genet«, »Cixous«: damit wären sie alle genannt).

Mehr als vier Dezennien und mehr als das Doppelte von vier Dekaden, das macht ein ganzes Erwachsenenleben aus. Das Rad dreht sich und der Reigen und der Kreislauf der Jahrestage. Wie, wenn nicht in dankbarer Anerkennung, also Kenntnis und Wissen, sollte ich mir diesen wundersamen Glücksfall erklären oder ihn gar in die Sprache unserer angelsächsischen Freunde übersetzen, die kein Wort haben, um den Unterschied zwischen *Dezennie* und *Dekade* zu bezeichnen: Sie sagen *decade* ebenso für das Jahrzehnt wie für zehn Tage. Cerisy, das wären für mich *four decades and more than four decades*. *Decade* für Dezennie, das ist eine schlechte Wendung, eine Redewendung, die manche unserer Wörterbücher als »fragwürdigen Anglizismus« anprangern. Ich stelle mir vor, daß manche auf der anderen Seite des Kanals und des Atlantiks noch zögern, sich für eine Dekade in Cerisy anzumelden, weil sie fürchten, eines einzigen Federstrichs wegen dort zehn Jahre ausharren, reden und vor allen Dingen irgend so einem Schurken zuhören zu müssen. So daß sie dabei ihr Griechisch und ihr Latein vergäßen. Aber sie mögen unbesorgt sein: Dekade bedeutet im griechischen Kalender und noch zur Zeit der Französischen Revolution bloß zehn Tage und nicht zehn Jahre. Übrigens auch nicht zehn Stunden, wie Sie vielleicht heute befürchten.

Was die Reise des Wortes Schurke [voyou] betrifft, das ich soeben in seiner riskanten Übersetzung zwischen Anglophonie und Frankophonie fallenließ, so berührt sie einige der politischen Fragen, auf die ich gegen Ende dieser Sitzung zu sprechen kommen möchte. Auf dem Wege vom *rogue State* zum *État voyou* wird es um nichts weniger gehen als um das Recht des Stärkeren, um Recht, Gesetz und Gesetzeskraft, kurz: um die Ordnung, die Weltordnung und ihre Zukunft, letztlich um den *Sinn der Welt*, wie Jean-Luc Nancy sagen würde, jedenfalls – bescheidener – um den Sinn der Wörter »Welt« [monde] und »Globalisierung« [mondialisation].

Alles das sollte durch das Öhr einer Nadel gehen – das ist die *hybris* oder die verrückte Herausforderung der Metonymie, der ich die Ökonomie dieses Diskurses anvertraue. Dieses Öhr (das in der anderen Sprache dem Öhr, an das ich denke, die Entsprechung zu *the eye of a needle* liefert) wäre also der enge, verengte Durchgang, die Enge, das Auge einer Nadel, welche das Wort *voyou* kürzlich durchlaufen hat, um in dem erst jüngst entstandenen Syntagma *État voyou* die Strategie des Krieges, den die Amerikaner durch die Anprangerung von *rogue States* gegen die »Achse des Bösen« und den sogenannten »internationalen Terrorismus« führen, ins Pariserische zu übersetzen, zu transponieren, zu transkribieren. Das wird sogleich einer meiner Bezugs- und Ausgangspunkte sein.

In der Ergriffenheit, der ich aus Scham nicht nachgeben möchte, richtet sich mein Dank in einem ersten Impuls an meine Gastgeber in Cerisy, an Sie, liebe Édith Heurgon, an Catherine Peyrou, an die Mitarbeiter und Vertrauten, die hier anwesend sind, Catherine de Gandillac und Philippe Kister, sowie an diejenigen, die nicht mehr hier sind, aber im Geiste zurückkehren, um uns zu empfangen.

Ebenso möchte ich all diejenigen grüßen, die von nahe oder fern, direkt oder indirekt und schon seit so langer Zeit die Ideen und Anstöße zu der Politik oder Ethik dieser einzigartigen Gegeninstitution – wie man wohl sagen darf – geliefert haben. Schon seit so langer Zeit, habe ich gesagt, denn wir feiern in einigen Wochen ihr fünfzigjähriges Bestehen und damit die Bedeutung, die Cerisy für ein ganzes Jahrhundert intellektuellen Lebens gehabt hat; wobei jeder Buchstabe des Wortes SIECLE zum Sigel oder Erkennungszeichen eines außergewöhnlichen Abenteuers wird: intellektuelle Geselligkeit Austausch Zusammenarbeit Orte Horizonterweiterungen [Sociabilités Intellectuelles Échanges Coopérations Lieux Extensions].

Mein wärmster Dank geht auch an alle, die als Teilnehmer, Gesprächsleiter und Anreger an jenen vier Dekaden mitgewirkt haben, zuallererst an Marie-Louise Mallet. Nach Jean-Luc Nancy und Philippe Lacoue-Labarthe im Jahr 1980 hat Marie-Louise ihrerseits so viel für uns getan, nunmehr zum dritten Mal. Mit dem guten Geist, den wir von ihr kennen, wird sie ein weiteres Mal ihre Kunst, ihr Wissen und ihren Takt walten lassen, um – wie wir alle bezeugen können – die Autoritätszeichen zu mildern, sie souverän und unmerklich auszulöschen, sie mit meisterhafter Perfektion augenblicklich zum Verschwinden zu bringen. Ohne daß je irgendeine Ordnung vorgegeben würde, ordnet sich alles wie durch Zauber, wie von der Meisterhand eines großen Dirigenten, der sich darauf zu beschränken scheint, die Darbietung zu begleiten oder zu verfolgen, die, wie wir alle wissen, in Wirklichkeit er – oder vielmehr sie – insgeheim und seit langem orchestriert hat.

Ihnen allen muß ich sagen, daß meine Dankesworte für die gastliche Aufnahme eigentlich noch viel zu zurückhaltend sind, um ein Opfer zu bezeichnen, das mir mehr gibt, als ich je mein eigen nennen könnte. Denn damit schenken Sie mir mehr, als ich besitzen und mir aneignen kann. Ich empfange mehr, als ich empfangen kann oder darf.

Wie ist das möglich? Wie kann man annehmen, wozu man gar nicht in der Lage ist? Wie kann man annehmen, was man zu empfangen nie in der Lage sein wird, was also unannehmbar, wofür man unempfänglich bleibt, ganz zu schweigen von der Unfähigkeit, es zurückzuerstatten, sich erkenntlich und erkennend zu erweisen?

Dieses Denken der überschüssigen Gabe, des unmöglichen Dankes oder des anökonomischen Marktes ist von dem Brennpunkt der Fragen, um den wir uns für diese Dekade versammeln, im Grunde gar nicht so weit entfernt. Es bleibt, daß diese Gabe, ich gestehe es Ihnen, mir zu Herzen geht. Sie trifft ins Herz dessen, was mir am Herzen liegt, ins Herz dessen, was mich standhalten läßt, dorthin, wo die Arbeit des Denkens und Schreibens in mir noch Halt findet, mich hält, mich lebendig hält, und deshalb liegt mir daran, von Herzen zu sprechen, vom Grunde des Herzens.

Ich sage durchaus mit Nachdruck »mich *lebendig* hält«, denn der alte Name des *Lebens* bleibt vielleicht das Rätsel des Politischen, das wir unaufhörlich umkreisen. Was mich hier lebendig hält, rührt zunächst aus der Freundschaft. Aus einer Freundschaft des Denkens, einer selbst zu denkenden Freundschaft. In Treue. Und diese stets zitternde, gefährdete Treue wäre nicht nur dem treu, was man die Vergangenheit nennt, sondern vielleicht – falls so etwas möglich ist – dem, was noch kommen soll und bis jetzt weder Datum noch Gestalt hat.

Ich möchte glauben und werde mir sogar erträumen, daß die Treue im Gegensatz zu dem, was man oft anzunehmen geneigt ist, in erster Linie treu ist dem – Kommen [à-venir]. Künftige Treue [à venir], Treue dem Zu-künftigen [à l'avenir]. Ist das möglich?

Ich werde hier also als Zeichen von Dankbarkeit eine Art Schwur ablegen in Gestalt eines dunklen Aphorismus – wiederum unlesbar, da einmal mehr unübersetzbar in der stillschweigenden Verschiebung seiner Syntax und seiner Betonungen. Der Schwur lautet: *Ja, es gibt Freundschaft mit dem Denken, Freundschaft zu bedenken, Freundschaft auch im Denken* [il y a de l'amitié à penser].

Ich habe diesen Satz gerade mit einem Schwur verglichen. Wenn Sie versuchen, in unübersetzbarem Französisch die gleichmäßige Verschiebung der Betonungen auf dem beweglichen, dem lebendigen oder animalischen Körper dieses Satzes zu verfolgen (»*oui, il y a* – de l'amitié à penser«; »oui, il y a *de l'amitié – à penser*«; »oui, il y a – de l'amitié *à penser*«), werden Sie sehen, wie sich der Sinn dabei verschiebt ähnlich den Gliedern einer Schlange.

Dieser Schwur droht einer Schlange zu ähneln. Drohung und Versprechen zugleich, Drohung und nicht zu verpassende Gelegenheit, denn es ist nicht sicher, daß die Schlange, wie eine Lesart der Genesis uns das weismachen möchte, eine Figur des Bösen ist, *along the axis of evil*. Einzig eine gewisse Poetik vermag eine herrschende Interpretation in eine andere Richtung zu lenken – handele es sich um die Bibel oder einen anderen kanonischen Text.

Ausgerechnet mit einem ungewöhnlichen Bild der Gastfreundschaft gibt ein Gedicht von D. H. Lawrence, »Snake«, der Figur der Schlange eine neue Deutung. Hinter der Stimme des Dichters steht zweifellos eine Frau, die »ich« sagt, um die Schlange zurückzurufen: »*And I wished he would come back, my snake.*« / »*Und ich wünschte, sie würde zurückkommen, meine Schlange.*« Diese Rückkehr würde der Wiederkehr dessen ähneln, der wie ein stiller Gast gekommen war *(»he had come like a guest in quiet«* / »*daß sie wie ein Gast im stillen gekommen war«)* – und in der Tat wollte ich nicht nur vom Leben, sondern auch von Frieden oder Gastfreundschaft sprechen. Diese Rückkehr wäre die Wiederkehr eines friedlichen Gasts, der ein König ohne Krone, ein König im Exil ist *(»like a king in exile, uncrowned in the underworld ...«* / »*wie ein König im Exil, ungekrönt in der Unterwelt ...«)*, vor allem aber die Wiederkehr eines Herrn des Lebens, einer letzten Souveränität über das Leben, deren Chance verpaßt sein wird *(»And so I missed my chance with one of the lords / Of life / And I have something to expiate.«* / »*Und so verpaßte ich meine Chance bei einem der Herren / des Lebens. / Und ich habe etwas zu sühnen.«)*.[1]

So möchte ich hier das Wagnis eingehen, mich dem Zufall, das heißt dem unberechenbaren *Vielleicht*, zu überantworten, dem Unberechenbaren eines anderen Denkens des Lebens, des Lebendigen des Lebens, unter dem alten und doch immer noch ganz neuen und vielleicht noch gar nicht bedachten Namen der »Demokratie«.

---

1 David H. Lawrence, »Schlange«, in: *Vögel, Blumen und wilde Tiere. Gedichte.* Zweisprachig. Übersetzt von Wolfgang Schlüter, Bonn: Weidle 2000, S. 88 f.

1. Freilauf

Die Drehung, Wendung, Windung [le tour], der Turm [la tour], der Kreislauf der Runden und Umrundungen [tours et retours]: das sind die Motive, der Motor und der Erste Beweger, das sind die Ursachen und die Gegenstände, die ich unaufhörlich umkreisen werde.

Wenn ich von nun an auf das zurückkomme, was unwiederbringlich stattgefunden haben wird, muß ich – der Kreisbahn einer vollendeten Zukunft folgend, einer Zukunft, die, wenn ich so sagen darf, abgelaufen [revolu], annulliert ist – Ihnen sogleich vorauseilen und Sie gleich zu Beginn, noch auf der Schwelle, warnen, daß ich gezwungen war, dem Befehl einer vorgängigen Frage zu folgen. Einer doppelten und nicht zufällig doppelten Frage.

Diese doppelte (zugleich semantische und historische, mal semantische und mal historische) Frage wird mich überwältigt haben, und ich werde gezwungen gewesen sein, ihrer Gewalt und ihrem Recht [droit] zu weichen. Ihr Recht [raison], das Recht des Stärkeren, wird das der stärkeren Gewalt gewesen sein.

Da ich eben »zugleich historisch und semantisch, mal semantisch und mal historisch«, also mal »zugleich« und mal »nacheinander« gesagt habe, möchte ich hier gleich zu Beginn und ein für allemal zu Protokoll geben, was für alles Folgende gelten soll. Jedesmal, wenn ich künftig »mal [fois]« sage, »zugleich [à la fois]«, »jedes zweite Mal«, »zweimal«, »jedesmal«, »gleichwohl [toutefois]«, »manchmal«, »zuweilen [quelquefois]«, »ein andermal«, »einstmals«, beziehe ich mich implizit auf eine Drehung und Umdrehung. Und das hängt nicht nur mit der lateinischen Etymologie des Wortes »fois« zusammen, nämlich jenes seltsamen Wortes *vicis*, das keinen Nominativ hat, sondern nur einen Genitiv, den Akkusativ *vicem* und den Ablativ *vice*, um jedesmal die Drehung, die Aufeinanderfolge, das Alternieren oder die Alternative zu bezeichnen (etwas dreht sich, indem es sich umkehrt, nacheinander mal so und mal so ist, alternativ oder *vice versa*, wie in *vice versa* oder *circulus vitiosus*). Wenn ich mir gestatten darf, mich ein einziges Mal auf mein Büchlein

*Schibboleth. Für Paul Celan*² zu beziehen, so werde ich daran erinnern, daß dieser durch und durch politische Essay zunächst und vor allem über das Datum und seine jährliche Wiederkehr nachdenkt und sich bereits von der zweiten Seite an über die Lexik des *fois* verbreitet, über die sprachlichen Grenzen, die ihrer Übersetzung Schranken setzen und deren Überschreitung mühsam ist: »Was die bunte Palette unserer Latinität angeht, das *vez* im Spanischen, die ganze Syntax von *vicem, vice, vicibus, vicissim, in vicem, vice versa* und sogar *vicarius*, all ihre Windungen und Wendungen, Stellvertreter und Lückenbüßer, ihre Volten und Voltigen, so werden wir mehr als einmal darauf zurückkommen müssen«,³ mehr als *una volta*, wie man im Italienischen sagt. Jedesmal bestätigt sich darin ein gefährliches Gesetz der Supplementarität oder Iterierbarkeit, welches das Unmögliche erzwingt, indem es zur Ersetzung des Unersetzlichen nötigt. Was damals geschah, wird heute ein weiteres Mal geschehen, wenngleich auf ganz andere Weise, auch wenn ich es nicht jedesmal anzeige oder hervorhebe.

Eine doppelte Frage also – eine *zugleich* semantische und historische, *mal* semantische und *mal* historische. Um welche Frage handelt es sich, die da zweigeteilt oder mal zwei genommen wird?

In dem Augenblick, in dem ich sie Ihnen anvertraue, bekomme ich ein zwiespältiges Gefühl.

Einerseits könnte uns diese doppelte Frage nötigen, dem Wort »Frage« selbst eine andere Richtung zu geben. Sie zwänge sich zu Beginn des Spiels auf – und ebendeshalb habe ich sogleich von Befehl und Übermacht gesprochen, von einer Gewalt, die alles überwältigt haben wird, vor allem mich – in Gestalt einer gewaltsamen Frage, der Frage im Sinne der inquisitorischen Folter, der peinlichen Befragung ebensosehr wie der In-Frage-Stellung.

Andererseits bedrängt mich diese doppelte Frage erneut. Sie ist zurückgekehrt, umkreist mich, wieder und wieder, umrundet mich auf ihrer Bahn und wirft mich aus der Bahn, als befän-

---

2 Jacques Derrida, *Schibboleth. Für Paul Celan*. Übersetzt von Wolfgang Sebastian Baur, Graz/Wien: Passagen 1986.
3 Ebd., S. 10.

de ich mich eingeschlossen in einem Turm, den ich nicht zu umrunden vermag, ebensowenig wie ich imstande bin, die Wendung einer zirkulären Maschine wahrzunehmen oder mir vorzustellen, die nicht rund läuft.

Denn wenn ich sage, daß ich Ihnen diese doppelte Frage anvertraue, ja sie Ihnen im Vertrauen mitteile, so deshalb, weil die verdrehte Wendung, die diese zwiegespaltene und heimtückische Frage genommen und erzwungen hat, mich umtreibt und mich bei der Vorbereitung dieser Dekade unaufhörlich gequält hat. Die Tortur ist, wie Sie wissen *(torqueo, tortum, torquere)*, manchmal wegen der Inquisition oder der inquisitorischen Befragung, nicht weit entfernt von irgendeinem Torquemada,[4] stets eine Drehung, eine Verdrehung [torsion] beziehungsweise die Wiederkehr einer Vergeltung [retorsion]. Bei jeder Folter gibt es ein Rad. Die Folter setzt stets kreisende Gewalt und beharrliche Wiederholung, Verbissenheit, wiederholte Drehung irgendeines Kreises ein.

Die Folter auf dem Rad ist Teil der großen Geschichte des Rechts und der Politik. Sie benutzt jedoch ebensosehr wie die Vierteilung des angeblich Schuldigen die Vorrichtung eines sich drehenden Rades. Man zerstückelt den Delinquenten, dessen in die Speichen geflochtener Körper [corps] mit dem Rad eins wird [fait corps] und seiner Rotation unterworfen bleibt. Wenn ich von einer doppelten Frage spreche, deren Folterqual wiederkehrt, wenn ich sage, daß diese Frage gleichzeitig und/oder nacheinander eine historische und begriffliche oder semantische war, beschreibe ich eine Marter der Zerstückelung auf dem Rad. Es gibt die Vierteilung im buchstäblichen Sinne, bei der Pferde, an die vier Glieder des Verurteilten gespannt, seinen Körper zerreißen. Es gibt aber auch eine Art Vierteilung auf dem Rad: es dreht sich und spannt, zieht, zerrt und reißt die vier Teile des derart zerstückelten Körpers in zwei entgegengesetzte Richtungen.

Eine doppelte Frage also. Wie ein Wiedergänger kehrt sie quälend zurück. Sie betrifft nicht nur den Titel, den wir, Marie-Louise Mallet und ich, für diese Dekade gewählt haben. »Die

---

4 Tomás de Torquemada (1420-1498), Beichtvater Ferdinands II., organisierte als Generalinquisitor die spanische Inquisition. – A. d. Ü.

kommende Demokratie«, das war eine unverhüllte Bezugnahme auf einen Ausdruck, zu dem ich mich so oft, seit mehr als einem Jahrzehnt, gewissermaßen geflüchtet habe – diesem seltsamen, nackten, satzlosen Syntagma aus drei Wörtern, »démocratie à venir« –, als hätte ich lieber im Unbestimmten und Uneindeutigen bleiben wollen. Als ob ich der apophatischen Kraft einer negativen Theologie nachgegeben hätte, die ihren Namen nicht nennt, statt mit einer strengen Definition dessen zu beginnen, was »Demokratie« eigentlich ist und gegenwärtig bedeutet. Diese Schwäche wäre spürbar *dort, wo ich nicht weiß* und vor allem nicht weiß, ob es eine Frage des Wissens ist, was eine Demokratie, die ihres Namens würdig ist, eigentlich bedeutet und gegenwärtig ist. Oder auch was »ihres Namens würdig« bedeutet, eine Redewendung, deren ich mich so häufig bediene und die von mir eines Tages eine ausführliche Rechtfertigung verlangen wird. Als ob »kommende Demokratie« nicht so sehr »kommende Demokratie« bedeutete (mit all dem, was darüber zu sagen bleibt und was ich nach und nach auszuführen versuchen werde) wie vielmehr »kommender Begriff von Demokratie«; als ob das Verständnis des Wortes »Demokratie« nichtig wäre oder zumindest noch ausstünde, noch unentfaltet wäre: noch ausstehender Sinn, einstweilen leere oder vakante Bedeutung des Wortes oder Begriffs Demokratie. Als ob ich seit mehr als zehn Jahren ein Geständnis ablegte und mich mit einem Bekenntnis herumquälte, das ich folgendermaßen wiedergebe (Doppelpunkt, Anführungszeichen):

»Wenn wir am Ende zum Ausgangspunkt zurückzukehren versuchen, wissen wir noch nicht, was *Demokratie* bedeutet haben wird oder was Demokratie ist. Denn die Demokratie präsentiert sich nicht, hat sich noch nicht gezeigt, sondern das wird kommen. Verzichten wir einstweilen nicht darauf, uns eines Wortes zu bedienen, dessen Erbe wir nicht verleugnen können, dessen Sinn jedoch noch dunkel, anstößig, unzugänglich ist. Weder das Wort noch die Sache ›Demokratie‹ sind bereits vorweisbar [présentable]. Wir wissen noch nicht, was wir da geerbt haben, wir, die Erben dieses griechischen Wortes und dessen, was es uns zuschreibt, vorschreibt, vermacht oder auf uns überträgt. Wir sind unbestreitbar Legatare beziehungsweise Delegierte dieses Wortes, und wir sagen hier ›wir‹ als Legatare oder Delegierte dieses Wortes, das uns gesandt wurde, das seit Jahrhunderten an uns gerichtet ist und das wir noch immer auf später verschieben. Wohl ist die Berufung auf Demokratie bei ›uns‹ gang und gäbe; doch wir sind, was wir sind, ohne den Sinn dieses Vermächtnisses zu kennen, die Sendung, Aussendung oder den Auftrag dieses Wortes beziehungsweise die Legitimität dieser Berufung. Das Vermächtnis [legs] und die Berufung [allégation] und die Lektüre der Legende (wir bewegen uns hier im semantischen Zwischenraum von *legare* und *legere*) verweisen nur auf einen späteren Zeitpunkt oder auf einen anderen Ort. Dieser Verweis ist nur ein Hinweis auf die Vergangenheit eines Erbes, während sein Kommen noch aussteht.« (Abführungszeichen, Ende des Bekenntnisses.)

Ein solches Geständnis ist schon eine seltsame Art, sich im Kreise zu drehen.

Dennoch liegt nicht eigentlich hier der Ausgangspunkt der doppelten Frage, die nicht aufhört, mich umzutreiben, mich zu foltern und mich selbst peinlich zu befragen. Die Folterszene war eine andere, und ich würde sie mit der Marter des Rades vergleichen, weil auch sie die Form einer kreisenden Maschine hat, nämlich des hermeneutischen Zirkels. Auf diese Maschine gespannt, fast mit ihr eins, würde ich mich im Kreis drehen und liefe Gefahr, an Händen und Füßen gefesselt, gerädert zu werden. Zerstückelt.

Selbst wenn ich die Formulierung dieser doppelten Frage auf später, auf das Ende eines langen Umwegs verschieben muß, werden wir das Rad nicht so lange umkreisen können, wie es erforderlich wäre, schon unter politischem Gesichtspunkt. Es wird nötig sein, diesem Exposé einen Schlußpunkt zu setzen, wieviel Zeit man ihm auch großzügig einräumen mag. Und die ich – Schurke, der ich bin – mißbrauchen werde. Viel später werden wir uns übrigens nach den entscheidenden Implikationen jener seltsamen Notwendigkeit fragen, die einer Diskussion, einem Austausch von Worten oder Argumenten, einer Debatte oder Beratung in der begrenzten Zeit und im endlichen Raum einer demokratischen Politik eine Grenze aufzwingt: während doch das Prinzip einer demokratischen Politik in ihrer liberalen Gestalt eine freie Diskussion und unbegrenzte Beratung gestattet oder gar fordert, zumindest wenn man die Kreisfigur der athenischen Versammlung auf der Agora oder den Halbkreis der Versammlungen in der parlamentarischen

Demokratie und ihrer modernen Gestalt [représentation] ernst nimmt. Wenn der richtige Zeitpunkt für eine anstehende Entscheidung gekommen ist, kann und muß der Akt einer Souveränität mit abrupter Gewalt einer endlosen Argumentation ein Ende setzen. Dieser Akt ist ein ebenso stummes wie momenthaftes Ereignis ohne zeitliche Ausdehnung, auch wenn es so scheint, als verliefe er über eine gemeinsame Sprache und sogar eine performative Rede, die er sogleich überschreitet.

Aber ich stelle mir vor, daß man das Wort »Demokratie« niemals hätte denken oder aussprechen können, auch nicht auf griechisch, vor dem Rollen irgendeines *Rades*. Wenn ich »Rad« betone, beziehe ich mich noch nicht und nicht notwendig auf die technische Gegebenheit des *Rades*. Sondern eher, früher, auf die Rundung einer kreisenden Bewegung, auf die Rundheit einer Rückkehr zu sich vor jeder Unterscheidung zwischen *physis* und *techne*, *physis* und *nomos*, *physis* und *thesis* usw.

Die Erfindung des Rades markiert gewiß eine ungeheure und einschneidende Mutation in der Geschichte der Menschheit beziehungsweise der Menschwerdung und deshalb – zumindest als *Möglichkeit*, wenn nicht als Faktum oder Ereignis einer technischen Erfindung – in der Menschlichkeit des Menschen; und daneben auch in der Geschichte der sogenannten Menschenrechte, angefangen mit dem Recht des Menschen, sich selbst als solchen anzuerkennen, das heißt vermittels einer Spiegelung selbstbezüglich, souverän und autotelisch auf sich zurückzukommen.

Wenn ich »Rad« sage, beziehe ich mich ebensowenig oder zumindest noch nicht auf die rein geometrische Figur des *Kreises* oder der *Kugel*. Und dennoch kann ich mir vor der technischen Form des Räderwerks, vor jener als »Rad« bezeichneten Maschine, die sich um eine feste Achse in ihrem Mittelpunkt dreht, vor den rein geometrischen Figuren, die »Kreis« oder »Kugel« heißen, zu jenem vorursprünglichen Zeitpunkt also, nur mit Mühe irgendeine Demokratie, welcher Art auch immer, vorstellen. Es erscheint schwierig, das Begehren nach irgendeinem demokratischen Raum (oder dessen Benennung) ohne dasjenige zu denken, das man auf lateinisch *rota* nennt, ohne die Rotation oder das Rollen, ohne die Rundheit oder Kreisförmigkeit des Runden, das sich im Kreis dreht; ohne die vielleicht prätechnische, prämaschinelle und prägeometrische Zirkularität irgendeiner Drehung oder vielmehr irgendeiner automobilen und autonomen Rückkehr zu sich, auf sich zu und auf sich; ohne das Getriebe irgendeiner gleichsam kreisförmigen Rückkehr oder Rotation auf das ursprüngliche Selbst zu, zu sich und auf sich, handele es sich um souveräne Selbst-bestimmung, die Auto-nomie des Selbst, des *ipse*, das heißt jenes Selbst, das sich sein Gesetz selbst gibt, die ganze Auto-finalität, Auto-telie, das Verhältnis zu sich als Sein-für-sich, angefangen mit sich als Zweck seiner selbst: alles Figuren, die ich, um Zeit zu sparen, ohne Umschweife allgemein als *Selbstheit* [ipséité] bezeichnen werde. Unter »Selbstheit« verstehe ich also ein gewisses »Ich kann« oder zumindest die Macht, die *sich selbst* ihr Gesetz *gibt*, ihre Gesetzeskraft, ihre Selbstrepräsentation, die souveräne Selbstvergewisserung in der Gleichzeitigkeit des Versammelns oder Versammelten, des Zusammenseins oder, wie man auch sagt, »Zusammenlebens«. Um gleichzeitig und zugleich nach dessen Möglichkeit zu fragen, müssen wir in ein und demselben Raum eines differenzierten Ganzen [ensemble] gleichzeitig *(simul)* die Werte der Zusammen [ensemble] zusammenstellen und zusammendenken, eben des *Versammelns** und, auf lateinisch, der Sammlung [rassemblement], des Gleichen [semblable], der Simultaneität und des Simulakrums (von *simul*, *similis* und *simulare*) – das darin besteht, im Schein [semblant] oder falschen Schein der Simulation oder durch Assimilation Gleichheit herzustellen [rendre semblable]. *Adsimilatio* ist die Tätigkeit des Anähnelns durch reale oder vorgetäuschte Reproduktion beziehungsweise durch Verstellung [simulation] oder Verhüllung [dissimulation].

Im horizontlosen Horizont dieser Unruhe oder dieses semantischen Wirbels könnte die Frage nach der kommenden Demokratie unter anderem diese Gestalt annehmen: Was heißt »zusammen leben«? Und vor allem: Was ist »ein Gleicher [un semblable]«, »einer, der mir als Mensch, als Nachbar, als Mitbürger, als Artgenosse, das Nächster gleicht«? Oder auch: Soll man nur mit seinesgleichen zusammenleben? Der sprachlichen Kürze halber kündige ich an, daß ich von jetzt an jedesmal, wenn ich *ipse*, *metipse* oder »Selbstheit« sage – und mich dabei ebenso auf die traditionelle lateinische Bedeutung im philosophischen Sprachgebrauch wie auf die Etymologie stütze –, darunter auch das Selbst [soi], das Man-selbst [soi-même], das Selbst-sein im eigentlichen Sinne oder in eigener Person verstehen werde (auch wenn das »in Person« hinsichtlich der Frage, was einem selbst gleicht, eine Zweideutigkeit einzuführen droht, denn das »Man-selbst« hat nicht notwendig oder jedenfalls nicht von Anfang an den Status der Person, so wenig wie den des Ichs, des intentionalen Bewußtseins oder vermeintlich freien Subjekts). Ich werde darunter also sowohl das Manselbst, das, was »man selbst« »eigentlich« ist [le »même« de »soi«] (das heißt das einem selbst Eigene, *meisme*, das vom altfranzösischen *metipse* kommt), wie auch die Macht, die Potenz, die Souveränität, das Mögliche verstehen, das in jedem »Ich kann« steckt, das *pse* des *ipse (ipsissimus)*, das – Benveniste hat es sehr gut gezeigt – über komplizierte Vermittlungsschritte stets auf Besitz, Eigentum, Macht, die Autorität des Herrn, des Souveräns und zumeist des Gastgebers *(hospites)*, Hausherrn oder Ehemanns verweist. So daß *ipse* – wie übrigens das griechische *autos*, das man mit *ipse* wiedergeben kann (*ipse* ist *autos*, und die lateinische Übersetzung des »Erkenne dich selbst«, des *gnothi seauton*, lautet *cognosce te ipsum*) – ganz von selbst das Man-selbst als Herrn und Meister im Maskulinum bezeichnet: den Vater, den Ehemann, den Sohn oder Bruder, den Eigentümer, Besitzenden, den Herrn beziehungsweise den Souverän. Noch vor jeder Souveränität eines Staates, eines Nationalstaats, eines Monarchen oder, in der Demokratie, des Volkes bezeichnet Selbstheit ein Prinzip legitimer Souveränität, zugebilligter oder anerkannter Überlegenheit einer Macht oder Gewalt, eines *kratos*, einer *kratie*. Das also steckt als implizite Setzung, Voraussetzung, Festsetzung schon in der Setzung selbst, in der Selbstsetzung der *Selbstheit selber*, überall dort, wo es ein Man-selbst gibt, die erste, letzte und höchste Quelle jedes »Rechts des Stärkeren« als des Rechts, das der Gewalt, oder der Gewalt, die dem Recht eingeräumt wird.

Aber bedarf es der Etymologie, um durch einfache Begriffsanalyse die Möglichkeit von Macht und Besitz in der einfachen Selbst-Setzung als *man selbst*, in der einfachen Auto-Position des Selbst als eigentliches Man-selbst zu entdecken? Der erste Rundgang durch die Zirkularität und Kreishaftigkeit endet hier, krümmt sich auf sich selbst zurück, wenn ich so sagen darf, auf das Eigene, auf das Selbst und auf das Eigene des eigentlichen Man-selbst. Die erste Runde [tour] ist vollendet. Die Runde, die Selbstumrundung [tour de soi] – und die Runde enthält immer die Möglichkeit der Selbstumrundung, der Rückkehr zu sich oder des Zurückkommens auf sich, die Möglichkeit, sich umrundend auf sich zurückzukommen –, diese Runde ist das Ganze. Sie umfaßt alles. Sie bildet mit sich ein Ganzes, sie besteht darin, zu totalisieren, sich zu totalisieren, also sich zu einem simultanen Ganzen zu versammeln; und insofern ist die Runde in höchstem Maße ein Mit-sich, ein Mit-sich-selbst-zusammen. Wir befinden uns hier zugleich im Umkreis [autour] und zugleich im Mittelpunkt des Kreises oder der Sphäre, in der sich die Werte der Selbstheit und der Ganzheit, des Gleichen, der Gleichzeitigkeit, der Ansammlung und ebenso des Simulakrums, der Simulation und Assimilation versammeln. Nun sollten wir aber nicht vergessen, daß nicht nur der Kreis und die Kugel, sondern auch der Rundweg [tour] – und alle Umrundungen [tous les tours], alle Türme [toutes les tours], darunter auch Schloßtürme und Töpferscheiben [tour de poitier] – Flächen und Linien voraussetzen, die je nach der Beschaffenheit eines bewegten Körpers, einer Antriebskraft und einer möglichen Rotationsbewegung auf sich selbst zurückkommen und zu sich selbst zurückkehren, zugleich aber auch um einen Mittelpunkt, eine Angel oder eine Achse herum kreisen, die, obgleich sie sich ihrerseits drehen, ihren Platz nicht verlassen und gewissermaßen unbeweglich verharren. Ganz abgesehen von jener – dennoch nicht übersehen – seltsamen Notwendigkeit der Null, der kreisenden Annullierung, welche die kreisrunde Null nachzeichnet.

(Ach, die Scheibe [le tour]! Im Vertrauen gesagt, ich liebe auf tausend Weisen das Bild des Töpfers und seine Kunst, das Bild dessen, der mit den Drehungen und Windungen seines Körpers den Ton wie einen Turm hochzieht und höhlt und formt, ohne sich (oder ihn) der automatischen Rotationsbewegung zu unterwerfen; der gegenüber der Rotation so viel Freiheit wie möglich bewahrt, der mit seinem ganzen Körper, mit Füßen und Händen mit der Maschine spielt und dabei die Kunst des Bildhauers, aber auch des Architekten und Komponisten ausübt, welche dem Stoff Höhenunterschiede, Farb- und Tonveränderungen, Variationen des Rhythmus, Beschleunigungen oder Verlangsamungen (*allegro* oder *presto*, *adagio* oder *lento*) aufprägt oder gewährt in einem Raum, der letztlich ebenso klangvoll tönt wie eine musikalische Transposition oder ein artikuliertes Wort. Denn als Bildhauer oder Architekt ist der Töpfer nacheinander [tour à tour] auch [à son tour] Dichter und Musiker, Rhetor oder politischer Redner, ja sogar Philosoph. Ende der vertraulichen Mitteilung.)

Nun, Demokratie wäre nun genau das: eine Gewalt *(kratos)*, eine in souveräner Autorität ermächtigte Gewalt (*kyrios* oder *kyros*, die Macht zu beschließen, zu entscheiden, durchzusetzen, die Macht haben zu ... und die Macht, Gesetzeskraft zu verleihen, *kyroo*), also die Macht und die Selbstheit des Volkes *(demos)*. Diese Souveränität hat Kreis- beziehungsweise Kugelgestalt. Die Souveränität ist rund, sie ist eine Rundung [arrondissement]. Diese kreisende oder sphärische Rotation, die Runde dieser Rück-kehr zu sich, kann entweder die alternierende Form des Nacheinander, Eines-nach-dem-anderen, Der-Reihenach annehmen (wir kommen mit Platon und Aristoteles sogleich darauf zurück) oder auch die Gestalt der Identität von Anfang und Ende, Ursache und Ziel, *causa movens* und *causa finalis*.

Am Ende des vierten Kapitels von *Über die Demokratie in Amerika*,[5] das von der Volkssouveränität handelt, spricht Tocque-

---

5 Viertes Kapitel, »Über die Souveränität des Volkes in Amerika«. Zu Beginn sagt uns dieses Kapitel, womit zu beginnen ist: »Jede Erörterung der politischen Gesetze der Vereinigten Staaten hat vom Dogma der Souveränität des Volkes auszugehen.« Wenn Tocqueville mehrfach von »Dogma« spricht, so tut er das nicht leichthin. Er analysiert die mehr oder weniger verborgene Geschichte dieses Dogmas, die allmählich »ans Licht tritt«, während es lange im Dunkel der Verborgenheit begraben war. Es ist das Dogma eines »Volkswillens«, den manche nicht selten »im Schweigen der Völker klar ausgesprochen fanden«; und es fehlte nicht an solchen, »die glaubten, die *Tatsache* des Gehorsams verleihe ihnen das *Recht* zum Befehlen«.

Für die Souveränität ist Amerika der Augenblick des vollen Lichts. Es erleuchtet aber nur im Rückgang, zirkulär, was bereits da war: »In Amerika ist der Grundsatz der Volkshoheit nicht wie in manchen Völkern verville genau über die zirkuläre Identifikation von Ursprung und Ziel. Er stellt dieses zirkuläre Verhältnis als tatsächliche Vollendung einer Demokratie dar, die bisher nur als ein Projekt, eine Meinung, ein Rekurs, eine Vertagung, eine Utopie beziehungsweise als die Fiktion einer kommenden Demokratie dargestellt worden war. »Heute«, schreibt Tocqueville im Jahr 1835, »hat der Grundsatz der Volkssouveränität in den Vereinigten Staaten alle denkbaren Entwicklungsstufen hinter sich. Er befreite sich von allen Scheinbegriffen, mit denen man ihn anderswo umgeben hatte; er nimmt, je nach dem Gebot der Umstände, nacheinander alle Formen an.«

Nachdem er die Fälle aufgezählt hat, in denen die Macht dem Gesellschaftskörper äußerlich oder überlegen bleibt, dort nämlich, »wo die Gewalt geteilt, gleichzeitig in ihr selbst und außerhalb von ihr verankert ist«, möchte Tocqueville zeigen, daß diese Teilung für die amerikanische Gesellschaft nicht mehr gilt. Die Gesellschaft handelt dort zirkulär »durch sich selbst und auf sich selbst«, wie er sagt. Zirkulär oder abwechselnd ist das Volk »Ursprung und Ziel aller Dinge; aus ihm geht alles hervor, und alles kehrt zu ihm zurück«: »Nichts dergleichen«, nämlich von einer »Teilung« der »Gewalt«, die zugleich innerhalb und außerhalb der Gesellschaft wäre, sieht man in Amerika; »die Gesellschaft wirkt durch sich selbst und auf sich selbst. Nur in ihr gibt es Macht; man findet sogar fast niemanden, der den Gedanken fassen oder gar aussprechen dürfte, man solle sie aus einer anderen Wurzel ableiten.« Anschließend gibt er eine Beschreibung der Organisation der exekutiven und legislativen Gewalt, mit der er diese Behauptung zu beweisen glaubt, und beendet sein Kapitel mit der Trope einer theologischen Figur, die er für konventionell und rein rhetorisch hält, deren Notwendigkeit mir aber viel schwerwiegender und ernster zu sein scheint: »Das Volk«, schließt er, »beherrscht die amerikanische

borgen oder unfruchtbar; er wird durch die Sitte anerkannt, durch die Gesetze verkündet; er breitet sich frei aus und gelangt unbehindert zu voller Geltung. [...] Das Dogma der Volkssouveränität [...] man kämpfte und siegte in seinem Namen; es wurde das Gesetz der Gesetze.« Alexis de Tocqueville, *Über die Demokratie in Amerika*. Übersetzt von Hans Zbinden, Bd. 1, München: dtv 1976, S. 63-65.

politische Welt wie Gott das All. Es ist Ursprung und Ziel aller Dinge; aus ihm geht alles hervor, und zu ihm geht alles zurück.«[6]

Ich mußte, ohne allzu lange damit zu warten, Tocqueville und die *Demokratie in Amerika* zitieren, um schon in weitem Vorgriff anzukündigen, daß man am Ende eines langen Umwegs, kurz vor Schluß, vielleicht bemerken wird, daß die Demokratie *in* Amerika oder, genauer, die Demokratie *und* Amerika mein Thema gewesen sein wird. Diese Volte zwischen »Demokratie *in* Amerika« und »Demokratie *und* Amerika« wird dem Tocquevilleschen Satz eine andere Wendung [tour] geben, der sich, einen Kreis durchlaufend, um sich selbst dreht, als »Ursprung und Ziel aller Dinge«, dort, wo »das Volk [...] die amerikanische politische Welt [beherrscht] wie Gott das All«.

Gott, der Kreis, die Volte, die Revolution und die Folter. Gut, vielleicht werde ich zugeben müssen, daß das, was mich foltert, die Frage, die mich der peinlichen Befragung aussetzt, durchaus etwas mit dem zu tun haben könnte, was eine bestimmte Axiomatik einer gewissen Demokratie strukturiert, nämlich die Drehung, die Rückkehr des Kreises und der Kugel zu sich, also die Selbstheit des Einen, das *autos* der Autonomie, die Symmetrie, das Homogene, das Eigene, das Gleiche und schließlich sogar Gott; anders gesagt: das, was mit einer anderen Wahrheit des Demokratischen nicht zu vereinbaren ist, sich mit ihr nicht verträgt, der Wahrheit des anderen, Heterogenen, Heteronomen, Asymmetrischen, der disseminalen Vielheit, des anonymen »Beliebigen«, des »beliebigen Jemand«, des unbestimmten »ein jeder«. Denn der demokratische Gott, von dem Tocqueville spricht, dieser Souverän, der Ursprung und Ziel in sich selbst hat, würde auch dem *actus purus*, der *energeia* des Ersten Bewegers *(to proton kinoun)* des Aristoteles ähneln – und diese Ähnlichkeit hat uns unaufhörlich zu denken gegeben. Ohne sich zu bewegen oder bewegt zu werden, setzt der Akt dieser reinen Energie alles in Bewegung, eine Bewegung der Rückkehr zu sich, eine kreisende Bewegung, wie Aristoteles präzisiert, denn die erste Bewegung ist immer zyklisch. Und das, was sie erstrebt oder belebt, ist ein Begehren. Gott, der reine

---

6 Ebd., S. 65.

Akt des Ersten Bewegers, ist zugleich erogen und intelligibel. Er ist, wenn man so sagen kann, begehrenswert *(eromenon)*, das erste Begehrenswerte *(to proton orekton)* und insofern das erste Intelligible *(to proton noeton)*, das sich selbst denkt, Denken des Denkens *(he noesis noeseos noesis)*. Dieses erste Prinzip definiert Aristoteles auch, und darauf kommt es uns an, als ein Leben *(diagoge)* – Alexandre sagt im Kommentar zu dieser Passage *zoe* und *zen* für Leben und Erleben, eine Art zu leben, eine Lebensführung, vergleichbar mit dem Besten, das wir für einen bestimmten kurzen Moment *(mikron chronon)* unseres Lebens erleben können. Es ist also ein Leben, welches das menschliche Leben übersteigt, ein Leben, das der Erste Beweger auf gleichbleibende Weise, immer, beständig lebt und das uns unmöglich *(adynaton)* ist; das, worin die *energeia* dieses reinen Akts »Genießen« *(hedone)* ist, der Kreis eines Selbstgenusses. Die Energie Gottes und des Ersten Bewegers ist also zugleich begehrt, begehrenswert *(eromenon, to proton orekton)* und genießend. Selbstgenuß, zirkuläre und spiegelnde Selbstaffektion in Analogie oder Übereinstimmung mit dem Denken des Denkens *(noesis noeseos)*. Wir dürfen die Frage des Begehrens und des Genießens bei der Behandlung des Politischen, insbesondere des Demokratischen, niemals vom bewußten oder unbewußten Genießen, vom Kalkül und vom Unberechenbaren trennen, denen das Begehren und das Genießen Raum geben. Alles ist zyklisch, zirkulär und sphärisch in dem, was die *energeia* des Ersten Bewegers auf diese Weise in Bewegung setzt; auch die Unvergänglichkeit der Substanz ist an die kreislaufende Ewigkeit der Bewegung gebunden. Wenn es eine Kreisförmigkeit dessen gibt, was letztlich auch eine Art Rundweg [tour] und ewige Wiederkehr [retour éternel] ist, so liegt darin auch die Endlichkeit der Zeit. Gott, der Erste Beweger oder der reine Akt, ist nicht unendlich, weder im Sinne des *apeiron*, dessen, was ohne Grenze, Horizont, Kontur, Umfang [tour], *eidos* ist, noch im Sinne der Hegelschen schlechten Unendlichkeit, der Kantischen unendlichen Idee oder des Unendlichen der vollen Präsenz. Nach langen historischen Erwägungen über die Anzahl der Sphären und der Himmel, die dabei in Bewegung gesetzt werden, schließt Aristoteles, daß der Unbewegte Erste Beweger »sowohl dem Begriff wie der Zahl nach eines ist *(en ara kai logo kai arithmo to proton kinoun akineton on)*. Somit existiert auch das Bewegte immer unaufhörlich *(kai to kinoumenon ara aei kai synechos)*«.[7]

Wenn ich mich also, um Ihnen die quälende Frage anzukündigen, hier auf die *Metaphysik* des Aristoteles beziehe, noch ehe ich auf seine *Politik* zu sprechen komme, so deshalb, weil der letzte Satz dieses Buches eine politische Analogie anbietet. Aristoteles zitiert dort die *Ilias*.[8] Der Schluß dieses Buches Lambda scheint sich der souveränen Autorität Homers zu unterstellen, seinem Signum, seinem Diktum und seinem Verdikt, an einer Stelle, an der Homer selbst das Wort einer souveränen Autorität zitiert. Auf dem Schauplatz befinden sich eine Athene, Tochter des Zeus, und ein Odysseus, der mit Zeus verglichen wird. Die Rede ist elliptisch und also sentenziös. Sie zitiert ein Urteil und sieht sich somit der Obhut einer souveränen Autorität unterstellt. Was aber sagt sie? Sie spricht ihren Spruch, indem sie das Eine und die Souveränität des Einen, des Einzigen, über und jenseits der Verstreuung des Vielen verkündet. Die Verse warnen vor der Herrschaft der Vielen, vor der *polykoirania*. Aristoteles entnimmt sie also einem längeren Wortschwall. Nachdem der Mann des Volkes *(demou andra)* getadelt und ermahnt wurde, daß »nicht wir alle zugleich sind Könige hier, wir Achaier«, verkünden die beiden Verse einen knapp formulierten, performativen und imperativen Sinnspruch: »Niemals frommt Vielherrschaft im Volk, nur einer sei Herrscher / Einer König allein *(ouk agathon polykoiranie. Eis koiranos esto, eis basileus)*«.

Wir werden bei späterer Gelegenheit, wenn es um Platon, Aristoteles und Rousseau geht, erneut von Einem Gott, von dem Einen Gott oder vom Göttlichen Einen sprechen, der nicht zur Demokratie kommt oder nur zu ihrer Idee. Hier das Ganze der Tirade:

»Halt du! Rege dich nicht und hör auf anderer Rede,
Die mehr gelten denn du! Unkriegerisch bist du und kraftlos,
Nie auch weder im Kampf ein Gerechterer, noch in dem Rate!

---

7 Aristoteles, *Metaphysik*. In der Übersetzung von Friedrich Bassenge, Berlin: Akademie 1990, S. 310 (Buch Lambda, 1074a).
8 Homer, *Ilias*, II. Gesang, Vers 204.

Nicht wir alle zugleich sind Könige hier, wir Achaier!
Niemals frommt Vielherrschaft im Volk, nur einer sei Herrscher,
Einer König allein, dem der Sohn des verborgenen Kronos
Zepter gab und Gesetze, daß ihm die Obergewalt sei.«[9]

Anspielung auf Zeus, von dem die Könige abstammen. Zeus ist ein Sohn. Es gibt da einen Stamm. Die Niederlage des Vaters, die Tötung des Urvaters*, wie Freud sagen würde, der Vatermord und der Königsmord stehen durchaus in gewisser Verbindung mit einer genealogischen Interpretation der demokratischen Gleichheit als Sohnes- und Geschwisterverhältnis (Freiheit, Gleichheit, Brüderlichkeit): mit einer Lesart des Gleichheitsvertrags, den die rivalisierenden Söhne und Brüder in der Nachfolge des Vaters eingehen, um den *kratos* im *demos* zu teilen. Zeus ist zunächst ein Sohn, ein männliches Kind und ein Abkömmling, der mit List *(metis)*, aber auch mit der Hilfe der Mutter der Zeit entgeht. Auf diese Weise überwältigt er seinen Vater Kronos, der wiederum seinen eigenen Vater Uranos überwältigt hatte, indem er ihn entmannte. Indem er die Zeit überwindet, indem er, wenn ich so sagen darf, der unendlichen Herrschaft der Zeit ein Ende setzt, behauptet er seine Souveränität. Man könnte dieser Formulierung eine Tragweite verleihen, die über alle Grenzen hinweg bis ans Ende der Zeit, an die Begrenztheit oder Endlichkeit der Zeit, an die Souveränität als den Augenblick der Entscheidung reicht, die – an der punktförmigen Spitze ihrer Tathandlung – ebensowohl der Zeit wie der Sprache ein Ende setzt (wir werden auf diesen Punkt später zurückkommen).

Durch diese vatermörderische Theogonie hindurch tobt ein politischer Kampf um die monarchische Souveränität; Kronos

---

9 In der Übersetzung von Johann Heinrich Voß, München: Winkler 1957. Derrida gibt eine Prosaübersetzung, die deutsch etwa so lauten könnte: »Großer Narr *(daimoni)*, bleibe an deinem Platz und verhalte dich ruhig; höre die Meinung der anderen, die mehr gelten als du, der du nur ein Feigling, eine Memme bist; du, der du im Rat *(boule*, beratende Versammlung) so wenig zählst wie im Kampf. Nicht jeder von uns Achäern wird hier König. Zu viele Führer zu haben ist nichts Gutes: nur einer sei Führer, nur einer sei König – der, dem der Sohn des arglistigen Kronos es auftrug.« A. d. Ü.

will verhindern, daß einer seiner Söhne an seiner Stelle die »Königswürde unter den Unsterblichen«[10] erlangt. Unter den Wärtern seines Sohnes Zeus, der in sich nicht minder List und Kraft vereint, befinden sich *Kratos* und *Bia (Bie)*, die Macht und die Gewaltsamkeit. Ob es sich nun um einen Urmythos handelt oder nicht, auf jeden Fall ist diese theogonische Mythologie der Souveränität Bestandteil, wenn nicht Ausgangspunkt eines langen Zyklus politischer Theologie, die – paternalistisch und patriarchal zugleich – sich in der männlichen Linie Vater-Sohn-Bruder fortpflanzt. Ich würde sie auch ipsozentrisch nennen. Diese Theogonie oder politische Theologie wurde (entgegen der Meinung einiger Bodin- und Hobbes-Experten, über die ich mich hier nicht auslassen kann) wiederbelebt oder abgelöst von der »modernen« politischen Theologie der monarchischen Souveränität und darüber hinaus von der uneingestandenen (und nicht minder phallozentrischen, phallo-paterno-filio-fraterno-ipsozentrischen) politischen Theologie der Volkssouveränität – mit einem Wort: der demokratischen Souveränität. Das Attribut »ipsozentrisch« durchzieht und vereint in sich sämtliche übrigen Attribute (des Phallus, des Vaters, des Gatten, des Sohns oder Bruders). Man könnte ipsozentrisch durch *ipsokratisch* ersetzen, wäre das nicht ein Pleonasmus. Die Vorstellung von Kraft *(kratos)*, Macht und Herrschaft ist im Begriff der Selbstheit analytisch enthalten.

Wenn wir von Rundheit oder selbstbewegender Rotation sprechen, von Trope, Wendung, Drehung und Um-drehung überhaupt – noch vor jeder Opposition zwischen der *physis* und ihren Gegenbegriffen (denn dort haben Kraft und Kräftedifferenzen ihren eigentlichen Ort) –, so meine ich damit noch nicht die rein ideale Objektivität des *geo-metrischen* Kreises und auch noch nicht die *geo-logische* Möglichkeit einer Erkenntnis der Rundheit oder Kugelgestalt der Erde, obschon der Gedanke einer kosmopolitischen Demokratie in einem modernen Sinne, der nicht mehr derjenige der Stoiker oder des heiligen Paulus wäre, eine Theokosmogonie, eine Kosmologie und eine Weltanschauung voraussetzen mag, die von der Kugelgestalt des Globus geprägt sind. Globalisierung [mondialisation]: Ausbrei-

---

10 Hesiod, *Theogonie*, V. 461 f.

tung über die Welt*kugel* [globalisation]. Man stellte sich früher das Himmelsgewölbe selbst als sich drehendes Rad vor. Vielleicht werden wir später die Figur dieses Rades [roue] – dieser zum Ausgangspunkt zurückkehrenden Bahn [route], dieser weiteren Runde, der Rundheit der Drehung und des Turmes ebenso wie der Rückkehr zu sich – zum Gesetz einer erschreckenden und selbstzerstörerischen Autoimmunität erheben, zu einem selbstmörderischen Getriebe, das auf einzigartige Weise eine zirkuläre Koinzidenz zwischen Gewalt und Recht, Gewalt und Gerechtigkeit, Gewalt und Recht des Stärkeren herstellt.

Auch wenn man wenig darüber weiß, was »Demokratie« bedeuten soll, muß man darüber doch schon etwas wissen, ein gewisses Vorverständnis haben. Und damit dreht sich der hermeneutische Zirkel erneut. Man muß bereits antizipieren, wie wenig es auch sei, in den Horizont, der den Sinn des Wortes begrenzt, ausgreifen, um besser verstehen zu können, was »Demokratie« wird bezeichnet haben *können*, ja, wird bedeutet haben *müssen*. Wir haben bereits eine gewisse »Idee« von dem, was »Demokratie« bedeuten müßte, bereits bedeutet haben wird – und die Idee, das Ideal, *eidos* oder *idea*, bezeichnen auch die Bahn einer Kontur, die Grenze, die eine sichtbare Form umgibt. Wenn wir nicht eine *Idee* der Demokratie hätten, würden wir uns um ihre Unbestimmtheit nicht sorgen. Wir würden nicht ihren Sinn zu erhellen beziehungsweise dessen Ankunft herbeizurufen versuchen.

Aber das Rad der Frage ist noch nicht soweit, noch nicht dort, wo ich mich von ihm gerädert fühle, an jenem Ort, zu dem ich mit Ihnen zurückzukehren versuchen möchte.

2. Zügellosigkeit und Freiheit: der Roué

Sie finden diese Einführung allmählich ein wenig gerissen. Was bedeutet das Adjektiv »gerissen [roué]« vor der Einführung des Nomens »Gerissenheit [rouerie]«? Littré definiert »rouerie« folgendermaßen: »*s. f.* Action, tour de roué.« »Gerissen« bezeichnet also jemanden oder die Handlungsweise von jemandem, dessen Pfiffigkeit, Talent oder Geschick *(metis)* sich in einem bösartigen, boshaften oder böswilligen Sinne äußert. Die Gerissenheit verdiente also das Rad, jene Marter nämlich, die darin besteht, »gerädert« [roué], aufs Rad geflochten zu werden: die Gliedmaßen zerrissen zu bekommen oder auf jeden Fall bestraft zu werden wegen Verstoßes gegen das Gesetz oder die guten Sitten. Littré definiert den Roué wiederum als »einen sitten- und prinzipienlosen Menschen; ein Roué hat vor nichts Respekt«.

Ein »Roué« ist einer, der auf die schiefe Bahn geraten ist, eine Art Schurke. In demselben Artikel erschließt ein Zitat von Saint-Simon die eigentlich politische Dimension, die uns vor allem interessiert. Was verurteilt man unter dem Nomen »Roué« oder der Eigenschaft »gerissen«? »Es war der Name, der unter der Regentschaft sittenlosen Männern, verkommenen Kumpanen des Herzogs von Orléans gegeben wurde, weil sie es wert waren, mit dem Rad Bekanntschaft zu machen.« Und Saint-Simon erläutert: »Der liederliche Haufen, der ihm [dem Herzog von Orléans] bei seinen Ausschweifungen zur gewohnten Gesellschaft wurde und den er in aller Öffentlichkeit seine Roués zu nennen sich nicht scheute, vertrieb die gute.« Oder auch: »Seine Soupers verliefen stets in eigentümlicher Gesellschaft; da waren seine Mätressen, [...] überdies ein Dutzend Männer, bald diese, bald jene, die er ganz einfach als seine Roués zu bezeichnen pflegte.«[11]

Der ausschweifende, liederliche Lebenswandel [débauche] der »gerissenen« Kumpane vertreibt also die gute Gesellschaft, welche die »gerissenen« Kumpane vertreibt. Die Anspielung auf liederlichen Lebenswandel tritt dabei regelmäßig auf. Vergessen wir nicht, daß *débauche* in seiner ursprünglichen Bedeutung Nicht-Arbeit meint, die Unterbrechung der Mühsal, ein gewisses Stocken der Arbeit, eine Krise der Anspannung, der Anstellung oder des Rechts auf Arbeit, im weiteren dann auch das Leichtfertige und Lüsterne, Schamlose, die Wollust, die Ausschweifung, die Libertinage, die Zügellosigkeit. Das Magnet-

---

11 *Die Memoiren des Herzogs von Saint-Simon.* Übersetzt von Sigrid von Massenbach, Bd. 4, Frankfurt/Berlin: Ullstein 1991, S. 37. – Herzog Philipp von Orléans übte von 1715 bis 1723 die Regentschaft für den minderjährigen Ludwig XV. aus. A. d. Ü.

feld der sexuellen Konnotationen muß unweigerlich die Attraktion selbst anziehen, die Macht, die man mit der Verführung und folglich der schiefen Bahn verbindet. »Verführen« heißt auch »vom rechten Weg abbringen« *(seducere)*, »auf Abwege führen«. Wenn der Schurke [voyou] einer auf der schiefen Bahn [dévoyé] ist, dann ist es vom Schurkewerden zu einer Verführungsszene niemals weit. Und man müßte die Zeit finden, sich zu fragen, warum in dem großen Strom der sexuellen Differenz, der zumindest virtuell die gesamte Geschichte der Demokratie und ihres Begriffs durchzieht, die Schurken und erst recht die Roués zumeist Männer sind; und warum es zwar möglich ist, aber sehr selten geschieht und sehr gekünstelt klingt, *voyou* ins Femininum zu setzen (*voyoute*, wie man manchmal, ziemlich gezwungen und wenig überzeugend, im Französischen sagt).

Die Attraktion, welche die Verführung organisiert, um jemanden auf die schiefe Bahn zu locken, indem sie das Begehren weckt, besteht für gerissene Burschen manchmal darin, ein Rad zu schlagen, sich mit all seinen Trümpfen triumphal zu präsentieren, wie ein balzender [rut] Pfau einherzustolzieren (allerdings steht *rut* ebensowenig wie *rue*, die Straße, in irgendeiner etymologischen Verbindung mit *roué*, dem Gerissenen, oder *rota*, dem Rad – auch wenn die Straße der bevorzugte Ort der Roués ist, das Milieu, in dem die Schurken meist zu finden sind).

Die Vorstellung vom »gerissenen« Burschen enthält also durchaus Anspielungen auf liederlichen Lebenswandel, Perversität, subversive Mißachtung der Prinzipien, Normen und guten Manieren, von Recht und Gesetz, die im Kreise der guten Gesellschaft herrschen, der Gesellschaft aller gesitteten Menschen guten Willens. Mit »gerissen« wird die Abweichung vom rechten Weg bezeichnet, welche Ausschließung oder Bestrafung fordert. Der »Roué« ist also insofern auch eine Art Schurke; aber da noch eine ganze Schurkenbande auf uns wartet, mögen sie sich noch gedulden. Wenn die gerissenen Libertins der Regentschaft, von denen Saint-Simon spricht, die Wüstlinge einer guten monarchischen Gesellschaft auf dem Weg ins Verderben sind, wenn sie letztlich also auf ihre Weise den Niedergang des monarchischen Prinzips und damit von ferne, im

Anschluß an eine Revolution und eine Enthauptung, eine gewisse Demokratisierung der Souveränität ankündigen – nun, dann wird man die Demokratie, den Übergang zur Demokratie, die *Demokratisierung* stets mit Zügellosigkeit, einem Zuviel an Freiheit, mit Libertinage, Liberalismus beziehungsweise Perversion, Delinquenz, Vergehen und Gesetzesverstoß assoziiert haben: »Alles ist erlaubt.«

Wenn der Roué ein zugleich wohlgelittener und ausgeschlossener Schurke ist, ausgeschlossen aus der gesitteten Gesellschaft, und wenn ich mich dazu hinreißen ließe, bei der eigentümlichen und unübersetzbaren französischen Lexik des Rades endlos zu verweilen, bei all den Wendungen, die die Verwendungen, die Semantik und Pragmatik dieses Wortes mit der Geschichte Frankreichs, seiner Sozial-, Rechts- und politischen Geschichte verbinden, so käme unser Rundgang durch die Politiken des Rades und dessen, was es ein- und ausschließt, nie zu einem Ende. So bezeichnete man etwa als »Rad« oder häufiger als »Medaillon« [rouelle] ein rotes und weißes Rädchen, den Vorläufer des gelben Sterns, den die Juden auf der Brust tragen mußten und der, bei Androhung schwerster Bestrafung, auf keinen Fall verdeckt sein durfte. Voltaire erinnert im Artikel »Sitten« in der *Enzyklopädie* daran, daß »das Laterankonzil ihnen [den Juden] befahl, ein Rädchen auf der Brust zu tragen, um sie von den Christen zu unterscheiden«.

Es fiel – aus guten Gründen – immer schwer, zwischen den Vorzügen und Nachteilen der Demokratie streng zu unterscheiden (ebendeshalb sprach ich vorhin von Autoimmunität). Man wird einige *Mühe* haben, unter der Voraussetzung eines freien Willens eine Grenze zwischen dem Gut der demokratischen Freiheit und dem Übel der demokratischen Zügellosigkeit zu ziehen. Beide sind kaum voneinander unterschieden. Das achte Buch der *Politeia* zum Beispiel enthält eine Betrachtung über die Demokratie als Herrschaftsform *(demokratian skepteon)*. Der Demokrat, sein Charakter, seine Existenz-, Verhaltens- und Denkungsart sowie, wörtlich, seine »Weise« *(tropos)* oder seine Haltungen [tours] sollen kritisch beurteilt, »vor Gericht« gezogen werden *(eis krisin)*.[12] Die *krisis* urteilt, und

---

12 Platon, *Politeia*. Nach der Übersetzung Friedrich Schleiermachers, in:

die Kritik ist erdrückend: Der Demokrat bedeutet allgemeinen Niedergang, Autoritätsverlust, die Weigerung, die jungen *akolastoi* »durch das Gesetz in Schranken [zu] halten«, die buchstäblich nicht gezäumt, gezähmt, maßlos, zügellos, undiszipliniert, kriminell, verschwenderisch sind – gerissene Schurken, könnte man vielleicht etwas anachronistisch sagen, ›Wildlinge‹: »schwelgerisch, zu leiblichen und geistigen Anstrengungen untüchtig, weichlich aber und träge«.[13] All das sieht schon nach einer Messe, einem Basar, einem freien beziehungsweise neoliberalen oder vorkapitalistischen Markt aus. Die Oligarchie der Herrschenden hat nun ein wirtschaftliches Interesse daran, daß die jungen Roués auf diesem Markt ihren Besitz verschwenden und durchbringen, um dann, wie die *Politeia* sagt, selbst

»das Eigentum von solchen an sich kaufen oder als Unterpfand für Darlehn annehmen [zu] können, um dadurch noch reicher […] zu werden«. Die untätigen jungen Leute »sitzen in der Stadt wohlbestachelt und völlig gerüstet, Einige verschuldet, Andere ihrer bürgerlichen Stellung beraubt, noch Andere beides, alle aber denen zürnend und auflauernd welche das ihrige besitzen so wie den Übrigen auch, und nach Neuerung begierig *(neoterismou erontes)*. […] Jene Sammler aber, immer auf die Sache erpicht als ob sie diese Menschen gar nicht sähen, verwunden immer wieder jeden der nur um ein weniges ausweicht, indem sie ihm ihr Gold beibringen, und während sie nun an Zinsen das wer weiß wievielfache ihres ursprünglichen Vermögens« – ihres Kapitals, griechisch: ihres Erbes; *tou patros ekgonous tokous pollaplasious komizomenoi* – »aufhäufen, vermehren sie« – die Agenten dieses Wucherkapitalismus – »in dem Staate *(te polei)* die Zahl der Drohnen und Armen.«[14]

Dieses Porträt des Demokraten, das sollten wir nie vergessen, verbindet die Motive der Freiheit *(eleutheria)* und der Zügellosigkeit *(exousia)*, ein anderes Wort für Laune, Willkür, Gutdünken, Nachgiebigkeit gegenüber seinen Begierden, Bequemlichkeit, Befugnis oder Fähigkeit zu tun, was man will. Platon

---

Sämtliche Werke, Bd. 5, Frankfurt am Main und Leipzig: Insel 1991, S. 611 (555 b).
13 Ebd., S. 615 (556 bc).
14 Ebd., S. 613 (555 de).

sagt es ausdrücklich. Zumindest *sagt* er, daß *man* ebendas über die Demokratie *sagt*: »Und nicht wahr, zuerst sind sie frei *(eloitheroi)*, und die ganze Stadt voll Freiheit *(eleutheria)* und Zuversichtlichkeit, und Erlaubnis hat Jeder darin zu tun was er will *(kai exousia en aute poiein ho ti tis bouletai)*? – So sagt man ja wenigstens, sprach er *(legetai ge de, ephe)*.«[15] Er sagt, daß man so sagt. Seine Rede ist indirekt, er berichtet von einer verbreiteten Meinung.

Einer Meinung, die umgeht wie ein Gerücht und die sich in der Geschichte nie verändert haben wird. Noch bevor man *Demo-kratie* von der (gleichwohl rätselhaften) Minimalbedeutung ihrer beiden tragenden Begriffe und deren syntagmatischer Verknüpfung her bestimmen wird – Volk und Macht, *demos* und *kratos* oder *kratein* (das ebenso »vorherrschen«, »die Oberhand gewinnen«, »der Stärkste sein«, »beherrschen«, »Gesetzeskraft haben«, »überwältigen« [avoir raison de] bedeutet) –, wird man den Begriff der Demokratie im Verlauf ihrer ganzen Geschichte seit dem Griechenland Platons unveränderlich vom Begriff der Freiheit her auffassen. Gewiß läßt sich diese Freiheit als *eleutheria* wie als *exousia* bloß als eine weitere Figur, eine weitere Wendung [tour], eine weitere Gestalt [tournure] der Macht *(kratos)* verstehen. Freiheit ist im Grunde die Befugnis oder Macht, zu tun, was man will: zu entscheiden, zu wählen, *sich* zu bestimmen, über sich selbst zu bestimmen, Herr zu sein und vor allem Herr seiner selbst *(autos, ipse)*. Die bloße Begriffsanalyse des »Ich kann«, des »Es ist mir möglich«, des »Ich habe die Macht zu ... *(krateo)*« entdeckt darin das Prädikat der Freiheit, des »Ich habe die Freiheit zu ...«, »Ich kann entscheiden«. Keine Freiheit ohne Selbstheit und, *vice versa*, keine Selbstheit ohne Freiheit. Und also eine gewisse Souveränität.

Im übrigen wird diese Implikation der Freiheit (*eleutheria* oder *exousia*), um es rasch auf eine Formel zu bringen, jedenfalls während der ganzen Geschichte des Demokratiebegriffs nie in Frage gestellt, sondern von Platon wie von Aristoteles stets unter einem gewissen Vorbehalt als eine Art gängige Rede, Überzeugung, beglaubigte Meinung, gleichsam als *doxa*, wenn

---

15 Ebd., S. 617 (557b).

nicht gar »Dogma« dargestellt (um das Wort Tocquevilles aufzunehmen, das wir weiter oben hervorgehoben haben). Darüber, so scheinen Platon und Aristoteles zu betonen, ist sich alle Welt zum Thema Demokratie einig. Das ist es, was man uns sagt, was man uns erklärt: Demokratie ist Freiheit. Nach Platon – »So sagt man ja wenigstens, sprach er *(legetai ge de, ephe)*« – läßt auch Aristoteles in seiner *Politik* an zahlreichen Stellen Vorsicht walten. Wo er von Freiheit *(eleutheria)* spricht, beschreibt er zumindest die Axiome *(ta axiomata)* und das zugrundeliegende Prinzip, die Voraussetzung *(hypothesis)*, die Bedingung, die man gewöhnlich der Demokratie zuordnet.

»Jetzt wollen wir von den Voraussetzungen, Charakteren und Zielen der Demokratie sprechen. Grundlage« – eigentlich: Hypothese, das, was man zugrunde legt oder voraussetzt: *hypothesis* – »der demokratischen Staatsform ist die Freiheit; man pflegt nämlich zu behaupten *(touto gar legein eiothasin)*, daß die Menschen nur in dieser Staatsform *(hos en mone te politeia)* an der Freiheit teilhaben, und *erklärt*, daß danach jede Demokratie strebe *(toutou gar stochazesthai* phasi *pasan demokratian).*«[16]

Aristoteles legt Wert darauf; auch er ist dabei, von einer herrschenden Meinung zu berichten, von einer Hypothese oder Unterstellung, die von der öffentlichen Meinung gleichsam als gültiges Gesetz beglaubigt wird. Er fährt unmittelbar fort (und ich lege die zitierten Sätze, ohne mich dabei aufzuhalten, unter den Stichworten »Trope«, »Wendung«, »abwechselnd«, »im Turnus«, *en merei* oder *kata meros*, ab):

»Zur Freiheit gehört aber erstens, daß man abwechselnd regiert und regiert wird *(eleutherias de en men to merei archesthai kai archein)*. Denn die demokratische Gerechtigkeit *(to dikaion to demotikon)* besteht darin, daß man nicht der Würde« – oder dem Wert –, »sondern der Zahl nach die Gleichheit walten läßt *(kat'arithmon alla me kat'axian)*; wo diese Gerechtigkeit herrscht, da muß die Menge Herr« – Souverän: *kyrion* – »sein, und was die Mehrzahl billigt, das muß das Gültige und das Gerechte sein. [...] Dies ist also das eine Zeichen der Freiheit, das alle Demokraten als Wesenszug« – Norm, Regel, Grenze:

---

16 Aristoteles, *Politik*. Übersetzt von Olof Gigon, München: dtv 1973, S. 203 (VI. Buch, 1, 1317a).

oron – »dieser Verfassung angeben. Ein anderes ist, daß man leben kann, wie man will *(en to zen hos bouletai)*. […] Von daher kommt dann, daß man sich nicht regieren läßt, am besten von überhaupt niemandem, oder dann doch nur abwechslungsweise *(kata meros)*. Auch dies trägt also zur Freiheit im Sinne der Gleichheit bei.«[17]

In diesem wie in so vielen anderen Texten von Platon und Aristoteles ist die Unterscheidung zwischen *bios* und *zoe* – oder *zen* – mehr als schwierig und heikel; keinesfalls entspricht sie der starren Gegenüberstellung, auf der Agamben fast seine gesamte Argumentation über Souveränität und das Biopolitische in *Homo sacer* aufbaut (aber lassen wir das für ein andermal).[18]

Mit anderen Worten, noch bevor klar ist, was *demos* oder *kratos, kratein* bedeuten sollen, bringt die Semantik der Kehre, der Rück-kehr, der beiden Kreisläufe, des Abwechselns im Turnus *(en merei* oder *kata meros)* die gemeinsame hypothetische Unterstellung von Freiheit und Gleichheit, ihre gemeinsame axiomatische Voraussetzung, nämlich das, *was man* von Freiheit und Gleichheit *sagt*, in einen unauflöslichen Zusammenhang. Freiheit und Gleichheit sind nur so miteinander zu versöhnen, daß sie einander im Turnus abwechseln, alternieren. Die absolute Freiheit eines endlichen Wesens (von dieser Endlichkeit sprechen wir hier) ist nur in der Raum-Zeit eines Nacheinander, also in einem doppelten *Kreislauf* gerecht teilbar: *Einerseits* geht in diesem Zyklus die Macht vorübergehend von einem auf den anderen über, bevor sie wieder zum ersten zurückkehrt, so daß der Regierte wieder zum Regierenden, der Repräsentierte wieder zum Repräsentanten wird und *vice versa*; *andererseits* läßt dieser Zyklus von Abwechslungen die letzte und höchste Macht wieder *zu einem selbst, zu demselben Selbst, zu demselben Selben* [à soi, au soi-même de soi, au même que soi], zurückkehren. Derselbe Kreis, der Kreis selbst, sollte die künftige Rückkehr ebenso gewährleisten wie die Rückkehr der letzten Macht zu ihrem Ursprung oder ihrer Ursache, zu ihrem Für-sich.

17 Ebd., S. 203 f. (1317 b).
18 Giorgio Agamben, *Homo sacer. Die souveräne Macht und das nackte Leben*. Übersetzt von Hubert Thüring, Frankfurt am Main: Suhrkamp 2002.

Warum insistieren wir hier auf dem, was an der Freiheit (*eleutheria* und *exousia*), also vielleicht an der Entscheidung und am Willen, an der Souveränität, noch vor dem *demos* und dem *kratos* so prekär und so schwierig zu denken ist? An einer Freiheit, ohne die es weder Volk noch Macht, weder Gemeinwesen noch Gesetzeskraft gäbe?

Aus zwei Gründen. Der erste betrifft das, was wir den *Freilauf* [roue libre] nennen könnten, die semantische Leere oder Vagheit, die im Mittelpunkt des Begriffs der Demokratie dessen Geschichte in Gang hält [fait tourner]. Der zweite betrifft die Geschichte der Freiheit, des Freiheitsbegriffs, des Wesens oder der Erfahrung der Freiheit, die das besagte freilaufende Rad lenkt. Ich kündige also von ferne zwei Gründe dafür an, sich der Freiheit zuzuwenden [se tourner vers]: *eleutheria* oder *exousia*.

Zunächst einmal ist zu betonen: Wenn diese Freiheit, zwischen *eleutheria* und *exousia*, soziale und politische Verhaltensweisen zu charakterisieren scheint – das Recht und die Fähigkeit, zu tun, was einem gut dünkt, die Entscheidungsbefugnis, über sich selbst zu bestimmen, aber auch die Erlaubnis, Möglichkeiten durchzuspielen –, so setzt sie dabei, radikaler und ursprünglicher noch, ein freies Spiel voraus, einen gewissen Spielraum von Unbestimmtheit und Unentscheidbarkeit *im Begriff* der Demokratie selbst, in der Interpretation des Demokratischen.

Warum diese Freiheit im Begriff der Demokratie? Warum diese Freiheit, die im Demokratiebegriff mitspielt, Spiel hat und dort ihren Spielraum öffnet? Warum eigentlich ragt sie so heraus? Ich sage herausragend, um nicht – wie ich es eben aus Bequemlichkeit getan habe – zu sagen: radikaler, ursprünglicher oder archaischer als die Freiheit oder Erlaubnis im Sinne der Befugnis, dies oder jenes zu tun, der Macht, dies zu können oder jenes zu können, einer Macht, die damit zur apriorischen Bedingung einer Freiheit würde.

Diese Freiheit im Begriff der Demokratie ragt um so mehr heraus, als damit gleichsam in der Hohlform einer *Zukunft des Begriffs* selbst und also einer Sprache der Demokratie eine *essentielle Geschichtlichkeit der Demokratie*, des Begriffs und der Lexik der Demokratie, ihren Platz findet (Demokratie: das einzige Nomen, das für historische Transformationen nahezu beliebig offen und flexibel ist, das seine innere Formbarkeit und Fähigkeit zu unendlicher Selbstkritik, man könnte sogar sagen: zur unendlichen Begriffsanalyse, bereitwillig akzeptiert). Es geht dabei um diese stets erst kommende Demokratie, auf die ich später zurückkommen werde.

Man wird sich also darauf berufen können, daß das Syntagma »kommende Demokratie« wenigstens der einen der platonischen Traditionslinien zugehört. Manchmal wird dieser Rekurs ein wenig gekünstelt erscheinen oder gar Züge polemischer Bosheit aufweisen, aber es wird ihm nicht an einer gewissen Wahrscheinlichkeit mangeln. Die Rede von »kommender Demokratie« könnte letztlich also nichts weiter bedeuten, als auf streng analytische, deskriptive, konstative, politisch neutrale Weise den Inhalt eines zumindest seit dem platonischen Griechenland überkommenen und deshalb sich darauf berufenden Begriffs zu erläutern. Ich werde das noch ausführen.

Was mich jedoch einstweilen dazu berechtigt, die Dinge derart unter Berufung auf Platon zu formulieren, ist der Umstand, daß sich die *Politeia* gleich nach dem Abschnitt über den Demokraten und die Freiheiten über *eleutheria* und *exousia* ausläßt. Da in der Demokratie jeder das Leben *(bion)* führen kann, das ihm gefällt, wird man unter dieser Herrschaft, dieser *politeia*, die – wie wir gleich sehen werden – weder eine Herrschaft noch eine Verfassung, noch eine echte *politeia* ist, Menschen jeglicher Art, unterschiedlicher als irgendwo sonst, finden. Daher die buntscheckige Schönheit der Demokratie. Platon hebt ebensosehr die Schönheit wie die Buntheit hervor. Die Demokratie mag als die schönste *(kalliste)*, als die verführerischste der Verfassungen *(politeion)* erscheinen – das ist ihre Erscheinung, wenn nicht ihr Schein und ihr Trugbild. Ihre Schönheit ähnelt der eines buntgemusterten, farbenprächtigen *(poikilon)* Kleides. Hier kommt es auf die Verführung an, sie provoziert, sie ist provokant in diesem »Milieu« der sexuellen Differenz, in dem sich die Roués und die Schurken aufhalten. Das Schlüsselwort *poikilon* taucht mehr als einmal auf. Es bedeutet in der Malerei ebenso wie in der Weberei – daher die Anspielung auf die Frauen, die nicht auf sich warten läßt – »buntgemustert«, »farbenprächtig«, »gesprenkelt«, »getüpfelt«. Dasselbe Attribut beschreibt gleichermaßen die lebhafte Farbe und die Vielfalt, den wechselnden, veränderlichen, unbeständigen, auch komplizierten, manchmal dunklen, zweideutigen Charakter. Das Pfauenrad, das für Frauen unwiderstehlich ist. Denn diese farbenprächtige Schönheit, so Platons politisch hochsignifikante Bemerkung, erregt vor allem die Neugier der »Kinder und Weiber«.[19] Alle, die weibisch und kindisch sind, halten sie für die schönste. Deshalb, wegen dieser Freiheit und dieser Buntheit, würde man in der Demokratie, die von einer solchen Vielfalt von Menschen bevölkert ist, vergeblich nach einer einzigen Verfassung, nach einer einzigen *politeia* suchen. Der Freiheit (der *exousia* diesmal) überantwortet, schließt die Demokratie in sich alle Arten von Verfassungen, von Staats- oder Regierungsformen *(panta gene politeion)*. Wer einen Staat gründen will, braucht nur in eine Demokratie zu gehen und sich dort dasjenige Schnittmuster auszusuchen, das ihm am besten gefällt. Wie auf dem Markt mangelt es nicht an *paradeigmata*. Dieser Markt ähnelt einer Messe, einem Basar *(pantopolion)*, einem Souk, auf dem man alles findet, was man an Staatsverfassungen *(politeia)* suchen mag.

Von Anfang bis Ende ist die *Politeia* durchzogen von dieser Lexik einer Vielfalt von »Verfassungsmustern« und ihrer bunten Farbenpracht. Jenseits aller geschichtlichen Wandlungen, die der Demokratiebegriff seither durchgemacht haben wird und die strengstens zu berücksichtigen sind, kündigt bereits Platon an, daß »Demokratie« letztlich weder der Name einer Herrschaftsform noch die Bezeichnung einer Staatsverfassung ist. Sie ist nicht eine konstitutionelle Form unter anderen. Und tatsächlich haben wir außer den monarchischen, plutokratischen, tyrannischen Demokratien der Antike zahlreiche moderne angeblich demokratische Herrschaftsformen kennengelernt. Zumindest *stellen sie sich* unter dem Namen und im Namen (und, was wir nie vergessen sollt, mit dem griechischen Nomen) der Demokratie *als demokratische dar*: als monarchische und zugleich parlamentarische Demokratie (das heißt als »konstitutionelle« Monarchie, wie der Großteil der europäischen Nationalstaaten), als Volksdemokratie, direkte oder in-

---

19 Platon, *Politeia*, S. 619 (557 c).

direkte Demokratie, parlamentarische, eventuell präsidiale Demokratie, liberale, christliche, sozialdemokratische, Militäroder autoritäre Demokratie – und so weiter.

3. Das Andere der Demokratie, der regelmäßige Wechsel: Alternative und Alternanz

Ich gehe hier in Eile, kursorisch vor, doch nicht ohne Gemessenheit, ein Vorgehen, das man auch abwechselnd als arabische und islamische Hypothese oder Hypothek bezeichnen könnte. Ich sage »abwechselnd arabisch *und* islamisch«, um den oft mißbräuchlich verwendeten Bindestrich in »arabisch-islamisch« zu vermeiden. Doch ich halte an »arabisch *und* islamisch« fest, um mich auf die arabischen Schriftzeichen [littéralité] der Koransprache zu beziehen; und wenn ich neben »Hypothese« auch »Hypothek« sage, so mache ich Anleihen bei der Terminologie von Darlehen, Kredit, Forderung oder Transaktion, aber auch von Hindernis, Schwierigkeit, Belastung.

Worin bestünde die Hypothese oder Hypothek? Heute, in der sogenannten europäischen (griechisch-christlichen und zugleich globalatinisierenden) Tradition, die weltweit den Begriff des Politischen beherrscht; in einer Situation, in der das Demokratische mit dem Politischen fast deckungsgleich und das Feld des Demokratischen wegen der Vagheit, der »Freiheit«, des »freien Spiels« im Begriff der Demokratie für das Feld des Politischen geradezu konstitutiv wird; in einer Situation, in der das Demokratische und das Politische in dieser griechisch-christlichen und globalatinisierenden Tradition wesentlich zusammenfallen und das Demokratische in der nachaufklärerischen Moderne unauflöslich mit einer zweideutigen Säkularisierung verbunden zu sein scheint (wobei die Säkularisierung immer zweideutig ist, weil sie sich vom Religiösen lossagt und zugleich doch bis in ihren Begriff hinein vom Religiösen, Theologischen beziehungsweise Ontotheologischen geprägt bleibt) – in der vermeintlichen Modernität dieser Situation also sind die einzigen und sehr wenigen Regime, die *sich nicht* als demokratisch *ausgeben* [se présentent], Systeme islamischer theokratischer Herrschaft. Nicht alle natürlich; aber die einzigen, ich betone es, die nicht *sogenannte*, sich selbst so nennende demokratische Regime sind, die einzigen, die *sich nicht* als demokratische *ausgeben*, sind, wenn ich mich nicht täusche, fest verbunden mit der islamischen Religion oder dem islamischen Glaubensbekenntnis. Saudi-Arabien wäre ein spektakuläres Beispiel dafür. Die strategischen Paradoxien seiner Einbindung in die Geopolitik wie in die Wirtschaft der amerikanischen und westlichen Demokratien sind wohlbekannt. Sämtliche Nationalstaaten hingegen, die, wenn nicht in ihrer Verfassung, so doch in ihrer Kultur mit dem jüdischen (es gibt nur einen solchen Staat, Israel) oder christlichen Glauben verbunden sind (ich werde sie nicht alle aufführen, es sind zu viele, und daß es so viele sind, ist nicht ohne Bedeutung), darüber hinaus die Mehrzahl der postkolonialen Nationalstaaten mit ihren zusammengewürfelten religiösen Kulturen in Afrika (man denke vor allem an Südafrika und seine neue Verfassung) oder in Asien (man denke vor allem an Indien oder China) *geben sich* heute als Demokratien *aus*. Sie bezeichnen sich auf griechisch, also in der vorherrschenden internationalen Sprache des Rechts und der Politik, als »Demokratien«. Der Islam, ein bestimmter Islam, wäre also die einzige religiöse oder theokratische Kultur, die noch imstande ist, der Demokratie faktisch oder formell Widerstand zu leisten. Auch wenn sie nicht unbedingt dem widersteht, was wir als eine mehr oder weniger verleugnete tatsächliche Demokratisierung bezeichnen würden, so vermag sie zumindest dem demokratischen Prinzip oder der Berufung darauf, dem Vermächtnis und dem alten Namen der »Demokratie« zu widerstehen. Wir werden gleich auf die *doppelte Aufgabe* zurückkommen, die diese Hypothek den einen wie den anderen stellen mag.

Wenn man nun den Zusammenhang zwischen dem Demokratischen und dem Demographischen in Rechnung stellt, wenn man zählt, rechnet und Buch führt, wenn einem an vernünftiger Rechtfertigung und Begründung liegt und wenn man die Tatsache berücksichtigt, daß die Welt des Islams einen großen Teil der Welt ausmacht, dann liegt hier vielleicht letztlich ein gewaltiges, wenn nicht das einzige politische Zukunftsproblem, die dringlichste Frage, die auf das, was man noch immer das Politische nennt, erst noch zukommt. Das Politische – das heißt in der Offenheit, im freien Spielraum und im gesamten Umfang, in der bestimmten Unbestimmtheit seiner Bedeutung, das Demokratische.

Mein wohlbedachter Hinweis auf die Dringlichkeit soll deutlich machen, daß in der notwendigerweise begrenzten Zeit der Politik und also der Demokratie die Rede von einer kommenden Demokratie keinesfalls etwa das Recht bezeichnen soll, die Erfahrung der Demokratie oder gar das Gebot zur Demokratie aufzuschieben, wäre es auch im Namen einer regulativen Idee. Ich werde darauf zurückkommen. Die Zu-kunft [à-venir] der Demokratie ist zugleich, wenn auch ohne Präsenz, das *Hic et nunc* der Dringlichkeit, des Gebots als absoluter Dringlichkeit. Selbst dort, wo die Demokratie aussteht oder auf sich warten läßt. Ich sage »wenn man zählt und mit der Anzahl rechnet«; das genau ist in vielerlei Hinsicht, vielleicht sogar immer, die Frage der Demokratie, man weiß es seit Platon und Aristoteles; sie ist eine Rechenfrage, eine Frage des Zahlenrechnens, der numerischen Gleichheit. Neben der Gleichheit *(to ison)* dem Wert oder Verdienst nach *(kat'axian)* ist die Gleichheit der Zahl nach eine der beiden Arten der Gleichheit, woran uns Aristoteles erinnert *(to men gar arithmo)*.[20] Und also die Zählung der Einheiten, also dessen, was man in der Demokratie *Stimmen* nennt. Darin liegt zumindest auch einer der Gründe, weshalb ich die Frage der Zahl in den Mittelpunkt der *Politik der Freundschaft*[21] gestellt habe. Wie soll man zählen? Welches soll die Recheneinheit sein? Was ist ein Votum? Was ist eine unteilbare und zählbare Stimme? All das sind bedrohliche Fragen – und sie sind offener denn je. Eine Frage des *nomos* und also des *nemein*, nämlich der Verteilung oder des Teilens.

Vielleicht wäre es angebracht, hier an ein exemplarisches Ereignis zu erinnern, das zumindest in hohem Maße symptomatisch ist für das gegenwärtige Verhältnis zwischen Islam und Demokratie: nämlich an den Abbruch eines demokratischen Wahlvorgangs durch Staat und herrschende Partei im Jahr 1992 im postkolonialen Algerien. Stellen wir uns vor, was in einer

---

20 Aristoteles, *Politik*, S. 167 (V. Buch, 1, 1301 b).
21 Jacques Derrida, *Politik der Freundschaft*. Übersetzt von Stefan Lorenzer, Frankfurt am Main: Suhrkamp 2000.

Demokratie der Abbruch einer Wahl zwischen den beiden Wahlgängen [*tours* de scrutin] bedeuten könnte. Stellen Sie sich vor, man hätte in Frankreich eine Wahl, die der *Front national* zu gewinnen drohte, nach der ersten Runde [tour], zwischen den beiden Wahlgängen, beendet. Jedenfalls verharrt die Demokratie immer – eine Frage des Turnus, der beiden Runden oder des regelmäßigen Abwechselns [question de tour, de double tour, de tour à tour] – unschlüssig in der Alternative zwischen zwei Alternanzen: dem sogenannten normalen und demokratischen Machtwechsel (die Macht einer republikanisch genannten Partei tritt an die Stelle einer ebenfalls republikanisch genannten Partei) und dem Wechsel, bei dem die Gefahr besteht, daß *modo democratico* eine Partei an die Macht kommt, die vom Volk (und demnach demokratisch) gewählt worden ist, aber als nichtdemokratisch gilt. Wenn vor einigen Wochen ein sogenanntes »demokratisches Erschrecken« durch Frankreich ging, wie es hieß, so bestand es darin, daß für den Fall eines Wahlsiegs von Le Pen vorauszusehen war, daß das Wahlergebnis durchaus Chancen gehabt hätte, als legal und legitim anerkannt zu werden. Man war darauf vorbereitet. Übrigens präsentieren sich Le Pen und die Seinen seither als achtbare und untadelige Demokraten. Als in Chile das »Nein« der Wähler zu Pinochet triumphierte, bestand eine der Zweideutigkeiten der Situation darin, daß man die Demokratie für wiederhergestellt hielt. Die Sieger scheuten sich, das »Nein« zu Pinochet, das heißt das »Ja« zur Demokratie, als Sieg für sich zu beanspruchen, und taten so, als repräsentiere es ebensosehr die Nichtdemokraten, die »Ja« zu Pinochet gesagt hatten. Die große Frage der modernen parlamentarischen und repräsentativen Demokratie, doch vielleicht schon jeder Demokratie, in dieser Logik des Turnus, der zweiten Runde, des anderen Mals und also des anderen, des *alter* im allgemeinen, besteht darin, daß die *Alternative zur* Demokratie stets als demokratischer *Wechsel* [alternance] *ausgegeben* werden kann. In Algerien drohte in der Tat bei dem begonnenen Wahlvorgang die Macht auf völlig legalem Wege einer mutmaßlichen Mehrheit zuzufallen, die sich als wesentlich islamisch und islamistisch präsentierte und der man, zweifellos zu Recht, die Absicht unterstellte, die Verfassung zu ändern und das geregelte Funktionieren der Demokratie beziehungsweise die Wirksamkeit eines vermeintlich in Gang gekommenen Demokratisierungsprozesses zu beseitigen. Dieses Ereignis ist erhellend und exemplarisch in mehr als einer Hinsicht. In mindestens dreien.

1. Erstens ließe sich mit diesem »algerischen« Ereignis (der Aufstieg eines für antidemokratisch gehaltenen Islamismus führt zum Abbruch eines formell demokratischen Wahlvorgangs) die Hypothese zumindest des Islams, eines bestimmten Islams, veranschaulichen. Und dieser Islam (nicht der Islam im allgemeinen, wenn es so etwas überhaupt gibt) stellte die einzige religiöse Kultur dar, der es bisher gelungen ist, einem europäischen (griechisch-christlichen und globalatinisierenden) Säkularisierungs-, also Demokratisierungs- und deshalb im strengen Sinne Politisierungsprozeß zu widerstehen.

Die beiden Aufgaben, die ich vorhin angedeutet habe, wären also *abwechsend*, gleichzeitig oder nacheinander, *theoretische und politische*.

A. Die eine der beiden Aufgaben fiele in den Bereich des theoretischen oder hermeneutischen Wissens. Es wäre die einer immensen, dringlichen und ernsthaften historischen Untersuchung, inwieweit ein im eigentlichen Sinne demokratisches Modell in diese oder jene Lesart des koranischen Erbes und in dessen eigene Sprache übersetzbar ist oder nicht. Was dieses demokratische Modell angeht, so wäre es hier unumgänglich, zu untersuchen und ernsthaft zu berücksichtigen (wofür mir die Zeit und die Sachkenntnis fehlen), was seit dem griechischen Altertum, seit Platon und Aristoteles, seit der politischen Geschichte und dem politischen Diskurs Athens, aber auch Spartas, des Hellenismus und Neuplatonismus einerseits über Arabien vor und nach der Entstehungszeit des Korans, andererseits über Rom weitergereicht, vermittelt, übersetzt worden ist. Ich weiß nicht, wieweit in dieser Geschichte die in der Tat verwirrende Tatsache von Bedeutung sein mag, daß die Aristotelische *Politik* unter den Werken der griechischen Philosophie, die der Islam importiert, rezipiert, übersetzt und weitervermittelt hat, eine seltsame Ausnahme darstellt: er fehlt; insbesondere bei Ibn Ruschd (Averroës), der in seinen islamischen politischen Diskurs nur die *Nikomachische Ethik*, oder bei al-Farabi, der nur das Thema des Philosophenkönigs aus dem Platonschen *Staat* aufnahm. Dieses Thema scheint aus der Sicht dessen, was man die islamische »politische Philosophie« nennen kann, ein *locus classicus* gewesen zu sein. Mir ist deutlich geworden, daß für manche heutige Historiker und Interpreten des Islams das Fehlen der Aristotelischen *Politik* im Korpus der arabischen Philosophie eine ebenso symptomatische, wenn nicht entscheidende Bedeutung hat wie umgekehrt das Privileg, das die theologisch-politische Philosophie des Islams dem Platonschen Thema des Philosophenkönigs oder absoluten Monarchen eingeräumt hat; ein Privileg, das mit einem strengen Urteil über die Demokratie einhergeht.

Was sich vorläufig aber nicht von selbst versteht, ist die Stellung dieser Frage oder dieser *Fragestellung** selbst. Für die Sprache des Korans oder jede andere nichtgriechische oder nichteuropäische Sprache oder Kultur (jede nichtlateinische vor allem, da das Wort *democratia* schlicht latinisiert, aus dem Griechischen ins Lateinische importiert wurde) ist die Stellung einer solchen Problematik oder Aufgabe keineswegs selbstverständlich. Die Stellung dieser Problematik oder dieser immensen Aufgabe ist notwendig und zugleich unmöglich. Sie dreht sich in einem *circulus vitiosus*. Sie setzt vor jeder weiteren sprachlichen oder politischen Übersetzungsanstrengung in der Tat schon voraus, daß es im Griechischen einen eigentlichen, stabilen und eindeutigen Sinn des Demokratischen als solchen gibt. Nun haben wir freilich gerade den Verdacht geschöpft, daß es sich nicht so verhält. Vielleicht haben wir es hier mit einem Wesen ohne Wesen und Ziel zu tun, unterhalb ein und desselben Wortes und mittels eines Begriffs. Vielleicht auch um einen begriffslosen Begriff. Allerdings sollte dieser grundlegende Vorbehalt nicht die Möglichkeit und Notwendigkeit einer ernsthaften und systematischen Untersuchung der *Bezugnahme* auf die Demokratie, des demokratischen *Vermächtnisses* und der *Berufung* auf Demokratie – unter diesem oder einem anderen, als gleichwertig betrachteten Namen – in der alten und vor allem in der neueren Geschichte der arabischen Nationalstaaten und überhaupt in den von der islamischen Kultur geprägten Gesellschaften hinfällig machen. Zwar weiß ich wenig darüber, aber ich glaube, daß in diesen arabischen und/oder islamischen Gebieten der Bezug auf die Demokratie sehr lebhaft gewesen sein muß. Ob positiv oder negativ, bloß rhetorisch oder nicht (doch wo, wird man zu Recht fragen, ist die Bezugnahme auf die Demokratie nicht mit dem rhetorischen Mißbrauch einer Berufung auf sie verbunden?), auf arabischem oder islamischem Boden wird der demokratische oder demokratisierende Diskurs von Widersprüchen aller Art erregt worden sein, und er wird Anlaß zu komplexen Strategien geliefert haben.

B. Worin läge dann die andere Aufgabe, die andere Verpflichtung? Es wäre eine explizit politische, im Unterschied zu der vorigen, die nur implizit und mittelbar eine politische Aufgabe ist. Für jeden, der sich etwa für einen Freund der Demokratie in der Welt und nicht nur in seinem Land hielte (und wir werden auf diese kosmopolitische Dimension einer universellen, von jeder nationalstaatlichen Struktur unabhängigen Demokratie gleich zurückkommen), bestünde die Aufgabe darin, alles zu tun, um diejenigen Kräfte vornehmlich in der islamischen Welt zu unterstützen und zu stärken, die nicht nur für die Säkularisierung des Politischen (wie zweideutig diese auch bleibt), nicht nur für das Auftauchen einer laizistischen Subjektivität kämpfen, sondern auch für eine Interpretation des koranischen Erbes, die, gleichsam von innen her, die demokratischen Latenzen geltend machte, die darin zweifellos dem bloßen Auge nicht leichter sichtbar und unter diesem Namen nicht leichter lesbar sind, als sie es im Alten und im Neuen Testament waren.

2. An zweiter Stelle wäre die Unterbrechung des Wahlvorgangs in Algerien, von welcher Seite man sie auch betrachtet, ein Ereignis, das für alle Anschläge auf die Demokratie im Namen der Demokratie typisch ist. Die algerische Regierung und ein beträchtlicher Teil, freilich nicht die Mehrheit, des algerischen Volkes (beziehungsweise von Völkern außerhalb Algeriens) waren der Ansicht, der begonnene Wahlvorgang werde demokratisch zum Ende der Demokratie führen. Sie haben ihr daher lieber selbst ein Ende gesetzt. Sie haben souverän entschieden, *im ureigensten Interesse* der Demokratie, aus Sorge um sie und

in der Absicht, sie vor dem schlimmsten und höchstwahrscheinlich bevorstehenden Angriff zu schützen, zumindest vorläufig die Demokratie aufzuheben. Ob dieser strategische Schachzug richtig war oder nicht, wird man per definitionem niemals beurteilen können. Denn in diesem Fall ist die strategische und souveräne Entscheidung kein Laborexperiment, das man rückgängig machen könnte: Sie greift unumkehrbar in den zu analysierenden Prozeß ein. Zu befürchten war jedenfalls eine Machtergreifung oder eine Übergabe der Macht (*kratos*) an ein Volk (*demos*), dessen Wahlberechtigte sich mehrheitlich nicht davor gehütet hätten, nach demokratischen Verfahren die Demokratie selbst zu zerstören. Also eine Art Selbstmord der Demokratie. Die Demokratie ist immer suizidär gewesen, und wenn es für sie eine Zu-kunft gibt, dann nur unter der Bedingung, das Leben und die Lebenskraft anders zu denken. Aus diesem Grund habe ich vorhin Wert auf die Tatsache gelegt, daß der *actus purus* von Aristoteles als ein Leben bestimmt wird.

Was nun diese selbstmörderische Autoimmunreaktion angeht, so gibt es für dieses Verfahren ein Muster: Der faschistische und der nationalsozialistische Totalitarismus sind beide im Zuge formell normaler und formell demokratischer Wahlen an die Macht gekommen, haben beide formell demokratisch die Macht ergriffen. Da auch die Plebs eine Form des Volkes oder des *demos* ist, lassen wir hier die großen Fragen nach der Legitimität oder demokratischen Legalität des Plebiszits – samt der Demagogie der Anführer, ob sie nun *leader*, *Führer** oder *Duce* heißen – sowie aller Formen der direkten oder nichtrepräsentativen Demokratie, des Referendums, des allgemeinen direkten Wahlrechts usw. beiseite. In ihrer allgemeinen Form gründet die Aporie, was diesen zweiten Punkt angeht, in der Freiheit selbst, in dem Spielraum im Demokratiebegriff: Muß eine Demokratie diejenigen in Freiheit lassen und ihnen die Möglichkeit der Machtausübung belassen, die im Namen der Demokratie und der Mehrheit, die sie voraussichtlich dafür zusammenbringen werden, die demokratischen Freiheiten anzutasten und der demokratischen Freiheit ein Ende zu setzen drohen? Wer kann dann – und womit – beanspruchen, der einen wie der anderen Seite gegenüber von Demokratie *selbst*, von *echter* Demokratie *im eigentlichen Sinne* zu sprechen, während doch gerade der Begriff der Demokratie selbst, in seinem eindeutigen und eigentlichen Sinne, gegenwärtig und für immer fehlt? Wenn sie die zahlenmäßige Mehrheit hinter sich wissen, können sich die schlimmsten Feinde der demokratischen Freiheit mit der Hilfe eines plausiblen rhetorischen Trugbilds (das noch die fanatischsten Islamisten im Zweifelsfall zu erzeugen wissen) sich als die allergrößten Demokraten darstellen. Das ist einer der vielen perversen Autoimmunisierungseffekte der seit Platon und Aristoteles definierten Axiomatik. Es ist die Perversität eines doppelten Paares: des Paares »Freiheit und Gleichheit« einerseits, des Paares »Gleichheit nach der Zahl und Gleichheit nach dem Verdienst« andererseits *(»Esti de ditton to ison: to men gar arithmo, to de kat' axian estin ...«).* Denn im Namen eines Paares, des Paares von Freiheit und Gleichheit, akzeptiert man ein Gesetz der Zahl (der Gleichheit der Zahl nach), das die Zerstörung beider Paare bewirkt: sowohl die des Paares der beiden Gleichheiten (dem Verdienst und der Zahl nach) als auch die des Paares Freiheit/Gleichheit selbst.

3. Drittens schließlich zieht die demokratische Sendung [envoi], der Impuls [coup d'envoi] zur Demokratie, einen Rückschlag [renvoi] nach sich. Die Sendung als Aus-sendung [émission], als Mission, die etwas als Vermächtnis auf den Weg [voie] schickt, trägt hier, sobald sie ausgesandt wurde, den Namen *Verweis* [renvoi] als Aufschub oder Ausschluß, Mord und Selbstmord zugleich. Dem Leitfaden jenes exemplarischen Ereignisses folgend, könnten wir eine noch viel stärkere Formalisierung versuchen. Wir finden hier nicht nur ein Beispiel, sondern eine ganze Kette von Beispielen für die Pervertierbarkeit der Demokratie zu ihrem vermeintlichen Schutz: waren doch Kolonisierung und Entkolonisierung beides Autoimmunisierungsversuche, in deren Verlauf die gewaltsame Aufzwingung einer Kultur und einer politischen Sprache, die sich angeblich mit einem griechisch-europäischen politischen Ideal deckten (nachrevolutionäre konstitutionelle Monarchie zur Zeit der Kolonisierung, dann französische, dann algerische Republik und Demokratie), selbst das genaue Gegenteil einer Demokratie hervorbrachte (Französisch-Algerien) und dann einen sogenannten Bürgerkrieg begünstigte, der – in Wirklichkeit ein Unabhän-

gigkeitskrieg – im Namen genau der Ideale geführt wurde, welche die Kolonialmacht für sich in Anspruch genommen hatte; und dann mußte die neue Macht *selbst* die begonnene Demokratisierung abbrechen, mußte einen normalen Wahlvorgang abbrechen, um die bedrohte Demokratie vor ihren geschworenen Feinden zu retten. Um sich zu immunisieren, um sich gegen den (inneren oder äußeren) Angreifer zu schützen, sonderte die Demokratie also ihre Feinde beiderseits der Frontlinie ab, und es blieb ihr scheinbar keine andere Wahl als die zwischen Mord und Selbstmord; doch der Mord verwandelte sich bereits in Selbstmord, und der Selbstmord ließ sich wie stets in Mord übersetzen.

Das allgemeine Gesetz dieses Prozesses der Autoimmunisierung hatte ich in »Glaube und Wissen«[22] zu formalisieren versucht, ein Text übrigens, der auf ein Gespräch über das Verzeihen zurückgeht und der in seiner erweiterten Fassung, ausgehend vom Geheimnis, vom Verzeihen und der Unbedingtheit im allgemeinen, von einer »kommenden Demokratie« sprach als einem Begriff, der die Grenzen der rechtlich-politischen Sphäre überschreitet und sich mit ihr von außen wie von innen verknüpft. Die Formalisierung des Autoimmunisierungsgesetzes wurde dort vornehmlich am Fall der *Gemeinschaft* [communauté] als selbstzerstörerischer gemeinschaftlicher Selbstschutz der Gemeinschaft vor sich selbst [auto-co-immunité] vorgenommen – dem Gemeinschaftlichen der Gemeinschaft und dem Immunen kommt die gleiche Aufgabe *(munus)* zu – sowie am Fall der kommunitären Autoimmunität der Menschheit [humanité], in erster Linie des autoimmunitären Humanitären [humanitaire]. Die Kategorie des Autoimmunen ließe sich ohne weiteres in die Serie älterer oder aktueller Diskurse über *double bind* und Aporie einschreiben, aber ich werde aus Zeitgründen darauf verzichten. Auch wenn *Aporie, double bind* und *Autoimmunisierungsprozeß* nicht einfach Synonyme sind, haben sie mehr miteinander gemein und ist ihnen mehr aufgegeben als ein innerer Widerspruch, eine Unentscheidbarkeit, das heißt

---

22 Jacques Derrida, »Glaube und Wissen«. Übersetzt von Alexander García Düttmann, in: Jacques Derrida und Gianni Vattimo (Hg.), *Die Religion*, Frankfurt am Main: Suhrkamp 2001, S. 72. Vgl. auch ebd., S. 85.

eine dialektisch nicht auflösbare interne wie externe Antinomie, die paralysierend zu wirken droht und deshalb das Ereignis der Entscheidung zum Abbruch herbeiruft.

Nun besteht der Autoimmunisierungsprozeß, den wir hier unmittelbar an der Demokratie untersuchen, stets in einer *Verweisung* [renvoi]. Die Figur des Verweises gehört ins Schema von Raum und Zeit, in das, was ich mit Nachdruck vor langer Zeit unter dem Namen der *Verräumlichung* als Raumwerden der Zeit und Zeitwerden des Raumes thematisiert habe. Die Werte der Spur oder des Verweises sowie derjenige der *différance* sind untrennbar. Der demokratische Verweis schafft nun aber Platz für mehr als eine Logik und mehr als eine Semantik.

a) Die im Raum operierende Topologie der Autoimmunisierung verlangt stets danach, die Demokratie anderswohin zu *verweisen* [renvoyer], sie auszustoßen, auszuscheiden oder auszuschließen unter dem Vorwand, die Demokratie drinnen vor ihren inneren Feinden zu schützen, indem sie sie nach draußen ausweist, ausscheidet, ausschließt. Sie kann ihre Feinde zum Beispiel nach Hause schicken, von den Urnen oder der Öffentlichkeit fernhalten beziehungsweise des Landes verweisen, entweder indem sie ihnen die Bewegungs- und Redefreiheit nimmt, den Wahlvorgang abbricht oder die geschworenen Feinde der Demokratie von der Wahl ausschließt. Wegen der Unentscheidbarkeit, die mit der Logik der Autoimmunisierung verbunden ist, wird man nun aber in einer modernen und liberalen parlamentarischen Demokratie, wie wir sie kennen, in ihrer nationalstaatlichen Form also (auch wenn Schmitt der liberalen Demokratie den Titel Demokratie abspricht), niemals im strengen Sinne beweisen können, ob es demokratischer ist, wenn den Immigranten das Stimmrecht gewährt wird, als wenn es ihnen – als somit Ausgeschlossenen – verweigert wird, zumal denen, die auf dem Territorium der Nation leben und arbeiten. Und man wird niemals beweisen können, ob im Mehrheitswahlrecht mehr Demokratie liegt als in der sogenannten Verhältniswahl; beide Arten der Abstimmung sind demokratisch und schützen zugleich ihren demokratischen Charakter durch Ausschließung, durch Verweis. Denn die Herrschaft des *demos*, die Macht der Demo*kratie* verlangt im Namen der allgemeinen Gleichheit, daß nicht nur die stärkste Kraft der größten

Zahl, die Mehrheit [majorité] der als erwachsen [majeur] geltenden Bürger, sondern auch die Schwäche der Schwachen, der Minderjährigen, Minderheiten, Armen und all derer repräsentiert wird, die überall auf der Welt in ihrer Not eine legitimerweise unbegrenzte Ausweitung dieser sogenannten Menschenrechte verlangen. Ein Wahlgesetz ist also stets demokratischer und zugleich weniger demokratisch als ein anderes; es ist die Herrschaft der Stärke, eine Schwäche der Stärke und die Stärke einer Schwäche. Das bedeutet, daß sich die Demokratie schützt und erhält, indem sie sich beschränkt und damit sich selbst bedroht. Je nach der in ihr vorherrschenden Syntax oder Grammatik kann der unumgängliche Verweis gleichzeitig oder abwechselnd den abweisenden Verweis *des* anderen durch Ausschluß oder den hinweisenden Verweis *auf den* anderen, die Achtung von dem Fremden oder der Andersheit des anderen bedeuten. Man könnte – etwa an der Frage, ob die Integration von Einwanderern Assimilation voraussetzt oder nicht – konkret nachweisen, daß diese beiden widersprüchlichen Gesten des Verweisens einander keine Ruhe lassen und sich selbst abwechselnd gegeneinander immunisieren.

b) Doch der Verweis operiert auch in der Zeit; die Autoimmunität gebietet es auch, die Wahlen und das Kommen der Demokratie auf später zu verschieben. Dieser doppelte Verweis (die Abweisung des anderen beziehungsweise der Hinweis auf den anderen; der Verweis auf einen späteren Zeitpunkt) ist bei dieser Autoimmunisierung unvermeidlich, er ist der Demokratie *unmittelbar selbst* [à même] eingeschrieben, dem Begriff einer begriffslosen Demokratie *selbst*, einer Demokratie ohne Selbigkeit [mêmeté] und Selbstheit [ipséité], einer Demokratie, deren Begriff frei bleibt, ohne bestimmten Kupplungsmechanismus, *im Freilauf*, im freien Spiel seiner Unbestimmtheit, ebendiese Sache oder Ursache, die unter dem Namen Demokratie niemals eigentlich das ist, was sie ist, niemals *sie selbst*. Was der Demokratie fehlt, ist eben genau der eigentliche Sinn, der Sinn des Selben selbst *(ipse, metipse, metipsissimus, meisme, même)*, das, was sie selbst ist, das Selbe, das wahrhaft Selbe ihrer selbst [le soi-même, le même, le proprement même de soi-même]. Dieser Sinn definiert die Demokratie und selbst das Ideal der Demokratie durch diesen Mangel des Eigenen und

Selben. Das heißt: allein durch Wendungen [tours], Tropen und Tropismen. Man könnte die Reihe dieser Beispiele bis ins Unendliche fortsetzen, ich sage tatsächlich: bis ins Unendliche, denn sie werden von der Demokratie selbst hervorgebracht. Von der Demokratie selbst, das heißt, ich beharre noch einmal darauf, von dem, was ihr eigen, was sie selbst ist, die Selbigkeit des Selben (*meisme*, altfranzösisch *metipse*, *medesimo* im Italienischen, *mesmo* auf portugiesisch, *mismo* auf spanisch) und also die Wahrheit bejaht *und* bestreitet: die Wahrheit einer Demokratie, die der Adäquation oder Entbergung eines Wesens entspräche, des eigentlichen Wesens der Demokratie, der *wahren* und echten Demokratie, der Demokratie *selbst*, die mit einer *Idee* der Demokratie in Einklang stünde. Es fehlt nicht nur, wie Caputo meint, *The Very Idea of* »kommend«,[23] sondern *the very idea of democracy*: eine gewisse wahre Idee demokratischer Wahrheit. Ich werde gleich zu zeigen versuchen, daß die »kommende Demokratie« weder in den Bereich des *Konstitutiven* (des Urbildhaften, wie Platon sagen würde) noch in den des *Regulativen* (in dem Sinne, in dem Kant von regulativer Idee spricht) fällt. An dem Punkt, den wir jetzt erreicht haben, untersuchen wir einzig die Tragweite dessen, was Platon meint, wenn er davon spricht, daß die demokratische Freiheit oder Zügellosigkeit (die dem eigen ist, was gerade nichts Eigenes hat) so weit geht, daß sie alle Arten von Staatsverfassungen, Verfassungsmodelle und also Interpretationen in sich schließen kann. Was darauf hinausläuft, daß es – streng im Platonschen Sinne – kein absolutes, konstitutives oder konstitutionelles Modell, keine absolut erkennbare Idee, kein *eidos*, keine *Idee* der Demokratie gibt. Sowenig, wie es letzten Endes ein demokratisches Ideal gibt. Und selbst wenn es eines gäbe, selbst dort, wo es eines gäbe, bleibt dieses »Es gibt« aporetisch, unter dem doppeltem Zwang der Autoimmunisierung. Das ist nicht das

---

23 John D. Caputo, »Derrida and the Very Idea of the *à venir*«, Vortrag vor der Société Américaine de Philosophie de Langue Française auf der Jahrestagung der American Philosophical Association, Eastern Division, am 28. Dezember 2002. Vgl. John D. Caputo (Hg.), *Deconstruction in a Nutshell. A Conversation With Jacques Derrida*, Fordham University Press 1997. – A. d. Ü.

erste und nicht das letzte Wort einer kommenden Demokratie, wenngleich eines, an dem die kommende Demokratie nicht vorbeikommt, eines, das sie verpflichtet.

Die kommende Demokratie – wenn diese Worte noch einen *Sinn* haben (aber dessen bin ich mir nicht so sicher; ich bin nicht sicher, ob sich hier alles auf eine *Sinn*frage zurückführen läßt) – ist im abwechselnden Nacheinander des Verweises nicht auf eine Idee oder auf ein demokratisches Ideal reduzierbar. Dort, wo der Verweis eine Verschiebung auf später bezeichnet, einen Aufschub [sursis], der die Demokratie bis zum nächsten Aufbruch [sursaut] oder bis zum nächsten Wahlgang [tour] aussetzt, fallen die Unfertigkeit und die wesentliche Verspätung, die am eigenen Maßstab gemessene Unangemessenheit jeder gegenwärtigen und vorweisbaren [présent et présentable] Demokratie, fällt, mit anderen Worten, die endlose Vertagung des Präsens der Demokratie (und einer der ersten Texte, die ich mit dem Ausdruck »kommende Demokratie« verbunden habe, nämlich *Das andere Kap*, trug 1989 den Titel »Die vertagte Demokratie«,[24] um das Hinausschieben der Frist, den Aufschub [sursis] und die Verspätung, aber zugleich auch den lichten Tag, das leuchtende und sonnige *phainesthai* der *res publica* oder der Aufklärung anzuzeigen), fällt, sage ich, dieser Aufschub [renvoi] der Demokratie noch unter die *différance*. Oder wenn Sie so wollen, verweist [renvoie] die Demokratie als Schub des Aufschubs [envoi du renvoi] auf die *différance*. Aber nicht nur auf die *différance* als Aufschub [sursis] und Weg des Umwegs, als gewundener Weg, Vertagung in der Ökonomie des Selben. Denn es geht auch und zugleich um das, was dasselbe Wort, in *différance* zu sich, bezeichnet: um die Differenz [différence] als Verweis auf das andere und den anderen, das heißt als unleugbare – ich betone: *unleugbare* – Erfahrung der Andersheit des anderen, des Heterogenen, Singulären, Nichtselben, Verschiedenen, der Asymmetrie und Heteronomie.

Ich habe »unleugbar« hervorgehoben, um eine Erfahrung zu bezeichnen, die *höchstens geleugnet* werden kann, mit dem ab-

---

24 Jacques Derrida, *Das andere Kap. Die vertagte Demokratie. Zwei Essays zu Europa*. Übersetzt von Alexander García Düttmann, Frankfurt am Main: Suhrkamp 1992.

weisenden Verweis als einzigem Schutzmittel. Nach beiden Bedeutungen von *différance* ist die Demokratie »differantiell«, ist sie *différance*, Verweis und Verräumlichung. Ebendeshalb, ich wiederhole es, spielt das Motiv der Verräumlichung, des Intervalls oder Abstands, der Spur als Abstand, der Verräumlichung der Zeit und der Verzeitlichung des Raumes, seit der *Grammatologie* und in »Die différance«[25] eine solche Rolle.

Die Demokratie ist das, was sie ist, nur in der *différance*, in der sie (sich) von sich unterscheidet. Sie ist das, was sie ist, nur, indem sie sich über das Sein und sogar über die ontologische Differenz hinaus ausbreitet [s'espaçant]; sie ist (ohne zu sein) sich selbst gleich und angemessen nur, insoweit sie unangemessen und entstellt ist, im Rückstand zu sich und zugleich sich selbst voraus, dem Einunddemselben ihrer selbst, unendlich in ihrer Unfertigkeit jenseits aller bestimmten Unfertigkeiten, jenseits aller Beschränktheiten auf so unterschiedlichen Gebieten wie dem Stimmrecht (zum Beispiel für Frauen – seit wann? –, für Minderjährige – ab welchem Alter? –, für Ausländer – für welche und auf welchem Territorium? –, um einige zufällig aufgegriffene Musterbeispiele für Tausende ähnlicher Probleme zu nennen), der Pressefreiheit, der Abschaffung der sozialen Ungleichheiten auf der ganzen Welt, dem Recht auf Arbeit, diesem oder jenem neuen Recht, kurz: der ganzen Geschichte eines (nationalen oder internationalen) Rechts, das niemals der Gerechtigkeit entspricht, wobei die Demokratie ihren Ort stets nur an der schwankenden und unsichtbaren Grenze zwischen Recht und Gerechtigkeit, das heißt zwischen dem Politischen und dem Jenseits des Politischen sucht. Ebendeshalb ist es, nochmals gesagt, keineswegs sicher, daß »Demokratie« ein durch und durch politischer Begriff ist. (Hier wäre der Ort für eine endlose Diskussion über Schmitt und mit Schmitt, die ich jetzt nicht führe.)

Ich erinnere daran im Vorübergehen, im Handumdrehen [d'un tournemain], abgekürzt und im Telegrammstil, nur um darauf

---

25 Jacques Derrida, *Grammatologie*. Übersetzt von Hans-Jörg Rheinberger und Hanns Zischler, Frankfurt am Main: Suhrkamp 1974; »Die différance«. Übersetzt von Eva Pfaffenberger-Brückner, in: ders., *Randgänge der Philosophie*, Wien: Passagen 1988, S. 29-52.

hinzuweisen, daß es in den achtziger und neunziger Jahren niemals – wie es gelegentlich heißt – einen *political turn* oder *ethical turn* der »Dekonstruktion« gegeben hat, jedenfalls soweit ich sie erprobt habe. Das Denken des Politischen war immer ein Denken der *différance*, und das Denken der *différance* stets auch ein Denken *des* Politischen, des Umfangs und der Grenzen des Politischen, insbesondere über die rätselhafte Autoimmunität oder das *double bind* des Demokratischen. Was natürlich nicht heißt, daß nicht Neues geschähe zwischen 1965 und, sagen wir, 1990. Nur steht das, was geschieht, in keinerlei Verbindung oder Ähnlichkeit mit der Vorstellung, welche die Figur eines *turn* nahelegen könnte, der ich hier immer noch eine Sonderstellung einräume, der *Kehre**, Wende [tour] oder Biegung [tournant]. Wenn die »Kehre« umkehrt, indem sie eine »Kurve« nimmt oder, wie der Wind in den Segeln, zum »Wenden« zwingt, dann nimmt die Trope der Kehre eine schlechte Wendung, entwickelt sie sich zu einem falschen Bild. Denn es wendet das Denken ab von dem, was zu denken bleibt; es verkennt das Denken (oder schadet dem Denken) dessen, was dem Denken aufgegeben bleibt. Wenn jeder Verweis differ*a*ntiell ist – und die Spur ein Synonym für diesen Verweis –, dann gibt es immer Spuren von Demokratie, dann ist jede Spur eine Spur von Demokratie. Dann kann es von Demokratie immer nur Spuren geben. Genau in dieser Richtung werde ich weiter unten eine Neulektüre des Syntagmas »kommende Demokratie« versuchen.

Kehren wir kurz zu anschaulicheren und aktuelleren Beispielen zurück. Da ich die englische Sprache benutzt habe, als ich von *the very idea of democracy* sprach – gibt es, nach dem algerischen Exempel, einen Vorgang, der noch offenkundiger der Autoimmunisierung diente als die Folgen dessen, was man (in den Vereinigten Staaten, doch gewiß auch anderswo) den »11. September« nennt? Um nur einen Faden unter so vielen anderen aus dem Geflecht der Überlegungen zum 11. September herauszuziehen: Wir sehen, wie eine amerikanische Administration, der andere in Europa oder in der übrigen Welt dabei möglicherweise folgen, unter dem Vorwand, gegen die »Achse des Bösen«, gegen die Feinde der Freiheit und die Mörder der

Demokratie in der Welt zu Felde zu ziehen, unvermeidlich und unbestreitbar in ihrem eigenen Land die sogenannten demokratischen Freiheiten oder die Ausübung des Rechts einschränken muß, indem sie die polizeilichen Befugnisse bei Ermittlungen, Verhören usw. ausdehnt, ohne daß irgend jemand, ohne daß irgendein Demokrat ernsthaft dagegen Einwände erheben und etwas anderes tun könnte, als diesen oder jenen Mißbrauch bei dem *a priori* mißbräuchlichen Einsatz der Gewalt zu beklagen, mit der eine Demokratie sich gegen ihre Feinde verteidigt, sich selbst, aus sich heraus, gegen ihre potentiellen Feinde verteidigt. Sie muß ihnen ähneln, sich korrumpieren und sich selbst bedrohen, um sich gegen deren Drohungen zu schützen. Vielleicht jedoch weil die Vereinigten Staaten in einer weitgehend demokratischen Kultur und Rechtsordnung leben, konnten sie umgekehrt – im Gegenzug, wenn man so sagen darf – sich Immigranten öffnen und ihnen ihre verletztlichste Seite darbieten, zum Beispiel Flugschülern, erfahrenen und ihrerseits selbstmörderischen »Terroristen«, die, bevor sie die Bomben, zu denen sie wurden, gegen die anderen, damit aber auch gegen sich selbst kehrten und sie, damit aber auch sich selbst gegen die beiden Türme des *World Trade Center* schleuderten, auf dem souveränen Boden der Vereinigten Staaten trainiert hatten, vor den Augen der CIA und des FBI, vielleicht nicht ohne eine gewisse autoimmunisierende Billigung einer Administration, die angesichts eines angeblich unvorhersehbaren gewaltigen Ereignisses kurzsichtiger und zugleich weniger kurzsichtig war, als man angenommen hätte. Die »Terroristen« sind manchmal amerikanische Staatsbürger, und die des 11. September waren es wohl mit Gewißheit; auf jeden Fall wurden sie von amerikanischen Bürgern unterstützt, sie haben amerikanische Flugzeuge gestohlen [volé], sie sind in amerikanischen Flugzeugen geflogen [volé], sie sind von amerikanischen Flughäfen aufgestiegen [envolés].

Es gäbe demnach wenigstens zwei Gründe, sich hier der Freiheit (*eleutheria* oder *exousia*) zuzuwenden. Der erste beträfe eine gewisse Leere, eine Art Auskupplung, den Freilauf oder die semantische Unbestimmtheit im Mittelpunkt von *demokratia*. Die Demokratie konnte sich nicht um die Präsenz eines axialen, eindeutigen Sinns herum sammeln, ohne sich zu zerstören und sich selbst zu besiegen. Der zweite Grund sollte uns auf all diejenigen Topoi hinlenken, an denen die Deutung oder gar Umdeutung der Freiheit – dessen, was »Freiheit« meint – das Vermächtnis der Freiheit, die Berufung auf die Freiheit, die Sendung [envoi] der »Demokratie« zu beeinträchtigen droht. Dort, wo die Freiheit nicht mehr als Macht, als Beherrschung [maîtrise] oder *Kraft**, eben als *Vermögen** *(facultas)* im Sinne der *Möglichkeit** eines »Ich kann« bestimmt wird, geraten die Beschwörung und die Bewertung der Demokratie als Macht des *demos* ins Wanken. Hält man sich also an die Freiheit im allgemeinen, vor jeder Interpretation, dürfte man keine Furcht mehr davor haben, ohne die Demokratie, ja gegen sie zu sprechen. Ist es demokratischer oder weniger demokratisch, das Recht, ohne Parteinahme für die Demokratie das Wort zu ergreifen? Ohne Verpflichtung gegenüber der Demokratie? Gewährleistet die Demokratie das Recht, ohne sie und sogar gegen sie zu denken und entsprechend zu handeln?

Während es mit Ausnahme der arabischen und islamischen Staaten, von denen wir eben gesprochen haben, immer weniger Leute auf der Welt gibt, die es wagen, gegen die Demokratie zu reden (auf seinen Wahlplakaten bekennt sich Le Pen gleichzeitig zu Republik und Demokratie, also zu den Begriffen, die man in Frankreich auf so erstaunliche, wenngleich künstliche Weise einander gegenüberstellt, so als ob man die Sorge um die Gleichheit aller vor dem allgemeinen Gesetz der Pflicht gegenüberstellen könnte, die Differenzen zu respektieren und die Minderheiten, die gemeinschaftlichen, kulturellen, religiösen beziehungsweise sexuellen Identitäten zu achten – ein ungeheures Problem, das wir vorläufig beiseite lassen), während also mit Ausnahme eines Teils der arabischen und islamischen Welt fast alle Welt den Demokratismus zumindest im Munde führt, müssen wir uns daran erinnern, daß es in der großen Tradition, die von Platon bis zu Heidegger reicht, letztlich sehr wenige philosophische Diskurse gibt – oder vielleicht überhaupt keine –, die ohne Vorbehalt die Partei der Demokratie ergriffen hätten. Insofern ist der Demokratismus etwas in der Philosophie insgesamt ziemlich Seltenes und höchst Modernes. Vielleicht sogar etwas sehr wenig Philosophisches. Warum? Wie man weiß, war dieser Demokratismus die ständige Zielscheibe Nietzsches, handele es sich um die Formen, die er in der Moderne angenommen hat, oder um seine Herkunft aus der ethisch-religiösen jüdischen, christlichen und vor allem paulinischen Perversion, welche die Schwäche in Stärke ummünzt. Mehr als irgendeine andere, mehr als die Sozial- oder die Volksdemokratie sollte eine christliche Demokratie den Feinden der Demokratie entgegenkommen, ihnen die andere Backe hinhalten, sich ihnen gastfreundlich zeigen, den Antidemokraten Rede- und Stimmrecht geben, was einem gewissen hyperbolischen, mehr denn je autoimmunitären Wesen der *Demokratie selbst* entspräche, wenn es denn je Demokratie, Demokratie »selbst« und also auch eine christliche Demokratie gäbe, die dieses Namens würdig wäre.

4. Herrschaft und Metrik

Um mich auf jenes Denken der Freiheit zu beschränken, das auf dekonstruktive Weise das Denken der Freiheit als Kraft, Herrschaft [maîtrise], Vermögen erneut in Frage stellt, werde ich heute weder das Beispiel Heideggers heranziehen – von dem man zumindest sagen kann, daß seine tiefgründige Umdeutung der Freiheit ihn nicht zum Demokraten gemacht hat – noch auch das Beispiel Lévinas', der nicht nur zu keiner Zeit der demokratistischen Rhetorik nachgegeben hat, sondern die Freiheit einer Verantwortung unterordnet oder nachordnet, die aus mir in einer Erfahrung absoluter Heteronomie, wenn auch nicht Knechtschaft, die Geisel des anderen macht. Lévinas setzt die Verantwortung vor und über die »schwierige Freiheit«.

Betrachten wir nur, ganz in unserer Nähe, das so bemerkenswerte Beispiel von *L'Expérience de la liberté*.[26] Dieses große Buch von Jean-Luc Nancy analysiert die Freiheit »als Ding, Kraft und Blick« (so eine Kapitelüberschrift). Nach zwei weiteren Kapiteln – »Der von Heidegger freigelassene Raum« und »Das freie Denken der Freiheit« – macht sich Nancy daran, den

---

26 Jean-Luc Nancy, *L'Expérience de la liberté*, Paris: Galilée 1988. Wenn nicht anders angegeben, beziehen sich Seitenverweise im gegenwärtigen Kapitel auf dieses Buch.

Zugang zu einer Freiheit neu zu eröffnen, die »sich nicht als Autonomie einer Subjektivität darstellen läßt, die Herrin [maîtresse] ihrer selbst und ihrer Entscheidungen wäre und die sich fern aller Hemmnisse in vollkommener Unabhängigkeit entwickelte« (S. 91).

Es ist der erste Satz des siebten Kapitels »Teilhabe an der Freiheit. Gleichheit, Brüderlichkeit, Gerechtigkeit«, dem ich hier leider zu Unrecht – sagen wir: sehr zu Unrecht und zugleich doch nicht ganz – einen gewissen Vorrang einräumen muß. Sehr zu Unrecht, weil mir die Zeit für eine ausgiebige, genauere und konsequentere Lektüre all dessen fehlt, was dieses Kapitel enthält, was ihm vorausgeht und folgt; schlimmer noch, ich kann nicht einmal der Gesamtheit dieses Kapitels selbst Gerechtigkeit widerfahren lassen. Aber ich werde auch, hoffe ich, nicht ganz so illoyal und ungerecht sein, denn es erscheint mir letzten Endes durchaus legitim oder rechtschaffen, heute in unserem Zusammenhang ein Kapitel herauszustellen, das die Demokratie anspricht und sogar über das spricht, »was heute der Philosophie der Demokratie fehlt und ihr bisher immer gefehlt hat« (S. 105).

Aus einem historischen, das heißt epochalen Blickwinkel wollen wir zunächst die Gefahr eines Mißverständnisses zerstreuen, welches das Thema des zitierten ersten Satzes erzeugen könnte. Er sprach von einer »Freiheit«, die »sich nicht als Autonomie einer Subjektivität darstellen läßt, die Herrin [maîtresse] ihrer selbst und ihrer Entscheidungen wäre«. Die Anspielung auf eine »Subjektivität, die Herrin ihrer selbst wäre«, in dieser entschiedenen Aussage könnte den Eindruck erwecken, dasjenige, was hier von Nancy bestritten, begrenzt beziehungsweise dekonstruiert wird, sei die moderne cartesische oder nachcartesische Figur einer Freiheit des Subjekts, der Freiheit als Eigenschaft, Vermögen, Macht oder Attribut eines Subjekts (obschon Descartes entgegen einer verbreiteten Annahme niemals ein philosophisches Konzept des Subjekts vorgelegt hat und dieses Wort in seiner Lexik nicht auftaucht). Man könnte glauben, was hier derart bestritten oder dekonstruiert wird, sei also die Freiheit als Kraft, Herrschaft oder Souveränität, als souveräne Macht über sich; eine Freiheit demnach, die von sämtlichen Diskursen über Recht, Politik und

Demokratie seit dem 17. Jahrhundert unterstellt zu werden scheint.

Sieht man jedoch von dem bloßen Wort »Subjektivität« ab, dessen Geschichte ich hier nicht referieren werde (und das übrigens, ich wiederhole es, nicht nur bei Descartes nicht vorkommt, sondern auch den Philosophen unmittelbar nach Descartes beziehungsweise der Aufklärung vor Kant fremd ist; aber darauf kommt es im Moment nicht an), so kann man die Definition der Freiheit als Vermögen, »Herrin [maîtresse] ihrer selbst und ihrer Entscheidungen« zu sein, als souveräne Macht, zu tun, was man will, kurz: als die Macht, »vollkommene Unabhängigkeit« zu erlangen, nicht auf irgendeine moderne Phase der besagten Subjektivität einschränken (und Nancy tut das auch ausdrücklich nicht). Platon und Aristoteles, um nur sie zu nennen, hätten der Definition oder Darstellung der Freiheit als Macht, Beherrschung und Unabhängigkeit ohne weiteres zugestimmt. Genau diese Definition ist im Platonschen *Staat* und in der Aristotelischen *Politik* am Werk. Was Nancy in Frage stellt, ist also die Gesamtheit einer Philosophie oder Ontologie der Freiheit. Unerschrocken wie stets hat er die Courage, diese *gesamte* politische Ontologie der Freiheit in Frage zu stellen, aber an dem Wort, der Sendung des Wortes, festzuhalten und der Freiheit ein Buch zu widmen. Ich, dem seine Kühnheit immer gefehlt hat, bin durch dieselbe dekonstruktive Infragestellung der politischen Ontologie der Freiheit dahin gelangt, das Wort Freiheit auf Eis zu legen, unter Kuratel zu stellen, es nur selten, zurückhaltend, sparsam und vorsichtig zu verwenden. Ich habe es immer nur mit Skrupeln und schlechtem Gewissen oder in der Absicht gebraucht, mir hier und dort, in sehr begrenzten und vom klassischen Sprachgebrauch beherrschten Kontexten, ein gutes politisch-demokratisches Gewissen zu verschaffen.

In der gesamten politischen Philosophie unterstellt der herrschende Diskurs über die Demokratie einen Begriff der Freiheit als Macht, Vermögen, Tatkraft, kurz: als Fähigkeit, zu tun, was man will, als Energie des intentionalen und entschlußkräftigen Willens. Es ist also schwer zu sehen – und das ist es, was dem Denken aufgegeben bleibt –, wie eine andere Erfahrung der Freiheit unmittelbar, dauerhaft und konsequent begründen sollte, was sich als demo*kratische* Politik oder demo*kratische* politische Philosophie bezeichnen ließe.

Das ist einer der Gründe, derentwegen Heidegger, der ebenfalls versucht haben wird, das »Freie« der Freiheit anders zu denken, nichts weniger war als ein Demokrat. Er wünschte es auch gar nicht zu sein. Doch das ist auch der Grund, dessentwegen Nancy, dem wir alle unterstellen, daß *er* an dem Begehren nach Demokratie festhält, die Schwierigkeit anerkennt, sie aber nicht ohne Hoffnung auf ein »Bisher« gründet. Sicher, bisher gab es keine Philosophie der Demokratie, bisher »fehlte« dieser Philosophie der Gedanke, dessen sie notwendig bedarf, nämlich ein bestimmter Freiheitsgedanke, an dem es dem »Politischen« überhaupt mangelte. Zweifellos. Aber es gibt die Zukunft, es gibt Zukunft, und in der Zukunft könnte die Zukunft die Trennung vollziehen zwischen der »Demokratie« *einerseits* (von der uns Nancy sagt, es sei möglich, daß es nicht mehr möglich sei, überhaupt noch in ihrem Namen zu denken: Er sagt nicht, es werde unmöglich sein; er sagt, wägen wir seine Worte, es sei möglich, daß »es nicht einmal mehr möglich« sei), und dem »Politischen« *andererseits*, dessen Begriff sich dafür vielleicht, möglicherweise, verschieben und dessen Name sich vielleicht ersetzen läßt. Ohne nun, was mich angeht, sicher zu sein, daß man diese beiden Zugänge der Zukunft [avenues de l'avenir], das Demokratische und das Politische, derart voneinander trennen könnte, die beiden Bereiche des Möglichen, des möglicherweise Unmöglichen und des möglicherweise Möglichen (diesen beiden Wortpaaren mit »möglich« werde ich eventuell die gesamte Last der Frage aufbürden), ziehe ich es vor, einen längeren Abschnitt von Nancy im Wortlaut zu zitieren.

Um den ersten Satz dieser Passage besser zu verstehen, nämlich eine Anspielung auf eine »Raum-Zeit der Anfänglichkeit« (»Anfänglichkeit des Seins«, hieß es weiter oben), ist zunächst wenigstens eine Prämisse genauer zu fassen, die des Teilens [partage] als Verräumlichung. Zuvor ging es darum, das »Wer« zu bestimmen, kurz: denjenigen, der – wer auch immer es sei – »*frei* ist«, der »*frei* existiert«, ohne notwendigerweise »*frei* zu *sein*« (und dieses »Wer« ist kein Subjekt mehr und keine Subjektivität, die Herrin ihres Willens und ihrer Entscheidungen usw. wäre). Um dieses »Wer« zu bestimmen, setzt Nancy den Heideggerschen Begriff der *Jemeinigkeit**, den er zum Denken einer Singularität des *Mals*, des *jedesmal* als *anderes Mal* heranzieht, und den Begriff der »Selbstheit [ipséité] der Singularität« ein, benutzt die beiden Begriffe aber in veränderter Weise. Aus Gründen, die ich genannt habe und über die ich mich noch verbreiten könnte, hätte ich Bedenken und Vorbehalte gegenüber der Jemeinigkeit und der Selbstheit (die beide das »Ich kann« meiner eigenen Freiheit, der meinigen Freiheit, der Freiheit meines Ichs [du moi-je], meines willentlich-bewußt-intentional-entscheidungsfähigen Ichs, sagen wir also: der klassischen Freiheit, zu retten oder wenigstens zu erschleichen drohen). Ich würde also diesen beiden Motiven, dem einen so sehr wie dem anderen, mißtrauen, wenn nicht Nancy jedesmal auf entscheidende, aber auch ruinöse, autoimmunisierende Weise die Teilbarkeit eines Teilens einführte, das heißt den Abstand oder die Spur einer Verräumlichung. Denn was ich Autoimmunisierung nenne, besteht nicht nur darin, sich zu schaden oder zu ruinieren, die eigenen Schutzmechanismen zu zerstören und es vor allem selbst zu tun, sich selbst zu töten oder wenigstens damit zu drohen, sondern – ernster noch – auf diese Weise das Ich oder das Selbst zu bedrohen, das *ego* oder das *autos*, die Selbstheit selbst, die Immunität des *autos* selbst zu beeinträchtigen: nicht nur sich selbst zu attackieren, sondern das *autos* zu attackieren – und folglich auch die Selbstheit. Nicht nur sich selbst zu töten, sondern die Selbstbezüglichkeit aufs Spiel zu setzen, das Selbst des Selbstmords selbst. Die Autoimmunität ist mehr oder weniger selbstmörderisch, aber was noch schlimmer ist: Die Autoimmunität droht dem Selbstmord selbst seinen Sinn und seine angebliche Integrität zu rauben.

Ich kehre zu der Geste Nancys zurück. Selbst dort, wo ihm daran liegt, den Wert der Selbstheit beziehungsweise des Solipsismus zu bewahren, erkennt er an ihnen den Anteil eines wesentlichen Teilens [partage], das gleichzeitig Unterteilung [partition] und Teilnahme [participation] ist, was nur gemäß einer irreduziblen Verräumlichung möglich ist. Die Verräumlichung, sagt er, ist die »allgemeine ›Form‹ [...] der Existenz« (S. 186). Er spricht sogar vom Entzug [retrait] eines Aus-sich-Seins [aséité] des Seins, also eines Selbstseins des Seins aus sich selbst, im Teilen der Selbstheit: »[...] in der Einsamkeit und selbst im Solipsismus – zumindest verstanden als *sola ipsa* der Singularität – ist die Selbstheit selber durch das Teilen [par le partage] und als Teilen [comme partage] konstituiert. Das bedeutet, daß *die Selbstheit der Singularität den Entzug des Aussich-Seins des Seins zu ihrem Wesen hat*. Ebenso ist das Sein ihres ›Selbst‹« – in Anführungsstrichen, welche die ganze Schwierigkeit verraten, noch an irgendeinem ›Selbst‹ festzuhalten – »dasjenige, was ›selbst‹ bleibt, wenn nichts mehr zu sich [soi] zurückkehrt« (S. 95). Ende oder Unterbrechung des Kreises, Zäsur auf dem Weg der Rückkehr [du tour dans le retour] zu sich, selbst wenn das Selbst »selbst bleibt«. Selbst wenn das Selbst selbst bleibt, entziehen sich seine Aseität und seine Selbstheit. Nun ist dieses Teilen der Freiheit Verräumlichung: »[...] die Freiheit spielt das diskrete Spiel des Intervalls, eröffnet im Grunde den Spielraum, in dem ›jedes Mal‹ stattfindet: die Möglichkeit, daß eine irreduzible Singularität eintritt [...], die zunächst frei ist, insofern sie in den freien Raum und die freie Verräumlichung der Zeit eintritt, in der das singuläre *Mal* allein möglich ist [...]. Es ist die Freiheit, die verräumlicht und die singularisiert [...]« (S. 93). »Der Raum der Existenzen ist ihre Verräumlichung [...]« (S. 95). »[Die Freiheit] wirft das Subjekt in den Raum des Teilens des Seins. Die Freiheit ist die spezifische Logik des Zugangs zu sich außerhalb ihrer [à soi hors de soi], in einer jedesmal singulären Verräumlichung des Seins. [...] ›Den Raum verräumlichen‹, das soll heißen: ihn als Raum und als Teilen des Seins bewahren, um *unbegrenzt das Teilen* der Singularitäten *zu teilen*« (S. 96). »Der freie Raum ist offen [...]« (S. 100).

Nachdem ich somit an diese wesentliche Voraussetzung erinnert habe, nämlich das Teilen als Verräumlichung (Raum-Zeit, würde ich sagen, Raumwerden der Zeit und Zeitwerden des Raumes), kann ich nun auf verständlichere Weise den Abschnitt zitieren, in dem das genannt wird, was der Philosophie der Demokratie »bisher« gefehlt hat und was das »Demokratische« und das »Politische« als das möglicherweise Unmögliche und das möglicherweise Mögliche voneinander unterscheidet. Das Demokratische ist möglicherweise unmöglich, das Politische möglicherweise möglich. Diese Passage wird eröffnet mit einer Anspielung auf den befreienden Charakter von Geburt, Anfang und Anfänglichkeit:

»Es ist der gleichzeitige Einbruch ins Innere des Individuums und der Gemeinschaft, der die spezifische Raum-Zeit der Anfänglichkeit eröffnet. Was der Philosophie der Demokratie heute fehlt« – und man müßte diesem *Heute* die ganze Kraft und die Chance seines Rätsels geben: Wo und wann ist dieses Heute, dieser heutige Tag, für den Mangel, um den es gehen soll? Dieses Heute, Sie werden es sehen und hören, wird sich durch ein nicht minder rätselhaftes *Bisher* bestimmen lassen, das ebenso wie das Heute unterstellt, daß man bereits begonnen hat, über das Bisher hinauszugehen, so daß das Heute schon gestern ist: was ihr heute fehlt – »und was ihr stets gefehlt hat, ist das Denken dieser Anfänglichkeit, diesseits und jenseits der Bewahrung der Freiheiten, die als etwas (von der Natur oder durch Rechtssetzung) Erworbenes betrachtet werden. Es ist möglich, daß es deshalb nicht einmal mehr möglich sein wird, in Zukunft noch in Begriffen von ›Demokratie‹ zu denken, und es ist möglich, daß das sogar eine allgemeine Verschiebung des ›Politischen‹ bedeutet, dessen Namen wir hier vorläufig eingesetzt haben: vielleicht eine Befreiung vom Politischen selbst. Auf jeden Fall ist das, was fehlt, das Denken einer Freiheit, die nicht erworben wurde, sondern im Akt ihres Anfangs und ihres Neuanfangs *sich ergreift*. Das eben bleibt uns zu denken aufgegeben, und vielleicht jenseits unserer gesamten politischen Tradition – wenngleich zumindest ein Teil der revolutionären Tradition in gewisser Weise schon in dieser Richtung gedacht hat.« (S. 105 f.)

Subtiles Spiel also zwischen dem »Heute« und dem »Bisher«, unwahrscheinlicher Raum dessen, was zu denken bleibt, während es schon begonnen hat, gedacht zu werden, vielleicht, möglicherweise, wenngleich das bisher unmöglich war, und gedacht wird nicht von der Revolution, sondern von »zumindest ein[em] Teil der revolutionären Tradition«. Was ist eine Tradition? Eine Revolution? Eine revolutionäre Tradition? Zumindest ein Teil der revolutionären Tradition? Auf jeden Fall ist eine revolutionäre Tradition, die sich nicht auf eine bestimmte Revolution beschränkt, bereits außerordentlich und schwierig zu *ermessen*.

Nun ist es gerade die Frage des Maßes, welche die größte Schwierigkeit beziehungsweise die eingestandene oder uneingestandene Aporetik dieses Kapitels ausmacht – gerade was die Demokratie angeht. Diese Schwierigkeit mache ich Nancy nicht zum Vorwurf, denn sie liegt, wenn ich so sagen darf, in der Sache oder Ursache selbst, im unmöglichen Selben oder derselben Unmöglichkeit der Sache, wie in der schönen Zweideutigkeit des Wortes »Teilen« [partage] und seiner explosiven Konsequenzen. Die Schwierigkeit taucht in dem Moment auf, in dem man den Anteil des Politischen beziehungsweise des Demokratischen (doch man könnte hier ebensogut sagen: den Anteil des Juridischen und des Ethischen) an der Verräumlichung einer prä-subjektiven oder prä-kratischen Freiheit begrenzen muß, einer Freiheit, die um so unbedingter, maßloser, unmäßiger, inkommensurabler, unberechenbarer ist, die um so weniger angeeignet werden kann, als sie, wie Nancy sagt, »auf keinen Fall einen Besitz bilden kann« (S. 96) und, wie Nancy bis zum Überdruß wiederholt, jedes Maß überschreitet. Sie ist das Inkommensurable selbst. »Die Freiheit mißt sich an nichts«, betont er; oder auch: »Die Freiheit: sich am Nichts messen« (S. 97). Die ganze Schwierigkeit liegt im Verbot des Teilens, im Verbot, das Inkommensurable auf richtige, gerechte, gleiche, maßvolle Weise zu teilen. Und diese Schwierigkeit halte ich für schwieriger als eine Schwierigkeit, ich finde in ihr alle Züge des Unmöglichen selbst. Diesem Teilen des Inkommensurablen wird Nancy den in meinen Augen zweifelhaften Namen »Brüderlichkeit« geben (ich werde aber darauf immer wieder zurückkommen). Am Ende eines Räsonnements, über das ich gleich noch sprechen werde, schreibt er: »Brüderlichkeit ist die Gleichheit beim Teilen des Inkommensurablen.«

Nichts Neues für das, was ich hier die Schwierigkeit nenne, auf die Nancy gestoßen ist, und was ich darum lieber als das Unmögliche bezeichne, als die unmögliche Wette, die unmögliche Mission, die unmögliche Sendung, das Unmögliche als einzige Möglichkeit und Bedingung der Möglichkeit. Es ist die Hartnäckigkeit, in Wahrheit die unvermeidliche Wiederkehr einer Art Aporie oder, wenn Sie lieber wollen, Antinomie im Herzen der Nomie, von der alle Autoimmunisierungsprozesse ausgehen. Diese Antinomie im Herzen des Demokratischen ist seit langem bekannt und anerkannt, ist klassisch und kanonisch; sie ist das konstitutive und diabolische Paar der Demokratie: Freiheit und Gleichheit. Was ich in meine Sprache übersetzen würde mit den Worten, daß die Gleichheit Maß und

Kalkül (also Bedingtheit) dort einzuführen strebt, wo die Freiheit ihrem Wesen nach unbedingt, unteilbar, jedem Kalkül und Maß fremd ist. Genau das erkannte schon Aristoteles, als er noch vor der Unterscheidung zwischen Gleichheit der Zahl nach und Gleichheit dem Verdienst, also dem Verhältnis oder dem *logos* nach *(kat' axian de to logo)* dasjenige formulierte, was mir als die Aporie der Demokratie selbst, genauer gesagt: des *demos* selbst erscheint. Wie entsteht das Volk, der *demos* selbst? In dem Satz, den ich zitieren werde, über die Entstehung des *demos*, spricht die Übersetzung ein wenig mißbräuchlich von »Demokratie«, wo Aristoteles nur *demos* sagt.[27] Die geläufige Übersetzung des Satzes aus der *Politik* lautet:

»Die Demokratie« – hier also heißt es: der *demos* – »entstand *(egeneto)* dadurch, daß man meinte, wer in einem bestimmten Punkte gleich sei, der sei es auch in allem« – absolut, einfach oder bloß *(haplos)* gleich, schlicht und einfach gleich *(oiesthai haplos isoi einai)* –; »weil nämlich alle gleichmäßig frei sind *(hoti gar eleutheroi pantes homoios)*, glauben sie schlechthin gleich zu sein.«[28]

Die Volten [tours], die dieser eine, aus wenigen Worten bestehende Satz schlägt, sind schwindelerregend. Zunächst einmal wird die Entstehung des *demos* mit einem Glauben, Meinen, einer Mutmaßung oder Vorannahme, einer vorschnellen Einschätzung, einem »Halten für« verbunden, das Glauben schenkt, vertraut – und es gibt keine Demokratie ohne Vertrauen beziehungsweise ohne Glaubensakt: Weil sie in einem Punkt gleich sind, sagt Aristoteles, glauben sie, bilden sie sich ein *(oiesthai)*, stellen sie sich vor, absolut gleich zu sein. Es besteht also eine Verwirrung, was die Gleichheit angeht; und weil sie außerdem in gleicher Weise *(homoios)* frei sind, glauben sie, meinen sie, urteilen sie *(nomizousin)*, mutmaßen sie, sie seien absolut gleich. Der doppelte Übergang zur absoluten Gleichheit ist jeweils der Effekt eines Glaubens, eines Vertrauens, einer Einschätzung, einer Mutmaßung beziehungsweise Spekulation, die Aristoteles offenkundig für verfehlt hält. Am frag-

---

27 Und zwar die von Derrida zitierte (von Aubonnet, bei Budé) ebenso wie die hier verwendete deutsche (von Olof Gigon). A. d. Ü.
28 Aristoteles, *Politik*, a. a. O., S. 166 (V, 1301 a 29).

würdigsten an dieser Entstehung des *demos* ist jedoch nicht der Widerspruch, die Antinomie oder einfache Aporie, wenn ich so sagen darf, zwischen zwei Termini, die zugleich zwei Gesetze sind, Freiheit und Gleichheit; und ebensowenig die Spannung zwischen zwei Gleichheiten (der Zahl nach und dem Verdienst beziehungsweise dem Verhältnis *(logos)* nach), dergestalt, daß die Gleichheit nicht immer ein Gegenbegriff oder konkurrierender Begriff *neben*, *gegenüber* oder *im Umkreis* der Freiheit ist, ein (der Zahl oder dem *logos* nach) berechenbares Maß neben, gegenüber oder im Umkreis einer inkommensurablen und unberechenbaren und universellen Freiheit. Nein. Sobald jeder (oder ein beliebiger – wir werden auf die Frage des beliebigen Jemand später zurückkommen) in gleicher Weise *(homoios)* frei ist, bildet die Gleichheit einen intrinsischen Bestandteil der Freiheit und ist damit nicht mehr berechenbar. Diese Gleichheit in der Freiheit hat nichts mit der Gleichheit der Zahl nach oder dem Verdienst, dem Verhältnis oder dem *logos* nach zu tun. Es ist eine unberechenbare und inkommensurable Gleichheit als solche, es ist die unbedingte Bedingung der Freiheit, des Teilens der Freiheit, wenn Sie so wollen. Und die Antinomie ist nicht mehr bloß aus einer Mutmaßung entstanden, nicht mehr bloß eine Spannung *zwischen* Gleichheit und Freiheit. Die Antinomie wohnt schon dem Begriff der Isonomie selbst inne, die in sich mehrere ungleiche Arten von Gleichheiten enthält: die beiden berechenbaren Gleichheiten natürlich (der Zahl und dem Verdienst beziehungsweise dem proportionalen *logos* nach), aber auch die unkalkulierbare Gleichheit in einer Freiheit, die für alle die gleiche ist. Im übrigen eignen sich auch die beiden berechenbaren Freiheiten nicht zum Kalkül und verlangen nichts weiter als Lebewesen, die man für ebenfalls frei hält, das heißt gleichermaßen mit Freiheiten versehen, das heißt in ihrer Freiheit inkommensurabel, unkalkulierbar, unbedingt gleich.

Es ist diese Aporie, die sich noch »heute«, »bisher« fortpflanzt, ohne daß sie jedoch als solche eingestanden würde, es sei denn in ihrseits aporetischen Formulierungen, zumindest in dem, was uns Nancy über die Gleichheit und das Teilen der Freiheit sagt.

In den Grenzen, die meiner Nancy-Lektüre an dieser Stelle

aus naheliegenden Gründen gesetzt sind, namentlich Zeitgründen, würde ich dieser Aporie zwei Orte zuweisen, wenn ich so sagen darf, oder vielleicht zwei Wege. Sagen wir zwei *Situationen*. In der ersten kann ich ihm nur beipflichten und seine Auffassung teilen; in jedem Fall stimmen wir in dem überein, was gleichwohl eine kaum erträgliche Schwierigkeit bleibt, eine unlösbare Schwierigkeit, die ich nicht verhehlen werde, jedenfalls weniger als er. Ich nenne sie Aporie mit allen negativen und positiven Konsequenzen, die sich daraus ergeben: die Aporie, welche die Möglichkeits- und Unmöglichkeitsbedingung von Verantwortung ist. Nancy würde, glaube ich, dort nicht von Aporie sprechen, wo seine Formulierungen in meinen Augen dem ähneln, was ich Aporie nenne. Was die zweite Situation angeht, und ich werde mich dazu erklären, wäre ich weniger bereit, ihm beizupflichten und seine Auffassung zu teilen, wenngleich mein Vorbehalt nicht von der Art eines Einwands ist und eher einem Streit um Worte oder vielleicht gar, wie ein Ireniker sagen würde, einem brüderlichen Disput ähnelt, da er den Bruder, die Frage der Brüderlichkeit berührt. Einer der zahlreichen Gründe, weshalb ich gegenüber dem Bruder und vor allem dem, was der Ausdruck »brüderlicher Disput« an Beschwichtigendem enthalten mag, mißtrauisch bin, ist der, daß es keinen schlimmeren Krieg gibt als den zwischen verfeindeten Brüdern. Es gibt Krieg und Gefahr für die kommende Demokratie immer nur dort, wo es Brüder gibt. Genauer gesagt: nicht *wo es Brüder gibt* (es wird sie immer geben, und nicht daran liegt es, daran liegt nichts), sondern dort, wo die Brüderlichkeit der Brüder *zum Gesetz wird*, dort, wo eine *politische Diktatur* der Fraternokratie herrscht.

1. Erste Situation. Für die erste Aporie, die ich aushalte, ohne sie jedoch zu verschweigen, und bei der ich Nancy ganz nahe bin, der sie nicht als solche bezeichnet, werde ich in dem Abschnitt, auf dessen Lektüre ich mich vorbereite, zwei *Anzeichen* finden. Ihnen ist gemeinsam, und deshalb nenne ich sie Anzeichen, daß sie stumm ein gewisses Problem anzeigen oder festhalten, also es vielsagend verschweigen, geständig verleugnen. Diese Anzeichen sind zunächst Klammern (Sätze, die die ganze Schwierigkeit einklammern, wenn ich so sagen darf) und

des weiteren Anführungszeichen (drei Wörter, deren Sinn zwischen Anführungszeichen suspendiert wird, weil diese drei Wörter unangemessen sind, sich selbst oder ihrem gewöhnlichen Sinn unangemessen, und deren sich Nancy eher bedient, als daß er sie nennt, deren er sich also bedient, ohne sich ihrer zu bedienen, indem er sie verleugnet, verneint, ihnen keinen Glauben schenken will im selben Augenblick, in dem er ihnen gleichwohl vertraut. Ich werde die Klammern und die Anführungszeichen nacheinander hervorheben. Die Anführungszeichen erscheinen überdies in zwei von drei Fällen in einem eingeklammerten Satz. Es geht immer noch um die Verräumlichung des Raums und des Teilens in gleiche(n) Teile(n), um die Gleichheit der Singularitäten. Nancy schreibt:

»Das ontologische Teilen [partage] oder die Singularität des Seins öffnet den Raum, den einzig die Freiheit nun zwar nicht ›ausfüllen‹, doch in geeigneter Weise verräumlichen kann. ›Den Raum verräumlichen‹, das soll heißen: ihn als Raum und als Teilen des Seins bewahren, um *unbegrenzt das Teilen* der Singularitäten *zu teilen*.
Das ist auch der Grund, weshalb die Freiheit als dieser *logos* des Teilens« – ich nehme an, daß *logos* auf das ›onto*logische* Teilen‹, von dem eben die Rede war, und zugleich auf den *logos* im Sinne von *nomos* anspielt, also von Verteilung und Proportionalität, so wie Aristoteles auch ›*logo*‹ für die Gleichheit nach dem Verhältnis sagt *(to logo)* – »unmittelbar mit der Gleichheit verbunden ist, oder besser: sie ist *der Gleichheit* unmittelbar *gleich*. Die Gleichheit besteht nicht in einer Vergleichbarkeit der Subjekte im Verhältnis zu irgendeiner Maßeinheit. Sie ist die Gleichheit der Singularitäten in der Inkommensurabilität der Freiheit« – und nun die Parenthese, die eloquent verleugnende Form der Beteuerung – »(der freilich nicht entgegensteht, daß man über ein technisches Maß der Gleichheit und folglich auch der Gerechtigkeit verfügen muß, das unter den gegebenen Bedingungen den Zugang zum Inkommensurablen effektiv möglich macht).« – Diese Parenthese, ich erwähne es mit einem Wort, führt also die Bestimmung, die Technik, das Maß, die Bedingtheit und, verheimlichen wir es uns nicht, das Politische und das Demokratische selbst gerade dort wieder ein, wo die unbedingte und unbegrenzte Inkommensurabilität der so gedachten Freiheit all dies zumindest, sagen wir: unbestimmbar machte. – »Diese Inkommensurabilität bedeutet wiederum nicht, daß jeder ein unbegrenztes Recht hätte, seinem Willen freien Lauf zu lassen« – und hier die zweite Parenthese, Anführungszeichen eingeschlossen –

»(wie ließe sich, zumindest wenn ›jeder‹ das Individuum bezeichnet, ein solches Recht gegenüber den Singularitäten aufstellen, die das Individuum selbst teilen und denen gemäß es existiert? Wir müßten zunächst lernen, ›jeder‹ ausgehend von Serien oder Netzen von einzelnen ›jedes Mal‹ zu denken). Diese Inkommensurabilität bedeutet ebensowenig, daß die Freiheit sich nur an sich selbst mißt, als ob« – nun abermals Anführungszeichen – »›sie selbst‹ ein Eichmaß von Freiheit liefern könnte. Inkommensurabilität bedeutet hingegen, daß sich die Freiheit *an nichts mißt*: sie ›mißt‹ sich daran, die Existenz in nichts und ›um nichts‹ zu transzendieren. Die Freiheit: sich am Nichts messen.« (S. 96)

Der Doppelpunkt ersetzt das »ist«, er suspendiert die ontologische Kopula des »ist«. Er trägt die Verwandlung des »nichts« in ein Substantiv, den Übergang vom »an nichts« und »um nichts« zu »sich am Nichts messen«, eine Formulierung, die im folgenden Absatz wiederaufgenommen wird. Die Substantivierung des »nichts« [du »rien«] vermeidet wenn schon nicht das Nichts [le néant], so doch einen gewissen trotzigen Heroismus gegenüber dem Nichts als Fülle, entgeht jedoch nicht dem Selbst, dem *sich* des »Sich-Messens«. Wir finden hier in gewiß sehr subtiler Form sämtliche Probleme des »Selbst« und der Selbstheit, die uns in Atem halten. Lesen wir noch das Folgende:

»Sich am Nichts messen bedeutet nicht, einem Abgrund – als *Fülle* des Nichts verstanden – heroisch zu trotzen oder ekstatisch gegenüberzutreten, einem Abgrund, der sich über dem Verschlingen des heroischen oder ekstatischen Subjekts wieder schlösse. Sich am Nichts messen ist *sich* absolut *messen* oder sich am ›Maß‹ des ›Sich-Messens‹ selbst messen: ›sich‹ in den Stand versetzen [›se‹ mettre en mesure], seine Existenz abzumessen [prendre la mesure].« – Alles wird sich in dieser Setzung zusammenziehen, in dieser ipsokratischen Selbstsetzung, die darin besteht, *sich selbst zu setzen*, sich selbst in den Stand zu versetzen, ..., sich selbst die Macht zu geben, ..., wobei das Wort »Maß [mesure]« in der Wendung »in den Stand versetzen« oder »imstande sein [en mesure]« die Vermittlerrolle zwischen dem Meßbaren, dem Unmäßigen [démesuré] oder Inkommensurablen einerseits und der *Fähigkeit* [pouvoir], *sich* am Maßlosen [sans-mesure] zu messen, andererseits spielt; das »sich« des »Sich-Messens« bezeichnet hier die Hartnäckigkeit der Selbstheit. – »Es ist vielleicht und sogar mit Gewißheit ein Unmaß [démesure]. Auf keinerlei Weise und in keinem Bereich der Analyse wird man das Unmaß der Freiheit vermeiden können – zu deren Figuren und Namen Heroismus und Ekstase zählen, ohne jedoch andere verdecken zu dürfen, etwa die Heiterkeit, das Verzeihen, die Überraschungen der Sprache und viele andere.«

Was hier in Klammern und Anführungszeichen gesetzt wird – ich will nicht geradezu sagen: verleugnet, aber doch suspendiert –, wäre genau das Unleugbare einer Aporie. Ich werde hier nur das an ihr aufzuklären versuchen, was im engeren Sinne mit dem bestimmenden Auftreten des »Politischen« und in ihm des »Demokratischen« zu tun hat. Genau so bestimmt sich nämlich das »Politische« (und sogar das »Juridische« – Nancy spricht von Recht und Gerechtigkeit[29] – beziehungsweise das »Ethische«, sobald wie hier auf »Willensäußerung« Bezug genommen wird; und ich bin mir nicht sicher, ob nicht das, was man im philosophischen Abendland mit diesen drei Namen bezeichnet, in diesem Fall eine Serie bildet, deren Glieder man voneinander lösen könnte). Die politisch-juridisch-ethische Verantwortlichkeit bestimmt sich und wird mit einer gewissen semantischen Stabilität benennbar erst in dem Augenblick, in dem sich das durchsetzt, was hier in Klammern steht, nämlich die

---

29 Ich zitiere diese großartige Passage unter anderem deshalb, weil darin jene »Verhandlungen« vorkommen, die in meinen Augen der eigentliche Ort der Aporie sind. Nancy muß ihr ihr Recht zukommen lassen [faire droit], und auch diesmal, gleichsam als Zugeständnis, zwischen zwei Gedankenstrichen:
»Die *Gerechtigkeit*, um die es dabei notwendigerweise geht – denn hier handelt es sich um Teilen und Maß –, ist nicht die eines rechten Mittelmaßes [juste milieu], das ein gegebenes Maß voraussetzt, sondern die Sorge um eine gerechte Messung des Inkommensurablen. Deshalb kann *Gerechtigkeit* – auch wenn mit den Rechtsgründen und vernünftigen Erwartungen eines gerechten Ausgleichs [juste milieu] einige Verhandlungen geführt werden müssen – nur in der erneuten Entscheidung liegen, die Geltung des erworbenen oder herrschenden »rechten Maßes« [juste mesure] *im Namen des Inkommensurablen* abzulehnen. Der politische Raum oder das Politische als Verräumlichung zeigt sich von Anfang an in der Form des gemeinschaftlichen (Fehlens des) Maßes eines Inkommensurablen – einer Form, die dem, was weder das Politische noch die Gemeinschaft, sondern die Verwaltung der Gesellschaft ist, stets paradox und wesentlich erscheint. Das ist, so könnte man sagen, der erste Entwurf der Freiheit« (S. 101).

Technik der Gleichheit, eine Gerechtigkeit im Sinne des berechenbaren Rechts, das also, was Nancy wiederum als »gegebene Bedingungen« und vor allem als Kriterien für »Verhandlungen« bezeichnet, um diesen Zugang zum Inkommensurablen zu messen, der an sich, per definitionem, jedes gegebene Kriterium, jede berechenbare Regel, jedes Maß ausschließt. Das Erschreckende an der Aporie, das, was sie – wie man sagen muß – hoffnungslos kalkulierbar, entscheidbar oder vorhersehbar macht und sie ein weiteres Mal der Paradoxie der Autoimmunität ausliefert, ist freilich, daß die Gleichheit sich nicht selbst gleich ist. Sie ist, ich habe es vorhin angedeutet, sich selbst inadäquat, Chance und Bedrohung zugleich, Bedrohung als Chance: autoimmun. Die Gleichheit als Suche nach einer berechenbaren Maßeinheit ist nicht nur ein Übel oder ein Notbehelf, sondern auch die Möglichkeit, alle Arten von Kräfteunterschieden, (natürlichen oder nichtnatürlichen) Eigenschaften und Hegemonien zu neutralisieren, um zu *jemand Beliebigem* [quiconque], einem *beliebigen Jemand* [n'importe qui] der Singularität eben in ihrem Unmaß zu gelangen. Das kalkulierbare Maß gestattet auch den Zugang zum Unberechenbaren und Inkommensurablen, einen Zugang, der notwendigerweise zwischen dem Berechenbaren und dem Unberechenbaren unentschieden bleiben muß; und dort liegt die Aporie des Politischen und der Demokratie. Doch indem das Maß beim Kalkül die Differenz der Singularität auslöscht, nicht mehr mit ihr rechnet, droht es die Singularität selbst, ihre nichtquantifizierbare Qualität oder Intensität zu beseitigen. Und trotzdem steht der Begriff der meßbaren Gleichheit nicht im Gegensatz zum Unmäßigen. Deshalb spricht Nancy mit Recht von der »Gleichheit der Singularitäten in der Inkommensurabilität der Freiheit«.

Doch muß man *drei* miteinander so gut wie unvereinbare *Notwendigkeiten* auf einmal anerkennen:

a) Diese »Technik«, dieses »technische Maß der Gleichheit« ist nichts, was dem Unberechenbaren oder Inkommensurablen zufällig zustieße, kein Sturz, kein Mißgeschick oder Verfall (und ich insistiere auf »Technik«, denn das Politisch-Juridisch-Ethische, so wie wir es verstehen, unterstellt diese berechnende Technik, eine Serialität oder Zirkularität, die also keine zweitrangige Hilfsinstanz ist). Diese Technik ist auch die Chance des Inkommensurablen, *das, was ihm den Zugang eröffnet*. Eine Chance, die ihm das Politische, Juridische, Ethische und ihre Erfindung bietet, wo immer sie auftritt.

b) Diese Chance bietet sich stets als eine drohende Autoimmunreaktion. Die berechnende Technik zerstört oder neutralisiert offenkundig die inkommensurable Singularität, der sie einen wirksamen Zugang verleiht.

c) Per definitionem gibt es kein gegebenes Kriterium, keine gesicherte Regel, keine unbestreitbare Recheneinheit, kein verläßliches und natürliches Vermittlungsschema für dieses Kalkül des Unberechenbaren und dieses gemeinsame oder allgemeine Maß des Inkommensurablen. Ich sage »gemeinsam und allgemein«, denn wir werden uns bald die folgende Frage stellen müssen, die Frage des Bruders: Findet selbst in der Politik, selbst im Recht (hier liegt die ganze Dringlichkeit der Frage nach dem internationalen Recht und den Schurkenstaaten, auf die ich hinauswill), dieses Maß des Unmäßigen, die demokratische Gleichheit, seine Grenze in der Staatsbürgerschaft, also an den Grenzen des Nationalstaats? Oder müssen wir es auf die ganze Welt der Singularitäten, auf die ganze Welt der Menschen ausdehnen, der mir vermeintlich Gleichen? Oder darüber hinaus auf alle nichtmenschlichen Lebewesen? Oder noch einmal darüber hinaus auf alle nichtlebenden Wesen, auf ihre (vielleicht nur gespenstische) Erinnerung, ihre Zu-künftigkeit oder Gleichgültigkeit gegenüber dem, was wir auf stets voreilige, dogmatische oder unklare Weise als das Leben oder die lebendige Gegenwart des Lebendigen im allgemeinen identifizieren zu können glauben? Denn in dieser ersten Situation der Aporie, in der ich das unmögliche Mögliche, das Nancy als Maß des Unmaßes oder Unmaß des Maßes auffaßt, auf meine Weise teile oder sogar noch schärfer fasse, ist die Bezugnahme auf die Recheneinheit, das heißt auf die Einheit jenes in Klammern belassenen »jeder«, um so widerspenstiger und um so weniger verhandelbar (und also nur endlos, ohne Wissen und Gewißheit irgendeiner Art zu verhandeln), als in Nancys eigener Sprache und in seinem eigenen Denken, in dem Buch mit dem Titel *L'expérience de la liberté*, die Freiheit nicht mehr nur das Attribut eines *ego*, das »Ich kann« eines freien Willens, die Macht eines wollenden Subjekts ist, eines Subjekts, das als Herr [maître] gilt, eines, (auf) das man (verantwortlich) zählen kann, das also meßbar ist (und ich bin fast geneigt, das Wort *maître* hier, um das Maß vollzumachen, *mètre* zu schreiben, einfach Meter, Maß, *metron*, messendes und meßbares Maß). Nein, die Freiheit erstreckt sich auf alles, was im Offenen erscheint. Sie erstreckt sich auf das Ereignis all dessen, was in der Welt und zunächst im »Es gibt« (der) Welt zur Anwesenheit kommt, auch in der freien Gestalt des nichtmenschlichen Lebewesens und des (lebendigen oder nichtlebendigen) »Dings« überhaupt. Man kann sich hier auf das beziehen, was Nancy über die Freiheit als »Kraft« und »Kraft des Dings« als solchen beziehungsweise über die »transzendentale Kraft« »als materielle Effektivität« sagt (S. 132f.). Die ganze Frage der »Demo*kratie*« könnte sich um diese transzendentale Kraft herum bündeln: Bis wohin soll die Demokratie gehen, auf wen soll sich das *Volk* der Demokratie und das »ein jeder« der Demokratie erstrecken? Auch noch auf die Toten, die Tiere, die Bäume und die Steine? Dieses Jenseits des Lebenden als eine gewisse Freiheit benennt Nancy wiederum in einer kühnen Parenthese, wenn er sich fragt: »Wer würde es wagen, auf diese Weise die freie Kraft des Kadavers gegenüber seinem Mörder zu ermessen?« (S. 133) Er sagt nicht, ob dieser Kadaver eine menschliche Leiche ist, auch wenn er es nahezulegen scheint, oder, wie man sagt, ein »tierischer« Kadaver. Man könnte sich diese Frage stellen, vorausgesetzt wiederum, daß die Grenze zwischen dem Lebendigen und dem Nichtlebendigen, wo immer sie verlaufen mag, überhaupt noch verläßlich ist. Ich lasse diesen immensen Raum offen und beschränke mich vorläufig auf die Frage, weshalb das »jeder«, das »ein jeder« der Singularität hinsichtlich der Gleichheit und ihrer Recheneinheit in der als menschliche Ordnung unterstellten Ordnung des Ethisch-Juridisch-Politischen ebenso schwierig zu bestimmen ist wie das »Einer-nach-dem-anderen« [tour à tour], »Ein-jeder-der-Reihe-nach« [chacun son tour]. Wenn die Freiheit nicht mehr das Attribut eines Subjekts, einer Herrschaft oder Metrik ist, wird die Recheneinheit nicht mehr die durch den Familiennamen verbürgte bürgerliche Identität eines Staatsbürgers sein können, sowenig wie die Gleichheit einer Person mit anderen oder die Gleichheit eines *ego* mit anderen gleichen *ego*, noch auch, falls man an der grammatischen und ontologischen Fähigkeit, »ich« zu sagen, festhält, die Gleichheit eines bewußten, willensbegabten und intentionalen Ichs mit einem anderen. Tausend Fragen drängen hier. Was soll dann aus dem werden, was man als das Unbewußte bezeichnet, also mit der verräumlichten Teilbarkeit, der hierarchisierten Vielfalt, dem Kräftekonflikt, den es der souveränen Identität aufzwingt? Wieviel Stimmen für ein Unbewußtes? Wie wären sie zu zählen? Was kann uns eine vergangene oder zukünftige Psychoanalyse über die Demokratie sagen? Gibt es eine Demokratie im psychischen Apparat? Und in den psychoanalytischen Institutionen? Wer stimmt ab, was ist eine Stimme im psychischen und politischen System? Im Staat, in den internationalen Institutionen, einschließlich derer der Psychoanalyse? Das Über-Ich? Das Ich? Das Unterbewußte? Das Ideal-Ich? Das Ich-Ideal? Der Primärprozeß, seine Repräsentanten usw.? Wie wären die Stimmen zu zählen? Welches wäre die Maßeinheit und welcher Technik müßte man vertrauen, um sie zu zählen? Welches Gesetz dieser Messung gilt? Wo wäre das Metronom zu finden? Wie ließe sich eine psychische, aber nicht egologische Metronomie der Demokratie denken, ihrer Alternanzen und ihres »Einer-nach-dem-anderen«?

Ich beschränke mich hier darauf, diese Fragen zu stellen, man müßte sie zweifellos sämtlich dem Autoimmunitätstest unterziehen. Was die Psychoanalytiker mehr oder weniger gelassen das Unbewußte nennen, bleibt, wie mir scheint, einer der bevorzugten Bereiche, einer der Rückzugsräume und eine der lebendig-tödlichen, tödlich-lebendigen Kraftquellen für jenes unerbittliche Gesetz der selbstzerstörerischen Erhaltung des »Subjekts« oder der egologischen Selbstheit. Ohne Autoimmunität, sage ich ein wenig schulmeisterlich, um es kurz zu machen, gäbe es weder Psychoanalyse noch das, was die Psychoanalyse »Unbewußtes« nennt. Weder »Todestrieb« noch Grausamkeit des »primären Sadismus und Masochismus« und so weiter. Noch das, was wir ebenso gelassen das Bewußtsein nennen.

5. Freiheit, Gleichheit, Brüderlichkeit oder Wie nicht sinnsprechen [comment ne pas deviser]

2. Ich komme nun zu der zweiten Situation, jener Stelle des Texts von Nancy, an der ich, wie angekündigt, weniger bereit bin, ihm beizupflichten und seine Auffassung zu teilen. Mein Vorbehalt wird vor allem, und darauf beharre ich ohne Leugnen, nicht von der Art eines Einwands sein. Er wird eher einem Streit um Termini beziehungsweise einem brüderlichen Disput zum Thema Brüderlichkeit ähneln. Diese zweite Situation ist eng mit der ersten verbunden, weil es darum geht, die Gemeinschaft, das Gemeinsame, das Teilen der inkommensurablen Freiheit oder Gleichheit eines jeden einzelnen zu bestimmen und zu benennen. Nancy schlägt vor, sie als »Brüderlichkeit« zu bezeichnen.

Das Wort taucht regelmäßig in wenigstens fünf verschiedenen Zusammenhängen über das ganze Buch *L'expérience de la liberté*[30] hinweg auf. Beim ersten Vorkommen, das mich hier beschäftigen wird, erscheint es am deutlichsten und am weitesten ausgearbeitet. Ich halte es für loyal, gerecht und bequem, wieder einen ganzen Absatz zu lesen. Er schließt unmittelbar an den eben analysierten an. Ich werde genau in der Mitte ein »wenn man denn sagen muß« hervorheben (»Es ist auch die Brüderlichkeit, wenn man denn sagen muß, daß die Brüderlichkeit ...«). Ich weiß nicht, ob man denn sagen muß, daß sich in diesem »wenn man denn sagen muß« eine Bedingung, ein Skrupel, ein Zögern, eine lobenswerte Zurückhaltung oder eine halb eingeräumte Leugnung verrät. Auf jeden Fall erkenne ich darin die augenscheinliche Beunruhigung über eine Frage – »Muß man sagen?« –, auf die Nancy vor langer Zeit »Ja, man muß sagen« geantwortet hat und ich seit langem »Nein«. Der Absatz lautet:

---

30 Ebd., S. 97, 102 (dort finden wir statt eines »wenn man denn sagen muß« ein »ganz zu schweigen«: »Die Freiheit [...], die Gleichheit, von der Brüderlichkeit ganz zu schweigen ...«), 105, 211, 212 (siehe unten, S. 90, Anmerkung 33), 213.

»Doch für dieses Unmaß der Freiheit, insofern es das Maß der Existenz selbst ist, ist es wesentlich, daß es ein gemeinsames ist. Denn es gehört zum Wesen eines Maßes – und also eines Unmaßes –, ein gemeinsames zu sein. Die Gemeinschaft teilt das Unmaß der Freiheit.« – Hier gestehe ich bereits, daß es mir schwerfällt, dem »also« zu folgen: daß das Maß seinem Wesen nach ein gemeinsames ist, versteht sich von selbst, aber warum sollte es »also« zum Wesen eines *Un*maßes gehören, ein gemeinsames zu sein? Was rechtfertigt dieses »also«? Wie wäre ein Unmaß zu teilen und zu vergemeinschaften? Sollte dieses Unmaß nur eine symmetrische Kehrseite und eine Dependance des Maßes beziehungsweise des gemeinsamen Maßes sein? Lassen wir das … »Und weil dieses Unmaß in nichts anderem besteht als in der Tatsache oder der Geste, sich mit nichts, dem Nichts, zu messen, ist das Teilen der Gemeinschaft selbst das gemeinsame (Un-)Maß der Freiheit.« – Wiederum verstehe ich die Folgerung nicht, so wenig wie die Einklammerung des »Un-«, als ob das Un-maß noch ein Maß wäre, eine einfache Modalität oder negative Modifikation des Maßes dort, wo ich versucht wäre, das Unmaß eher als das jedem Maß Heterogene zu denken denn als einfaches negatives Maß oder Negation des Maßes. Nancy wird unerschütterlich die Folgerung aus dieser Logik ziehen, der zu folgen mir schwerfällt, indem er mit einem ersten »Somit« anknüpft. – »Somit ist ihr Maß gemeinsam, doch nicht in der Weise eines gegebenen Maßes, auf das sich alle beziehen: sondern gemeinsam in der Weise des Unmaßes des Teilens der Existenz. Das ist das Wesen der Gleichheit, und das ist das Wesen der Beziehung. Das ist auch die Brüderlichkeit, wenn man denn sagen muß, daß die Brüderlichkeit« – und ich unterbreche mein Zitat für einen Moment: Dieses »wenn man denn sagen muß«, ich muß es sagen, erscheint mir beim Lesen und Wiederlesen als eine immer bizarrere, eine in der Philosophie tatsächlich höchst ungewöhnliche Wendung, gewunden durch eine Drehung, für die ich kein Beispiel kenne und der ich gern ein ganzes Buch widmen würde; auf jeden Fall wird uns autoritativ gesagt, was man sagen muß, während zugleich die Frage erhoben wird, ob man denn sagen muß, was man sagen muß, und das Gesagte höflich, beinahe entschuldigend, unter die Bedingung gestellt wird, daß man autorisiert sei, etwas zu sagen, was sich nicht von selbst versteht, dem man aber schließlich bedingt zustimmen wird, denn letztlich muß es so sein, daß man sagen muß, was man sagen muß und was man im übrigen ja schon gesagt hat und was man wiederholen wird, während man zugleich die dunkle Ahnung hat, daß man es vielleicht nicht sagen müßte, es sei denn, man gäbe noch diese oder jene Erläuterung, die sich ebensowenig von selbst versteht, nämlich von welcher Brüderlichkeit die Rede sein soll; und hier nehme ich mein Zitat wieder auf: »Das ist auch die Brüderlichkeit, wenn man denn sagen muß, daß die Brüderlichkeit – sofern man jede Konnotation des Gefühls beiseite läßt (doch nicht die Möglichkeiten der Leidenschaft, die sie verbirgt: vom Haß zum Ruhm über die Ehre, die Liebe und den Wettbewerb um die Vorzüglichkeit usw.) – nicht das Verhältnis derer ist, die in einer Familie vereint sind, sondern derjenigen, deren *Vater* oder die gemeinschaftliche Substanz *tot, verschwunden ist*, weshalb sie der Freiheit und Gleichheit dieser Freiheit ausgeliefert sind. Das sind bei Freud die Söhne des un-menschlichen Vaters der Urhorde: zu Brüdern geworden durch das Teilen seines *aufgeteilten, zerstückelten* Körpers. Freiheit ist die Gleichheit beim Teilen des Inkommensurablen.«[31]

Ich kann hier nicht auf das zurückkommen, was ich in *Politik der Freundschaft* zu dekonstruieren versucht habe, nämlich die (griechische, abrahamitische, jüdische, vor allem jedoch christliche und islamische) Vorherrschaft der Figur des Bruders in Recht, Ethik und Politik, insbesondere und nicht nur in einem bestimmten demokratischen Modell. Fraternalismus, Bruderschaft, Brüdergemeinschaft und verbrüdernde Gemeinschaft privilegieren die männliche Autorität des Bruders (der außerdem Sohn, Gatte, Vater ist), die Orientierung an Herkunft und Familie, Geburt, Bodenständigkeit und Nation. Und wo immer man die buchstäbliche Bedeutung dieser Implikationen leugnete und etwa sagte, es gehe nicht um die natürliche und biologische Familie (als ob die Familie jemals etwas bloß Natürliches und Biologisches gewesen wäre) oder die Gestalt des Bruders sei nur eine symbolische und spirituelle Figur, hat man noch nicht erklärt, warum man an dieser Figur festhält und nicht eher derjenigen der Schwester, Kusine, Tochter, Gattin, des Fremden oder eines Beliebigen, eines beliebigen Jemand, den Vorzug gibt. Ich kehre nicht zu der Argumentation, zu den Beispielen und den zahlreichen Texten zurück, mit denen ich versucht habe, diese Dekonstruktion zu rechtfertigen und sie bis in die psychoanalytische Institution hinein, bis hin zu Blanchot und Lévinas zu verlängern. Und dort, wo es vielleicht um eine Dekonstruktion des Christentums ging, habe ich im Vorübergehen daran erinnert, daß die Revolutionäre von 1789 lange zögerten, das Wort »Brüderlichkeit« in die Losung der Re-

---

31 Ebd., S. 97. Hervorhebungen von Nancy.

volution aufzunehmen – ein Wort, das weder in der Erklärung der Menschenrechte noch in der Verfassung von 1793, noch in der Charta von 1830, sondern einzig in einem Verfassungszusatz von 1791 auftaucht –, einfach wegen seiner unüberhörbar christlichen Konnotation. Dafür gibt es tausend Hinweise, die ich in *Politik der Freundschaft* erwähnt habe. Wie Mona Ozouf sagt, läßt sich das Auftauchen der »Brüderlichkeit« neben Freiheit und Gleichheit mit der »Verwandtschaft von Christentum und Revolution« erklären, »um das zu vollenden, was als eine andere Dreifaltigkeit begriffen wurde«.[32]

Man fragt sich dann und man fragt Nancy, warum er sich an die Brüderlichkeit hält, um von der Gleichheit beim Teilen des Inkommensurablen zu reden, »wenn man denn sagen muß«, wie er sagt, daß die Rede von Brüderlichkeit »jede Konnotation des Gefühls beiseite« zu lassen hat, und »wenn man denn sagen muß«, daß Brüderlichkeit kein Familienverhältnis, »nicht das Verhältnis derer ist, die in einer Familie vereint sind«.

Warum sollte man also an dem Wort Brüderlichkeit eher festhalten als an einem anderen? Die zugleich freudianische und christliche Antwort Nancys verweist auf die Figur nicht einer Mutter, einer Frau, einer Tochter oder Schwester, die man ja nur schwerlich für nichtfamiliale Figuren halten könnte, »außerhalb des Verhältnisses«, wenn man so will, »das eine Familie vereint«, sondern auf die eines »*toten, verschwundenen* Vaters«, eines Vaters, der als »gemeinschaftliche Substanz« definiert wird (ein Ausdruck, der gleich zu Beginn des Kapitels erscheint, und eine Definition, die zumindest in ihren Konnotationen zutiefst christlich beziehungsweise trinitarisch ist): vor allem eines toten Vaters, der von den Menschen, seinen Söhnen, zu Tode gebracht wurde, die – wie in der eucharistischen Transsubstantiation – sich den Leib des Vaters, seiner gedenkend, teilen. Ich lese diesen Satz noch einmal, diesen zugleich freudianischen und christlichen Satz, der in der Mitte steht zwischen den Evangelien und *Totem und Tabu*, der Religion des Sohnes und also der Brüder, die, wie Freud sagte, auf die des Vaters

---

32 Mona Ozouf, Art. »Brüderlichkeit«, in: François Furet und Mona Ozouf (Hg.), *Kritisches Wörterbuch der Französischen Revolution*, Frankfurt am Main: Suhrkamp 1996, Bd. 2, S. 1041.

folgte, letztlich aber zu ihr zurückführt: »Das sind bei Freud die Söhne des un-menschlichen Vaters der Urhorde: zu Brüdern geworden durch das *Teilen* seines *zerstückelten* Körpers. Freiheit ist die Gleichheit beim Teilen des Inkommensurablen.« Deshalb ergänzt Nancy ein paar Seiten weiter, als hätte »Brüderlichkeit« bei ihm im Hinblick auf das »Teilen« doch einen Zweifel oder Verdacht hinterlassen: »Die Freiheit (Gleichheit, Brüderlichkeit, Gerechtigkeit) ...« (S. 105). Es ist die Trinität dieser drei letzten Begriffe, die letztlich die Freiheit bestimmen und sich teilen.

Ich werde nichts Neues sagen, nichts, was neu gegenüber dem wäre, was ich in *Politik der Freundschaft* zu beweisen versucht habe, zu dieser Brüderlichkeit als gerechter Teilung der Reste des Vaters, der toten und nach der Zerstückelung gemeinsam verzehrten gemeinschaftlichen Substanz (»Brüder durch das *Teilen* des *zerstückelten* Körpers«) – einer Zerstückelung, die, analog einer Vierteilung mit zirkulärer Wiederaneignung der genannten gemeinschaftlichen Substanz, demnach einem Kreuz auf einem Rad ähnelt. Worin liegt also die einzige, nicht kritische Besorgnis, die ich in zugespitzter, präziser und, wie ich hoffe, produktiver Weise hier, im Rahmen dieser Dekade zum Thema Demokratie, formulieren möchte?

Ich beharre darauf: eine nicht kritische Besorgnis, denn alles in allem könnte Nancy immer sagen: »Das bin nicht ich, nicht ich sage das, ich berichte, ich erzähle eine gängige Geschichte, ich erzähle die Geschichte, die man sich erzählt, die Kurswert und Kredit, Geltung und Glaubwürdigkeit in unserer Kultur und unserer überkommenen Sprache hat (der Sprache der Alltagskultur, der Religionen, der Psychoanalyse usw.); ich analysiere, was diese Geschichte besagt, was dieser Begriff beinhaltet, die Geschichte und der Begriff von Freiheit und Gleichheit als Brüderlichkeit, der tote Vater usw.« Wie oft kommt es vor, daß ich mir selbst sage: »Hier, sehen Sie, bin ich zunächst einmal dabei, den Inhalt und die Implikationen eines *geläufigen* [reçu] Begriffs, einer *üblichen* Interpretation, einer *verbreiteten* Erzählung [récit] zu analysieren, die ich nicht unbedingt unterschreibe.« Aber natürlich tue ich das immer, um mich am Ende zu fragen, ob die Geschichte akzeptabel [recevable] ist und wo und warum sie nicht mehr akzeptabel ist. Was meine nicht kritische Besorgnis dennoch weckt, ist die Vermutung, daß Nancy an die Brüderlichkeit in dieser verbreiteten Erzählung *glauben möchte*. Ich übrigens auch, ich möchte gern daran glauben; es gibt etwas in mir, das gern daran glauben möchte, aber etwas anderes, das mir nicht mehr gleicht als ein Bruder und dem es nicht gelingt zu glauben, und das sogar aus Überlegung und Erfahrung glaubt, es sei besser, nicht daran zu glauben, nicht nur, aber vor allem in der Politik; und ich versuche zu erklären, warum, und ich könnte versuchen, es in der Diskussion, die sich nachher vielleicht anschließen wird, noch besser zu machen; ich könnte versuchen, entlang einer Kette von Werten zu argumentieren, die zumeist mit dem des Bruders assoziert werden: dem des Nächsten (im christlichen Sinn); dem des Gleichen [semblable] (die ungeheure Frage des Gleichen – und ich hatte im diesjährigen Seminar die These zu vertreten versucht, daß die reine Ethik, wenn es denn eine gibt, bei der achtunggebietenden Würde des anderen als absolut *Ungleichen* beginnt, der jenseits allen Wissens, Erkennens und Anerkennens als nicht achtbar beziehungsweise verächtlich anerkannt wird: Weit davon entfernt, der Ausgangspunkt der reinen Ethik zu sein, wenn es denn eine gibt, bezeichnet der Nächste als Gleicher oder Ähnlicher [ressemblant] deren Ende oder deren Ruine.

Es wäre nicht auszuschließen, daß manche dann versucht sein könnten zu sagen, daß sich ebendort die Grenze zwischen der reinen Ethik und dem Politischen befinde, das von Anfang an das Gleiche, das Wissen, das Erkennen und Anerkennen, die Technik und das berechnende Recht wähle und bevorzuge, die darauf angewiesen sind, das Gleiche und das Selbe als Maßeinheit zu erkennen und anzuerkennen); also, wie gesagt, entlang einer Kette von Werten, die zumeist mit dem des Bruders assoziert werden: des Nächsten (im christlichen Sinn), des Gleichen und schließlich – um die Werte des Nächsten und des Gleichen zusammenzuführen [rassembler] oder einander anzunähern – die Werte des Menschen und der Menschenrechte des Menschen: Der Bruder ist stets ein menschlicher Bruder. Vergessen wir nicht diese schlagende und in höchstem Maße blendende Evidenz: Der Bruder, von dem die Rede ist, ist stets ein Mensch. Übrigens sagt Nancy wörtlich, daß mit dem Tod und

Schwinden der »gemeinschaftlichen Substanz«, mit dem Tod des »un-menschlichen« Vaters, des »toten«, zerstückelten und geteilten Vaters, die *Brüder als* gleiche und ähnliche *Menschen* geboren werden. Die Menschlichkeit des Menschen entsteht als Brüderlichkeit. Der Vater ist nicht unbedingt ein Mensch, die Söhne und also Brüder hingegen sind es.[33]

33 In der folgenden Anmerkung, die ich einige Wochen nach dem Vortrag eingefügt habe, möchte ich auf zwei der wertvollen Fragmente hinweisen, die Nancy seinem Buch angefügt hat (das zunächst eine *thèse* war und Anlaß einer Disputation gab, bei der ich, wenn meine Erinnerung mich nicht trügt, bereits jene freudianisch-christliche Frage des Vaters und des Bruders aufgeworfen habe). Zwei dieser Fragmente sind Rückbesinnungen [retours], ähneln fast einem Bedauern. Sie öffnen den Weg (die »Hälfte des Weges« liegt noch vor uns, sagt Nancy) zu weiteren Vorstößen, zu dem, was vielleicht nicht »die Hälfte des Weges« ist, sondern ein anderes Ziel. Deshalb verdienen sie es, *in extenso* gelesen zu werden, und nicht nur, weil sie Arendt und Blanchot erwähnen:
»*** Die Devise ›Freiheit, Gleichheit, Brüderlichkeit‹ hat für uns etwas Lächerliches, das ihre Einführung in den philosophischen Diskurs erschwert. Und zwar weil sie in Frankreich offiziellen Charakter hat (staatlicher Betrug ist) und, wie es heißt, einen veralteten ›Rousseauismus‹ zum Ausdruck bringt. Aber meint nicht selbst bei Heidegger das »Auch-da-sein mit« den anderen »die Gleichheit des Seins als ... In-der-Welt-sein« (*Sein und Zeit,* § 26)? Eine solche Gleichheit ist unverletzlich: Sie ist genau diejenige der Freiheit.
Was die Brüderlichkeit angeht, die noch leichter ein Schmunzeln hervorruft – wird man den Verdacht hegen müssen, daß sie in einer ursprünglichen Beziehung zum Vatermord steht und insofern befangen bleibt in einem geteilten Haß und der Kommunion mit ein und derselben Substanz/Essenz (bei der Totemmahlzeit)? In der Tat muß der Nachweis dieser Deutung der Gemeinschaft als ›brüderliche‹ Gemeinschaft sorgfältig erbracht werden. Doch man kann sie, sogar mit Freud, auch anders interpretieren: als Teilen von etwas Mütterlichem, das eben keine Substanz wäre, sondern – bis ins Unendliche – Teilhabe. Insofern geht der obige § 7« – auf den wir uns eben bezogen haben – »nur die Hälfte des Weges. Vielleicht muß auch die ›Mutter‹ aufgegeben werden, wenn man sie als ›phallisch‹ denken muß (aber ist das sicher?). Dann wäre die Brüderlichkeit im Verzicht, die Brüderlichkeit des Verzichts zu denken.« (S. 211 f.)
»*** *›Die Brüderlichkeit: wir lieben sie, wir können nichts für sie tun außer ihr helfen, die Schwelle zu erreichen.‹* Dieses Fragment von Blan-

Meine Besorgnis hat nicht nur mit dem Bedauern darüber zu tun, daß Nancy das Wort »Brüderlichkeit« nicht mehr in Anführungszeichen gesetzt hat, weder buchstäblich noch im Geiste. Auch nicht damit, daß er nicht genügend Argwohn gegenüber der Nähe beziehungsweise der Filiation hegt, die zwischen diesem Genealogismus und dem in seinem Buch so häufig vorkommenden Motiv der »ontologischen Freigebigkeit« besteht. Auch nicht darüber, daß er den schönen Begriff des »Teilens«, der das Herz seines Denkens ausmacht, allzu christlich einzufärben droht. Nein, ich würde es einfach mit Sorge betrachten, wenn auf dem Gebiet des Politischen und der Demokratie der Fraternalismus der Versuchung erläge, einer genealogischen Bahn zu folgen, die zu Autochthonie, Nation oder gar Natur, auf jeden Fall zur *Geburt* [naissance] zurückführt.

Dieses große Wort Geburt, dieses große Wort, das zur selben Familie gehört, möchte ich hier an erster Stelle verabschieden, noch vor dem der Natur und dem der Nation. Ich sage »Geburt«, ich sage nicht unbedingt, trotz einer gewissen Versuchung, Geburt [nativité] des Sohnes von Gottvater und einer Jungfrau Maria. Das Motiv der Geburt hat an sich gewiß nichts Verdächtiges oder Beunruhigendes. In all seinen Bedeutungen ruft die Erfahrung der Geburt in der Tat einen einzigartigen

chot spricht von der Brüderlichkeit als Liebe ohne Effekt, ohne Affekt, ohne Kommunion. Eine seltsam ermäßigte Liebe, die dennoch ›Liebe‹ genannt wird. (Zum Thema Brüderlichkeit könnte im selben Sinne Hannah Arendt angeführt werden.) Was bedeutet unter diesen Bedingungen ›helfen‹: nicht Unterstützung, nicht Trost, sondern die gemeinschaftliche Exposition der Freiheit.« (S. 212)
Gewiß. Aber warum sollte man dann nicht ganz einfach *auch* das Wort »Brüderlichkeit« *aufgeben*, wenn es derart all seiner erkennbaren Attribute entkleidet wird? Was benennt denn eine »Brüderlichkeit« noch, die in keinem Bezug zu Geburt und Tod, zu Vater, Mutter, Söhnen und Brüdern mehr steht?
Wenn das Band zum überkommenen Wort und Begriff derart willkürlich ist, daß man es aufgeben kann, warum sollte dann nicht von der Tochter und Schwester die Rede sein? Und von der Frau? Wohin sind sie entschwunden? Ich habe diese Fragen anhand von Blanchot und Nancy skizziert in *Politik der Freundschaft*, a. a. O., S. 67 f., 356 ff.

Gedanken hervor – einzigartig in erster Linie, weil er die Geburt weder auf Geburt noch auf Herkunft, weder auf Schöpfung noch auf Anfang, noch auf Ursprung reduziert. Und ich glaube, daß Nancy aufmerksam für diese Unterscheidungen ist. Ebensowenig hat das Motiv der Abkunft oder der Genealogie an sich etwas Verdächtiges oder Beunruhigendes. Beide Motive werden hingegen »kritisch«, verlangen nach einer kritischen und dekonstruktiven Entzifferung, sobald ihre Kreuzung sich politisiert, sobald man daraus ein politisches Modell, eine Figur, eine Hegemonie macht – zum Beispiel ein Vatermodell, eine Bruderfigur, eine mütterliche Hegemonie. Dann entstehen Probleme aller Art, alte wie neue, die Spannungen entstehen lassen zwischen *einerseits* der Demokratie überall dort, wo sie sich mit dem Nationalstaat verbindet (und das ist fast überall so), mit nationalstaatlicher Souveränität, mit Autochthonie, mit dem Recht auf Staatsbürgerschaft *qua Geburt* (ob *ius sanguinis* oder *ius soli*, es ist in jedem Fall ein Geburtsrecht), und *andererseits* dem Weltbürgertum und seinem Jenseits, der Zukunft des Völkerrechts, der Teilung zwischen den angeblich legitimen und den Bastard- oder »Schurkenstaaten« – Fragen, zu denen mir dies als Übergang dient.

Wenn ich hier jedoch den Akzent auf die Geburt lege, so vor allem deshalb, weil – in welcher Weise man sie auch immer deutet – eine Tatsache unbestreitbar ist: Überall, besonders aber in *L'Expérience de la liberté*, macht Nancy aus der Geburt (die, ich beharre darauf, nicht vorschnell auf die Geburt Christi oder auf Ursprung, Anfang, Herkunft, Schöpfung reduziert werden darf) ein mächtiges, eigenständiges und unauflösbares Thema, das an seinen Diskurs über Ereignis, Schöpfung und vor allem Freiheit gebunden ist und ihn fortführt. Das Kapitel, das wir eben gelesen haben, mündet in eine wesentliche Gleichsetzung von Freiheit und Geburt, Befreiungsakt und Geburtsakt. Darin ähneln sich und treffen sich das Genealogische und das Generöse der ontologischen Freigebigkeit. Die erste Seite unseres Kapitels: »Die Singularität besteht in ›diesem einen, einzigen Mal‹, dessen einzige Äußerung – ähnlich dem Schrei des Kindes bei der Geburt, und in der Tat handelt es sich *jedes einzelne Mal* um eine Geburt – eine Beziehung herstellt, während sie gleichzeitig die vermeintlich ›gemeinsame‹ Raum-Zeit, in die ein Äußerungspunkt eingebettet ist, unendlich aushöhlt. An diesem Punkt wird jedesmal singulär die Freiheit *geboren*. (Und es ist die Geburt, die *befreit*.)«[34]

6. Der Schurke, der ich bin

Wie nicht über Brüder sprechen?
In ihrer konstitutiven Autoimmunität, in ihrer Berufung auf die Gastfreundschaft (mit den Fragen des *ipse*, welche die Etymologie und die Erfahrung des *hospes* als Aporien der Gastfreundschaft behandeln) hat die Demokratie stets nacheinander und gleichzeitig zwei miteinander unvereinbare Dinge gewollt: Sie hat *einerseits* nur Menschen – unter der Bedingung, daß sie Staatsbürger sind –, Brüder und Gleiche aufnehmen und die anderen, insbesondere die schlechten Bürger – die Schurken –, die Nicht-Staatsbürger und alle Arten von anderen, Ungleichen, Verächtlichen ausschließen wollen und *andererseits*, gleichzeitig oder nacheinander, sich öffnen wollen, all diesen Ausgeschlossenen Gastfreundschaft anbieten wollen. In beiden Fällen, erinnern wir daran, dieses Problem habe ich an anderer Stelle behandelt, bleibt diese Gastfreundschaft begrenzt und bedingt. Doch selbst in diesem beschränkten Raum entspricht es der Demokratie, das eine oder das andere zu tun, manchmal eines und das andere, manchmal beides zugleich und/oder nacheinander. Die Schurken und die Roués sind manchmal Brüder, Bürger und Gleiche.

Wer sind sie? Wer sind die anderen der Brüder, die Nicht-Brüder? Was macht aus ihnen Wesen besonderer Art, Ausgeschlossene oder Verlorene, aus der Mitte Geworfene, die durch die Straßen ziehen, zumal die der Vorstädte? (Aber noch einmal: Es gibt keine etymologische Nähe zwischen *la rue* [der Straße] und dem *Roué*, leider, obwohl die Straße zur Definition des Roué wie des Schurken gehört, insofern er sich stets auf abseitigen Wegen, Abwegen abseits der normalen innerstädtischen Straße, abseits der Urbanität und des rechten Gebrauchs

---

34 Nancy, *L'Expérience de la liberté*, a. a. O., S. 91. Hervorhebung von Nancy.

des städtischen Lebens bewegt; der Schurke und der Roué bringen Unordnung auf die Straße, sie sind die designierten, denunzierten, verurteilten und verdammten tatsächlichen oder virtuellen Delinquenten, auf die man mit dem Finger zeigt; Verdächtige, die vom zivilisierten Bürger, vom Staat oder der bürgerlichen Gesellschaft, von der guten Gesellschaft und ihrer Polizei, manchmal vom Völkerrecht und seinen bewaffneten Polizeien verfolgt werden, Polizeien, die über Gesetz und Moral, Politik und Benehmen, über sämtliche Verkehrswege, Fußgängerzonen, Autobahnbereiche, Meeres- und Luftgebiete, Informatik, E-Mail und Internet wachen.)

Zwischen dem Demokraten und dem nichtsozialisierbaren Schurken bleibt die Nachbarschaft undurchsichtig, die Untrennbarkeit irritierend, trotz der wesentlichen Unterschiede. Und das aus wenigstens zwei Gründen.

Zunächst einmal bleibt im Französischen, in einem nur schwer übersetzbaren Französisch (und wir werden noch darauf kommen, was der jüngst entstandene französische Ausdruck *État voyou*, Schurkenstaat, seinerseits zu übersetzen versucht), bleibt also *voyou* ein *volkstümlicher* Ausdruck, in jedem Sinne des Wortes. *Voyou*, das, was ich hier bin, ist eine neuere Prägung: das Wort stammt aus dem Jahr 1830, dem Jahr der Eroberung Algeriens unter Charles X. (ich weiß nicht, zu welchen Träumereien mich der Gedanke führt, daß das Wort bei meiner Geburt erst hundert Jahre alt war). Das Substantiv *voyou* kann attributiv oder adjektivisch verwandt werden – stets als starkes, zumeist pejoratives und denunziatorisches Bestimmungswort. Niemals ist es ein neutrales Attribut und Gegenstand einer Feststellung. Es vermittelt eher eine normative, genauer gesagt performative Wertung, eine verächtliche oder bedrohliche Beleidigung, eine Titulierung [appellation], die einen Prozeß in Gang setzt und sich anschickt, vor dem Gesetz in Berufung zu gehen. Es ist eine Titulierung, die fast schon einer Festnahme [interpellation] gleichkommt. Wer von einem Schurken spricht, ruft nach der Ordnungsmacht, hat schon begonnen, einen Verdächtigen zu denunzieren, kündigt eine Verhaftung, zumindest eine Überprüfung der Personalien an, eine Vorladung, Ladung als Zeuge, eine Untersuchung: Der Schurke hat vor dem Gesetz zu erscheinen.

Der Schurke ist immer der andere, stets derjenige, auf den der rechtschaffene Bürger, der Vertreter der moralischen oder rechtlichen Ordnung, mit dem Finger zeigt. Er erscheint immer in zweiter oder dritter Person. Selbst wenn man *ich* sagt, »je suis un voyou«, so ist gemeint, daß ich einem Schurken folge und ihn verfolge, aber prinzipiell nie, daß ich ein Schurke bin *(ego sum)*.[35] Das Wort hat also nicht nur einen volkstümlichen Ursprung und eine volkstümliche Verwendung, sondern dient auch dazu, jemanden zu bezeichnen, der seiner sozialen Herkunft oder seinen Manieren nach dem angehört, was es an Gewöhnlichstem im gewöhnlichen Volk gibt. Der *demos* ist also nie weit, wenn jemand vom Schurken spricht. So wie die Demokratie nie weit von der *voyoucratie* [Schurkenherrschaft] entfernt ist. Demokratie ist vielleicht etwas anderes, das werden wir noch sehen, doch wenn man von *voyouterie* [Schurkerei] absieht – ein Wort, das anscheinend von den Gebrüdern Goncourt 1884, also beinahe gestern erst, geprägt wurde –, war es tatsächlich der Bürger Flaubert, der das Substantiv *voyoucratie* 1865 erfunden hat. Damit sollte eine organisierte Kraft, noch nicht der Schattenstaat einer Mafia, aber doch eine Art okkulter und marginaler Macht bezeichnet oder vielmehr verdächtigt und beim Gesetz denunziert werden, die kriminelle Gegenmacht einer Geheimgesellschaft oder einer Verschwörung, die Gegeninstitution einer klandestinen Bruderschaft, zu der sich die Gesetzlosen und Fehlgeleiteten zusammenschließen. Gewiß, wenn die Schurkenherrschaft einer Geheimgesellschaft ähnelt, wenngleich einer volkstümlichen, kann umgekehrt die Demokratie keine klandestine Gemeinschaft sein, obwohl sie ebenso volkstümlich und Sache des Volkes ist wie die Schurkenherrschaft. Eine Demokratie muß durch und durch öffentlich und transparent sein, eine Sache der Aufklärung. Da sie jedoch, im Namen der Demokratie, auch das Recht auf Geheimnis anerkennen muß, werden die Dinge schon wieder kompliziert. Es wird schwierig sein, jeden Traum einer kommenden Demokratie als Geheimgesellschaft, als Gesellschaft des Ge-

---

35 *Je suis* ist die 1. Person Singular Präsens Indikativ Aktiv von *suivre*, folgen, und von *être*, sein. A. d. Ü.

heimnisses auszuschließen. Sicher, eines von allen geteilten, was ja letztlich für jedes Geheimnis gilt ...

Das Wort *voyou* steht in einer entscheidenden Beziehung mit dem Weg [voie], mit dem städtischen Straßen- und Wegenetz [voirie], mit dem Wegenetz der Stadt, des Gemeinwesens *(polis)*, und folglich mit der Straße. Der Schurke ist also vom Wege abgekommen, sein Vergehen besteht darin, daß er die Straße mißbraucht, verdirbt, auf den Straßen herumlungert, »das Pflaster tritt [courir les rues]«, wie man auf eigenartig transitive Weise sagt. Diese Transitivität ist nie weit von derjenigen entfernt, die es erlaubt, »auf den Strich zu gehen [faire le trottoir]«. All das gehört – gleichsam in den Fußstapfen eines Baudelaire, eines Benjamin oder Aragon – zum anderen Bild des »modernen Lebens«, der modernen Stadt vom 19. Jahrhundert bis heute, in die urbane und kapitalistische Landschaft der industriellen Zivilisation. Heute lungert der Schurke im Auto auf den Straßen und dem Straßennetz herum, wenn er sie, die Autos nämlich, nicht gerade klaut oder anzündet. Oder er wird vielleicht im internationalen Maßstab, und das fällt schon wieder in die Problematik der Schurkenstaaten, Drogenhandel treiben und als künftiger Terrorist wie ein Parasit die normalen Kommunikationswege nutzen und zerstören, die Flugzeuge, das Telefon, die E-Mail oder das Internet. Mit einem Wort, den Cyberspace. (In *Die unbedingte Universität*[36] habe ich mir die Frage der Demokratie im Cyberspace gestellt, die Frage nach der sogenannten *Cyberdemocracy*).

Der Schurke ist beschäftigungslos, manchmal arbeitslos, und zugleich aktiv damit beschäftigt, die Straße zu okkupieren, entweder nichtstuend »das Pflaster zu treten« oder etwas zu tun, was man normalerweise, nach den Normen, nach Gesetz und Polizei nicht tun darf auf den Straßen und allen anderen Wegen – die durch die Macht der Schurkenherrschaft unwegiger und unsicherer werden. Die Schurkenherrschaft ist eine verdorbene und verderbliche Macht der Straße, eine illegale Macht außerhalb des Gesetzes, die unter ihrem Schurkenregime, also in organisierter und mehr oder weniger heimlicher Formation,

---

36 Jacques Derrida, *Die unbedingte Universität*. Übersetzt von Stefan Lorenzer, Frankfurt am Main: Suhrkamp 2001.

in ihrem virtuellen Staat all diejenigen zusammenfaßt, die ein Prinzip der Unordnung darstellen – nicht eines anarchischen Chaos, sondern einer strukturierten Unordnung, wenn ich so sagen darf, des Komplotts, der Verschwörung, des Verstoßes und des vorbedachten Angriffs auf die öffentliche Ordnung. Oder vielleicht gar des Terrorismus, des nationalen oder internationalen. Die Schurkenherrschaft ist ein Prinzip der Unordnung, gewiß, die Bedrohung einer öffentlichen Ordnung, doch als *-kratie* repräsentiert sie nicht bloß einzelne oder einzelgängerische Schurken; sie ist das Prinzip der Unordnung als Ordnung der Stellvertretung (ein wenig wie eine Geheimgesellschaft, ein religiöser Orden, eine Sekte oder eine Bruderschaft ähnlich irgendeiner Freimaurerloge). Das wird für uns wichtig, wenn wir zu den Grenzen, den Grenzen in der Zeit und im historischen Raum, einer *Epoche* der Schurkenstaaten kommen. Die Schurkenherrschaft konstituiert bereits, ja sie instituiert sogar eine Art Gegenmacht oder Gegenstaatsbürgerschaft. Ebendas nennt man ein »Milieu«. Es vernetzt alle Menschen des »Milieus«, die einzelnen Schurken, die Individuen zweifelhafter Sitte und Moral, die die gute Gesellschaft unter beinahe synonymen Bezeichnungen bekämpfen und ausschließen möchte: übler Bursche, also ein bißchen Verführer und »Macho« – die libidinöse Konnotation ist bei der Anklage des »Schurken« immer gegenwärtig –, Strolch, Schlingel, Bengel, Ganove, Halunke, Schwindler, Gauner, Gangster, Kanaille (im Spanischen gibt *canalla* den Ausdruck *rogue*[37] in *rogue State* wieder, »Schurkenstaat«), Schuft, Spitzbube, Lump, Halbstarker, Hooligan, Rowdy (das Französische kennt dafür das weibliche Substantiv *frape*, mit einem oder zwei *p*, das einen Dieb bezeichnet – die Streitmacht der Schurken*herrschaft* wäre also

---

37 Auch wenn der Littré im Art. *rogue (adjectif)* auf das englische Wort *rogue* verweist (»Im Englischen bedeutet *rogue* ›coquin‹ [Spitzbube] oder auch ›espiègle‹ [Schelm]«), auch wenn die beiden Wörter zweifellos denselben Ursprung haben, nämlich das skandinavische *hrok* oder *hrokr*, stellt der französische Wortgebrauch die Bedeutung von Arroganz, Schroffheit, Dünkel in den Vordergrund. Im Englischen richtet sich, wie wir noch sehen werden, der Impuls eher auf Verstoß und Vergehen, Gesetzesübertretung oder Gleichgültigkeit gegenüber dem Gesetz. Daher die Übersetzung mit *voyou*.

la force des frappes[38]); heute würde man auch Schläger, Rocker, Vorstadtrocker sagen.

Das Wort *voyou* entstammt also dem einfachen Volk, ja dem Pöbel, und zwar dem *Pariser* Pöbel. Diese Herkunft ist belegt. Auguste Barbier erklärt in seinen *Iambes (La curie)*: »Die Pariser Rasse, das ist der bleiche Schurke mit schwächlichem Körper ...« Nerval: »Dieser Pariser Schurkenakzent, der wie ein Röcheln [râle] klingt.« Übrigens ist der Schurke auch ein Querulant [râleur].

Städtische Herkunft, also politische. Das Schurkenmilieu, das ist zunächst einmal die Stadt, die *polis*, die Innenstadt beziehungsweise Hauptstadt. Und wenn man von Schurken spricht, ist die Polizei nie weit. Die Pariser Vokabel impliziert eine Unterscheidung zwischen den Stadtvierteln von Paris (bürgerlichen und volkstümlichen Arrondissements) sowie zwischen dem Paris *intra muros* und der Banlieue. Zwischen beiden: die Befestigungsanlagen, »les fortif«, also die bevorzugte Grenze aller Schurken. Allgemein nimmt man an, daß es in der Banlieue mehr Schurken gibt. Eine demokratische Stadtpolitik muß immer mit der ernsten Frage beginnen: »Was bedeutet Banlieue?«, das heißt: »Was ist ein Schurke?« »Unter welchen Bedingungen ist eine Schurkenherrschaft möglich?«

Noch zwei Worte zu den Verfolgern des Schurken, zur Titulierung [interpellation] des Schurken als »Schurke«, ohne die niemand erklären oder gestehen könnte: »je suis un voyou«.

1. Zunächst einmal steht dieses Wort seit seinem Auftreten, als Substantiv wie als Adjektiv, gewöhnlich im Maskulinum. *Voyoute*, Schurkin, kommt außerordentlich selten vor, klingt künstlich und gezwungen. Auch hier bleibt die sexuelle Anspielung gegenwärtig, wenn es von ihr heißt, sie sei kein übler Bursche; und außerdem ist *la voyoute* eine Frau von schlechtem Lebenswandel; sie hat etwas Knabenhaftes, sie wagt es, sich für ebenso frei und Herrin ihres Lebens zu halten wie ein Mann. *Une voyoute* ist eine befreite, emanzipierte Frau, die – in der Belle Époque oder nach dem Ersten Weltkrieg – einen Bubi-

---

38 *Force de frappe* ist die offizielle Bezeichnung der französischen Atomstreitmacht. A. d. Ü.

kopf trug, *à la garçonnière*, frei über ihren Körper verfügte und eine freizügige Sprache pflegte. Wie ein Mann spielt sie den Mann, indem sie sich mit dem Flair einer emanzipierten Feministin umgibt. Aus dieser mutmaßlichen Männlichkeit des Schurkeseins wären die Konsequenzen zu ziehen. Die Schurken sind Männer, es sind immer männliche Wesen, unseresgleichen, und fast immer Frauenhelden, um nicht zu sagen Macker, Machos, Aufreißer. Unter politischem Aspekt versuchen die Repräsentanten der Ordnung, die Kräfte der bürgerlichen oder moralischen Ordnung die Aufrührer, Agitatoren, Aufständischen beziehungsweise Revolutionäre stets als Schurken darzustellen, ob sie aus den schlechten Stadtvierteln oder den Vorstädten kommen, ob sie Barrikaden bauen wie 1848, 1870 oder 1968, ob sie sich zu Akten des Vandalismus, Bandenwesen, Gangstertum im großen Stil oder Terrorismus hinreißen lassen – oder nicht. Es gilt für die Revolutionen von links ebenso wie für die Revolutionen von rechts. Faschismus und Nationalsozialismus, Populismus und rechtsradikale Bewegungen suchen ihre Anhängerschaft heute in einer Population, die man leicht als Schurkenherrschaft beschreiben könnte. Oft fehlen die Kriterien in diesem Bereich – *la zone*, dem Gürtel der ärmlichen Außenviertel rings um Paris –, um zwischen Schurkenherrschaft und Volk als Plebs, demokratischer Wahl, Referendum und Plebiszit unterscheiden zu können. Manchmal werden die Schurken von Demagogen angeprangert, die freilich oft selbst im populären Stil des Populismus den Schurken nach dem Munde reden, stets an der unwägbaren Grenze zwischen Demagogischem und Demokratischem. Nebenbei gesagt, wenn die Schurken*herrschaft* eine Art konkurrierender Macht darstellt, eine Herausforderung der Staatsmacht, eine kriminelle und überschreitende Souveränität, so haben wir hier alle Zutaten für ein Gegenkonzept der Souveränität à la Bataille beisammen. Jenseits der Herrschaft, des Begriffs und des hegelschen Staates, jenseits der klassischen Souveränität oder invers zu ihr kultiviert die Souveränität, von der Bataille spricht, das Böse und die sexuelle wie poetische Überschreitung. Der Schurke, der nach Souveränität trachtet, ist nicht nur ein sexueller Delinquent, sondern auch jemand, dessen Sprache und Redeweise verdammt werden, weil er der geordneten und wohlgeformten Sprache Gewalt antut. Man beginnt sich als Schurke zu verhalten, sobald man sich unflätiger »häßlicher Wörter« bedient.

Der Schurke kann auch einer jener »großen Verbrecher« sein, die Benjamin so faszinieren, weil sie – wie er in der »Kritik der Gewalt« erklärt – den Staat herausfordern, das heißt diejenige Instanz, die als Repräsentantin des Rechts faktisch das Gewaltmonopol innehat und es sich vorbehält. Indem er sich eine Gegensouveränität anmaßt, stellt sich der schurkische »Großverbrecher« mit dem souveränen Staat auf gleiche Augenhöhe; er wird zum Gegenstaat, um mit der Souveränität des legalen oder angeblich legitimen Staates, der das Monopol und die Hegemonie innehat, zu wetteifern.

Einer gleichartigen Struktur werden wir begegnen, wenn wir von den sogenannten Schurkenstaaten sprechen, die von der Polizei der angeblich legitimen Staaten – die das Völkerrecht achten, das sie zugleich kontrollieren – angeprangert, bekämpft und unterdrückt werden; zum Beispiel von jenem modernen komplexen, heterogenen, doch vielfach verschweißten und verbundenen Gebilde aus Vereinigten Staaten, Vereinten Nationen, UN-Sicherheitsrat und Nato (denen man noch, um das Maß der Bündnisse [alliances] oder Legierungen [alliages] vollzumachen, die G 8, den Weltwährungsfonds usw. hinzufügen könnte).

2. Darüber hinaus stehen diese Menschen, wie wir eben sagten, außerhalb des Gesetzes. Nun möchte ich – unterwegs zu der Frage nach dem Tier, das *the rogue* im Englischen ja ebenfalls ist – auf eine interessante, wenngleich zweifelhafte Etymologie des Wortes *voyou* hinweisen. Übrigens ist das Wort *voyou* ein zweifelhaftes Wort. Der Schurke selbst ist ja ein zweifelhaftes Subjekt. Verdächtig, zweideutig, minderwertig, falsch, von minderem Wert (so wie man von Falschgeld und illegalem Geld spricht, wenn der Feingehalt verfälscht, der Münzfuß verschlechtert ist). Immer geht es um Legierungen und Allianzen, um Alligation diesmal (von *alligare*, verbinden). Im Jahr 1860, bald nach dem Auftreten des Wortes *voyou* (und natürlich auch der Sache: ist doch die Frage, wer ein Schurke ist, eine Sache der Benennung, der Auslegung und der Titulierung) hat man sich

nach der Herkunft dieser neuen Lexik gefragt. In der *Revue de l'instruction publique* glaubt Charles Nisard diejenige Herleitung abweisen zu können, die auf den Weg von *voie* zurückführt. *Voyou* komme nicht von *voie*, dem Weg, der schiefen Bahn, auf die jemand gerät, sondern – durch Abwandlung oder auf Umwegen – von *voirou*, das für *loup-garou*, den Werwolf, stehe. *Voyou* heiße also eigentlich *loup-garou*. Diese Hypothese hat wenig Resonanz gefunden, und ich bin versucht zu sagen: zu Recht. Doch ist die Vermutung interessant. Ihre semantische Logik scheint sich in der Tat aus dem pragmatischen Sinn zu ergeben, den der Zuruf »Schurke!« als Titulierung, als Beleidigung oder Denunziation einer Person enthält, die, wie der *loup-garou* (*werwolf*, Werwolf, *garulphus*, *lupo mannaro* im Italienischen), außerhalb des Gesetzes steht. Ich werde mich über diesen Punkt nicht weiter verbreiten – obwohl es nötig wäre –, um nicht eine Reihe hier anwesender Freunde zu langweilen, die mir die Ehre erwiesen und die Geduld aufgebracht haben, an meinem diesjährigen Seminar über »Das wilde Tier und der Souverän« teilzunehmen. Von Wolfsrudeln aus allen Ecken der Welt heimgesucht, war dieses Seminar weitgehend eine Lykologie und eine Genelykologie, eine genealogische Theorie des Wolfes *(lykos)*, der Figuren des Wolfes und aller Werwölfe in der Problematik der Souveränität. Bei der Übersetzung der *Confessions* von Rousseau ins Englische hat man das Wort *loup-garou* nicht mit *werwolf*, sondern mit *outlaw* übersetzt – »der Gesetzlose«. Wie wir gleich sehen werden, wird *outlaw* von der amerikanischen Administration häufig als Synonym neben oder anstelle von *rogue* in dem Ausdruck *rogue State*, Schurkenstaat, verwendet; es ist auch von *pariah State* oder *outlaw Nation* die Rede. Als ich übrigens einen Titel für diese Veranstaltung vorschlug, noch ehe das Seminar begonnen hatte, war »Das Recht des Stärkeren« eine Anspielung auf den ersten Vers der Fabel *Der Wolf und das Lamm* von La Fontaine. In diesem Seminar habe ich viel Zeit und Aufmerksamkeit auf das Fabelhafte, auf diese Fabel, ihre Struktur und ihren historisch-politischen Kontext, ihre Widmung an den Dauphin, überhaupt auf die Lykologie verwandt; ich muß mich also hier vorsehen, nicht dieselben Wege nochmals zu beschreiten. Als winziges Addendum und um die Frage des Schurken, genauer gesagt: des Schurkenstaats, zu situieren, die uns erwartet, will ich nur dies bemerken: In der Logik der Fabel von La Fontaine hat der Schurke keinen Platz – weder aus der Sicht La Fontaines oder des unterzeichnenden Fabeldichters, der sagt: »La raison du plus fort est toujours la meilleure. / Nous l'allons montrer tout à l'heure [Der Stärkere hat immer recht / Wie wir sogleich sehen werden]«; *noch auch* aus der des Wolfes, jener Gestalt der Fabel, die deren Beweisführung in vier Phasen und drei Schritten entwickelt; *noch auch* aus der des Lamms, das der wölfischen Conclusio zum Opfer fällt. Der Wolf ist prinzipiell kein Schurke, da er die souveräne Macht darstellt, die das Recht setzt und sich recht gibt [qui donne et se donne le droit], die recht gibt [qui donne raison], die sich ins Recht setzt [qui se donne raison] und gegenüber dem Lamm die Oberhand und recht behält [qui a raison de l'agneau]. Das Lamm ist kein Schurke, natürlich nicht, und Schurken sind keine Lämmer.

Wohin also ist der Schurke verschwunden, den ich hier verfolge, der ich hier bin [que je suis ici]?

7. Gott, was darf man nicht sagen? Und in welcher kommenden Sprache?

Gerissen, wie ich Ihrer Meinung nach nun einmal bin, habe ich Ihnen noch nicht gesagt, welches eigentlich die doppelte »Vorfrage« war, die mir – gleichzeitig und abwechselnd zugleich – Folterqualen bereitet, seit ich mich auf diese Dekade vorbereite.

1. Die erste Frage also lautet: Kann und/oder muß man demokratisch von der Demokratie sprechen? Demokratisch von der Demokratie sprechen hieße, damit die Rede von der Demokratie verständlich, eindeutig und *sinnvoll* wird, sich zum Thema *der Demokratie jedem* verständlich machen, der das Wort oder die Sätze, die man mit diesem Wort bildet, zu verstehen vermag, denn – ich wiederhole diese Austinsche Sentenz immer wieder – ein Wort allein hat niemals Sinn; nur ein Satz hat einen Sinn. Wenn ich jedoch wiederhole: »Demokratisch von der Demokratie sprechen hieße, damit die Rede von der Demokratie

verständlich, eindeutig und *sinnvoll* wird, sich zum Thema der *Demokratie jedem* verständlich machen, der das Wort oder die Sätze, die man mit diesem Wort bildet, zu verstehen *vermag*«, habe ich die Vorschriften und Bedingungen bereits vervielfacht. Wenn man sagt: »sich jedem verständlich zu machen, der zu verstehen *vermag*« usw., kann das Wort »vermag« bereits gleichzeitig oder abwechselnd auf die Möglichkeit eines Könnens, einer Fähigkeit, einer Kraft, eines *kratos*, eines *kratein*, aber auch eines Rechts, einer legitimen, durch ein Gesetz *(nomos)* oder eine Gerechtigkeit *(dike)*, eine autorisierte Gewalt oder eine legitime Macht legitimierten Ermächtigung hindeuten. »In der Demokratie muß jeder den eindeutigen Sinn des Wortes und des Begriffs Demokratie verstehen können«, das scheint zu bedeuten: *anybody* oder *anyone can* oder *may* oder *should be able to*, *should have the right to*, *ought to* und so weiter. Ich habe bereits griechisch, französisch und englisch gesprochen; doch im Deutschen, um nur dieses Beispiel von hundert möglichen anderen zu nehmen, verweist das Wort *Gewalt** und die Lexik von *walten** auf die Kraft als Gewalt, auf die Gewalt der Macht, aber auch auf die legitime Macht und die Autorität, auf Regierung, Herrschaft, Befehlsgewalt, Gesetz und Ordnung. All diese Bedeutungen sind einander nicht äquivalent. Tausend Konfusionen warten bereits ungeduldig auf uns. Zwischen der Macht als Gewalt und der Macht als Recht, zwischen Recht und Gerechtigkeit, zwischen *kratos* und *nomos* oder *kratos* und *dike*, zwischen Tatsache und Recht, Konstativem, Präskriptivem, Normativem, Performativem faltet, entfaltet und schließt sich ein Fächer vielfältiger Differenzen und Nuancen, über die in der Demokratie Klarheit bestehen und Verständigung hergestellt sein sollte, zumindest dann, wenn ein jeder Zugang zum Sinn dessen haben soll, was *Demokratie* heißt.

Das geht freilich nicht so schnell. Als ich zu unterstellen schien, man müsse bereits in der Demokratie leben, damit jeder nicht nur Zugang zum klaren und eindeutigen Sinn dieses Wortes haben könne, dessen Semantik so überladen ist (und, wie wir gezeigt haben, um so komplexer überdeterminiert ist, als sie zwischen Überschuß und Mangel an Sinn oszilliert, als sie, wenn man so sagen kann, aus Mangel überschüssig ist), sondern auch um frei und ohne zeitliche Beschränkungen zu debattieren und zu diskutieren, erschien das bereits einigermaßen zirkulär und widersprüchlich: Welchen Sinn mag ein Recht haben, frei über den Sinn eines Wortes zu diskutieren im Namen eines Nomens, welches zumindest nach allgemeiner Meinung das Recht eines jeden einschließt, den Sinn ebendieses Wortes endlos zu bestimmen und zu diskutieren? Zumal das darin implizierte Recht auch das Recht auf Selbstkritik, eine weitere Form der Autoimmunität, als wesentliche, ursprüngliche, konstitutive und spezifische Möglichkeit des Demokratischen, als die ihm eigene, innere Historizität einschließt, die es mit keiner anderen Staatsverfassung teilt?

Während nun das, was über die Begriffe der Gewalt, der Macht, des Rechts, des Gesetzes und der Gerechtigkeit hinaus gefordert und postuliert war, oft nur mit Hilfe untauglicher Übersetzungen in mehr als eine Sprache zugänglich wurde, verschafft uns nicht einmal die Referenz auf das Griechische, das einen einzigartigen und unleugbaren Vorzug zu genießen scheint, irgendwelche Beruhigung. In erster Linie, weil – wie wir gesehen haben – die Demokratie ein sich selbst inadäquater Begriff ist, eine Vokabel, in deren ausgehöhlter Mitte ein schwindelerregender semantischer Abgrund klafft, der alle Übersetzungen in Verlegenheit bringt und zu allen möglichen autoimmunitären Äquivokationen und Antinomien führt. Dann, weil wir nicht ernstlich sicher sein können, daß in der philologischen, semantischen oder etymologischen Filiation irgendeine Kontinuität besteht, welche die Geschichte des Politischen und die Verwandlungen durchliefe, die dieses Modell ohne Vorbild [paradigme sans paradigme] einer griechischen oder athenischen Demokratie während fünfundzwanzig Jahrhunderten in Europa und außerhalb von Europa erfahren hat. Um demokratisch von der Demokratie zu sprechen, müßte man, gestützt auf irgendeine zirkuläre performative Äußerung und die politische Gewalt einer bewaffneten Rhetorik, einer Gesetzeskraft, dem Wort »demokratisch« einen Sinn aufzwingen und so einen Konsens erzeugen, an dessen Erzielung – oder wenigstens an dessen Möglichkeit und Notwendigkeit: am Horizont – man zu glauben vorgibt.

2. Eine zweite Vorfrage martert mich. Sie ähnelt der Gewissensqual darüber, den Ausdruck »kommende Demokratie« ge- und

mißbraucht zu haben. Vor allem darüber, mit diesem Ge- und Mißbrauch eine Binsenwahrheit als Neuerung ausgegeben zu haben. So als hätte ich bloß gesagt: »Wissen Sie, die vollkommene, volle und lebendige Demokratie, die gibt es nicht; nicht nur hat sie nie gegeben, nicht nur gibt sie gegenwärtig nicht; sondern sie bleibt, unbegrenzt aufgeschoben, immer nur künftig, niemals wird sie der Gegenwart präsent sein, nie sich präsentieren, nie wird sie kommen, immer wird sie nur künftige bleiben, wie das Unmögliche selbst.« Hätte ich nur das gesagt oder sagen wollen, hätte ich dann nicht klassische Diskurse der politischen Philosophie bloß wiederholt, ja sogar plagiiert? Zum Beispiel den des *Contrat social*, in dem eine Formulierung nicht zufällig derjenigen ähnelt, die ich soeben als eine plausible, doch in meinen Augen unannehmbare Lesart des Syntagmas »kommende Demokratie« vorgeführt habe? Wir wissen wohl, Rousseau glaubt den Terminus »Demokratie« noch »in der ganzen Strenge seiner Bedeutung« nehmen zu können. Und aus dieser strengen Bedeutung, von der wir gesehen haben, daß sie das erste Trugbild darstellt, schließt er im Kapitel »Von der Demokratie« des *Gesellschaftsvertrags*:

»Wenn man das Wort in der ganzen Strenge seiner Bedeutung nimmt, so hat es noch nie eine wahre Demokratie gegeben und wird es auch nie geben.«[39]

Was wäre hier als verbindendes Element seiner Argumentation festzuhalten?

Zunächst einmal, daß eine solche Demokratie »gegen die natürliche Ordnung« verstieße. Rousseau vertraut hier auf diesen Begriff der natürlichen Ordnung und auf das Kalkül der Kräfte, das er zu enthalten scheint. Es wäre der »natürlichen Ordnung« zuwider, wenn die größere Zahl regierte und die kleinere regiert würde. Was weiterhin der Demokratie in der Vergangenheit jede Existenz verwehrt hat und in aller Zukunft verwehren wird, was also jede Präsenz und Präsentation ihrer selbst als solcher ausschließt, ist die Unmöglichkeit, beim Menschen auf unmenschliche Tugenden zu rechnen (nämlich, ich zitiere

---

39 Jean-Jacques Rousseau, *Der Gesellschaftsvertrag*. Übersetzt von H. Denhardt, Stuttgart: Reclam 1971, S. 75 (3. Buch, 4. Kapitel).

die Worte Rousseaus, auf Tugend, Wachsamkeit, Mut, Ausdauer und Kraft – Kraft ist eine dieser Qualitäten). Wenn nun aber diese Eigenschaften dem Menschen ermangeln, wenn sie unmenschliche und in Wahrheit göttliche Eigenschaften sind, so liegt das nicht bloß an einer bestehenden Unzulänglichkeit der menschlichen Natur, sondern an der Überforderung, die jedem einzelnen von einer Regierung abgenötigt wird, die mehr als jede andere auf der Welt »so heftig und so unaufhörlich nach Veränderung der Form strebt«. Daher die ständige Gefahr von »Bürgerkriegen« und »inneren Erschütterungen«. Keine Regierung »[strebt] so heftig und so unaufhörlich nach Veränderung der Form«: Bei dieser Wiederaufnahme des Platonschen Philosophems von der Formbarkeit der Demokratie benennt Rousseau (und er tut es in zweifacher Wiederholung) die Kraft und deren »Heftigkeit«, die Kraft, welche die Form erzwingt, die Kraft, welche die Formveränderung erzwingt; und einen Augenblick später wird es die Kraft sein, die vom Staatsbürger abverlangt wird, um trotz dieser Unfähigkeit der Demokratie zur Präsenz [imprésentabilité] Demokrat zu bleiben.

Anders gesagt, die Abwesenheit einer eigentümlichen Form, eines *eidos*, eines geeigneten Modells, einer definitiven Gestalt [tour], eines Wesens; und zugleich die Nötigung, über *nichts weiter* zu verfügen als Gestalten, Wendungen, Tropen, Strophen ihrer selbst: das ist es, was der Demokratie die Fähigkeit nimmt, sich im Bestehenden zu präsentieren. Doch diese Unfähigkeit zur Präsenz antwortet oder entspricht auch einer Kraft, die aus dieser Schwäche der Demokratie hervorgeht. Denn im selben Augenblick, in dem er an jeder gegenwärtig möglichen, bestehenden und präsentablen Demokratie zu verzweifeln scheint, spricht Rousseau gleichzeitig von der Notwendigkeit und der Pflicht [devoir] – die in der Passage, die ich gleich verlesen werde, mit dem Wort »muß« [doit] wiedergegeben wird –, von dem »Muß«, davon, daß man mit aller Kraft dem die Treue bewahren »muß«, was er nichtsdestoweniger die demokratische »Verfassung« nennt, dem fortbestehenden Begehren nach Demokratie, dem Auflodern einer Präferenz, welche die Risiken, die Gefahren, eine gefahrvolle Freiheit der einschläfernden Ruhe einer Unterjochung vorzieht. Die Freiheit, das Begehren nach Freiheit, ist ein Muß, ist eine Pflicht, auch dort, wo es Freiheit nicht gibt und niemals geben wird. Dort gibt es die Kraft, ungeachtet der Formen. *Wenn* es die Demokratie nicht gibt und *wenn* es wahr ist, daß es sie, amorph oder polymorph, niemals geben wird, muß man dann nicht mit ganzem Herzen weiterhin nach ihr streben? Natürlich *ja*, man muß es, man ist verpflichtet, man kann gar nicht anders, als mit all seinen Kräften danach zu streben.

Verflochten mit dieser Grammatik dieses »muß«, dieses »man muß«, das den Zwang, die Pflicht ebensosehr ausspricht wie die Resignation des »Man muß auf das verzichten, was es nicht gibt«, gibt es auch die konditionale Grammatik des »wenn es gäbe«: Gäbe es ein Volk von Göttern, so wäre das die Demokratie. Liest man die wenigen Zeilen, die das Kapitel »Von der Demokratie« abschließen, so muß man sich daran erinnern, daß es in eine klassische Behandlung der Regierungsformen eingebettet ist. Das ist eine entscheidende Einschränkung, denn man müßte vorab erst einmal wissen, ob »Demokratie« (zumal in »kommende Demokratie«) bloß eine Verfassung oder eine Regierungsform benennen soll. Genau das nämlich behauptet Rousseau zwischen dem »man muß«, dem »muß« und dem »wenn«:

»Namentlich in dieser Verfassung *muß* sich der Staatsbürger mit Kraft und Ausdauer waffnen und *jeden Tag* seines Lebens im Grund seiner Seele nachsprechen, was ein edler Woiwode auf dem polnischen Reichstag sagte: Malo periculosam libertatem quam quietum servitium. (Ich ziehe eine gefahrvolle Freiheit einer ruhigen Knechtschaft vor.)«[40]

Wir sollten bei diesem Satz nicht mit den Achseln zucken: Eine solche Präferenz ist eine des Herzens (das heißt, sie zeigt sich im geheimen und außerhalb der Öffentlichkeit; dort, wo das, was sich in der Gefahr aufs Spiel setzt, oftmals nicht weniger ist als das Leben, die Präferenz zwischen Leben und Tod). Es geht um das Wesen des Menschen und um das Glück, Geschick oder Mißgeschick seiner Zukunft. Rousseau beginnt eine neue Zeile, um nach dem »muß« das Kapitel mit einem doppelten *so* zu schließen, das ich hervorhebe, *so* und *so*:

---

40 Ebd., S. 76. Hervorhebungen von mir.

»*So* es ein Volk von Göttern gäbe, würde es sich demokratisch regieren. Eine *so* vollkommene Regierung paßt für Menschen nicht.«[41]

Zweimal *so* und ein Plural: »So es ein Volk von Göttern gäbe« und »eine *so* vollkommene Regierung«, ein *so* als konditionale Konjunktion und ein *so* als Adverb der Intensität oder des Vergleichs (so, derart, bis zu dem Punkt), eigentlich einer superlativischen Steigerung (so vollkommen, in so vollkommener Weise vollkommen, so absolut vollkommen, mehr als vollkommen). Der Plural, in dem das Wort »Götter« dabei gebraucht wird, die Dissemination, als welche er buchstäblich aufgefaßt wird (Götter, gewiß, aber wie viele, und werden sie ebenso gleich wie frei sein?), dieses *mehr als ein* kündigt die Demokratie an oder jedenfalls eine bestimmte Demokratie jenseits von Regierungsformen und demokratischer Souveränität. Dieses »mehr als ein« belegt Gott mit dem Merkmal der Teilbarkeit, wo doch gerade die Souveränität, das heißt die Kraft, die *kratie*, keine Teilung duldet; wo doch von allen Konzepten der Souveränität von Platon und Aristoteles bis zu Bodin, Hobbes und Rousseau die Kraft des einzigen, einen und souveränen Gottes – als Macht der politischen Souveränität – als eine, einzige und unteilbare von all denen benannt wird.

Die drei letzteren Autoren haben sogar wörtlich den Ausdruck »unteilbar« verwandt, um das Wesen der Souveränität, der souveränen Regierung zu beschreiben. Was Platon und Aristoteles angeht, so haben sie, wann immer im Zusammenhang mit der Demokratie als Regierungsform, demnach als politisches Regime, als Modell oder als Verfassung, von Gott die Rede war, in ihm stets eine einzigartige und unteilbare Einzigkeit anerkannt. Diese politische Zuflucht beim Einen Gott nehmen nacheinander der *Politikos* und das *Politikon*, der *Staatsmann* Platons[42] und die *Politik* des Aristoteles.[43] Und zwar jedesmal, wenn es um die Zahl, die Vielzahl oder die Menge geht – und um die Demokratie. Die *monarchia* ist die beste der

41 Ebd. Übersetzung modifiziert; A. d. Ü.
42 Platon, *Politikos. Der Staatsmann*, in: ders., *Sämtliche Werke*, Bd. 7, Frankfurt am Main: Insel 1991, S. 435-437 (303 ab).
43 Aristoteles, *Politik*, a. a. O., S. 124 (III, 1283 b8, 13-15).

sechs Verfassungen, wenn sie nicht nur konstitutionell, sondern mit geschriebenen Gesetzen verbunden ist, jedoch die schlimmste und unerträglichste, wenn sie gesetzlos ist, das heißt, wenn der Souverän über den Gesetzen steht, sagt Platon (mit Schmitt würde man sagen, daß genau dies das Merkmal des Souveräns ist, nämlich die Fähigkeit, das Gesetz zu machen, unbekümmert um die Gesetze Gnade zu erteilen oder zu verweigern und das Recht zu beanspruchen, das Recht zu suspendieren; allerdings muß dieses Recht in einer Verfassung festgeschrieben sein). Für die Demokratie, die Herrschaft der Zahl, der größten Zahl, gilt genau das Umgekehrte, sie ist kraftlos *(asthene)*. Wenn sie, im Guten wie im Bösen, wenig vermag *(dynamis)*, so liegt es an dieser polyarchischen Vielfalt, die die Gewalten »unter Viele ins Kleine zerteilt«. Sie ist das Gegenteil der Monarchie: Wenn eine Demokratie konstitutionellen Gesetzen unterliegt, ist sie die schlechteste der Regierungsformen, die letzte, in der man leben *(zen)* möchte, aber die beste, wenn man die Gesetze übertritt. Wenn aber die Demokratie die geschriebene Verfassung nicht achtet, dann läßt sich darin besser als anderswo leben. Da nun all diese Staatsverfassungen, all diese Regierungsformen, sechs an der Zahl, nur scheinbare Verfassungen sind, welche die eine, einzige, die des Einzigen nachahmen, der das Wissen und die *techne*, die Kompetenz hat *(ten tou en hos meta technes archontos politeian)*, müssen sie alles tun, um den Buchstaben der Gesetze und die Ethik des Vaterlands zu respektieren.[44] Nun, dieses Modell einer Staatsverfassung, diese einzigartige Verfassung des Einzigen, die siebente oder vielmehr erste, absolute, souveräne, in der die *arche* (die hauptsächliche oder fürstliche Gewalt) über die *techne* (die technisch-wissenschaftliche Kompetenz, das Wissen, die Philosophie als Wissen und Wissen-wie) verfügt, diese einzigartige Verfassung des Einen und Einzigen, gegenüber der alle anderen nur scheinbare Verfassungen sind, die sie nachzuahmen streben, muß man deshalb gesondert behandeln. Selbst wenn sie einem »Wechsel im Turnus« [tour à tour] folgt, gehört ihre Einheit oder Einzigkeit keiner arithmetischen Reihe an, denn sie ist »wie ein [...] Gott unter Menschen« *(hoion theon ex an-*

---

44 Platon, *Politikos*, a. a. O., S. 429 (301 a).

thropon). Man erinnert sich an jene ideale Polis, die Platon am Ende des Siebten Buches entwirft: Sie wird von Philosophen regiert, die geübt in der Dialektik sind, Männern und Frauen übrigens, Platon betont es ausdrücklich. Dieselbe Passage der *Politeia* legt auch den »turnusmäßigen Wechsel« fest: Diese Herrscher und Herrscherinnen, die das Gute an sich, das Gute selbst geschaut haben *(to agathon auto)* und sich seiner als Urbild für die Polis bedienen werden, sie werden mehr als einer oder mehr als eine sein, gewiß, aber *jedesmal* nur einer oder eine. Jedesmal *einer* oder jedesmal *eine* wird als einzige(r) die Macht haben: »jeder in seiner Reihe [tour à tour]« *(en merei)*.[45]

All das gehört zur Ordnung des Möglichen, des Nicht-Unmöglichen. Diese Aufeinanderfolge des Einzigen, diese unveränderliche Alternanz ist nicht negativ unmöglich. Darauf ist zu beharren, wenn man an die Zukunft denkt, an eine Zu-kunft, die weder Schimäre noch regulative Idee, noch auch ein negatives und schlicht unmögliches Unmögliches wäre. Diese Politik der Philosophen, sagt Platon, ist keine Utopie und auch kein Traum. Genauer gesagt, sie ist kein »frommer Wunsch« *(euche)*,[46] keine Verheißung und kein Gebet. Sondern eine Möglichkeit. Es sind schwierige Dinge, gewiß *(chalepa)*, aber mögliche, zugängliche, praktikable *(dynata)*.

Wenn die *Politik* des Aristoteles *(Politikon)* die Formulierung »wie ein Gott unter Menschen« *(hosper gar theon en anthropon)* aus dem *Staatsmann (Politikos)* von Platon wiederaufnimmt, so geht es dabei erneut um die Zahl. Wenn einer oder mehrere, die für sich freilich nicht die Gesamtheit einer Polis ausmachen, sich mit Tugend oder politischen Fähigkeiten auszeichnen, die im Verhältnis zu denen der anderen unvergleichlich, ohne gemeinsames Maß, ohnegleichen sind, so wird man diesen einen, diese mehreren, die »kaum mehr sind als einer«, nicht mehr bloß als »Teil« auffassen dürfen *(meros,* im Französischen auch das Wort für *tour* in *tour à tour* [en merei], der Reihe nach, im Turnus), wird *dieser eine* (oder *kaum mehr als einer)* nicht mehr, wie ein Teil zu einem Ganzen, dem zugehören, worüber er herrscht. Dieser eine wäre dann nicht mehr der

---

45 Platon, *Politeia,* a. a. O., S. 575 (VII, 540 ab).
46 Ebd., S. 577 (540 d).

Teil einer Menge oder eine arithmetische Einheit in einer berechenbaren Reihe. Man täte ihm also unrecht, es wäre unrecht ihm gegenüber *(adikesontai)*, wenn man ihm nur Rechte zuerkennen würde. Gleiche Rechte, das kalkulierbare Recht und die proportionale Isonomie würden in diesem Fall die Gerechtigkeit *(dike)* verraten. Für solche Wesen, »die wohl wie ein Gott unter den Menschen wirken müssen«,[47] gibt es kein Gesetz, gibt es keinen *nomos*. Es gibt es kein Gesetz für oder gegen sie, doch es gibt das Gesetz, und sie selbst sind, in ihrer Selbstheit, das Gesetz *(autoi gar eisi nomos)*. Damit stoßen wir wieder auf die Fabel der Souveränität und das Recht des Stärkeren, die dieses Exposé generell meidet. »Denn sie sind selbst Gesetz«, sagt Aristoteles und fügt hinzu: »und wer versuchte, ihnen Gesetze zu geben *(nomothetein)*, würde sich lächerlich machen. Sie würden etwa sagen, was Antisthenes die Löwen sagen ließ, als die Hasen Volksversammlung hielten und für alle gleiches Recht verlangten.«[48]

Die kommende Demokratie, wäre sie ein kommender Gott? Oder mehr als einer? Wird es der kommende Name eines Gottes oder der Demokratie sein? Utopie? Gebet? Frommer Wunsch? Schwur? Oder noch etwas anderes?

Kann man, solange wir sie erwarten – und wir unterhalten uns hier darüber, was *erwarten* heißt –, demokratisch über die Demokratie sprechen in diesem Schloß?

8. Der letzte der Schurkenstaaten: Die »kommende Demokratie«, zum Öffnen zweimal drehen

Mit diesem Sprachding, *voyou*, einer neueren oder modernen französischen Erfindung (aus dem 19. Jahrhundert nämlich, der Entstehungszeit einer städtischen Gesellschaft im Zeitalter des Industriekapitalismus), mit diesem Idiom volkstümlicher, kaum französischer Herkunft, das aber dennoch oder gerade deswegen den Angesprochenen in einer Weise inkriminiert, die nicht

---

47 Aristoteles, *Politik*, a. a. O., S. 125 (1284 a 10).
48 Ebd. (1284 a 13-15).

oder kaum übersetzbar ist, mit dieser Art von französischer Interjektion oder Exklamation – »Schurke!« –, die, ich vergaß es zu sagen, bei veränderter Betonung einen zarten, liebevollen, mütterlichen Beiklang annehmen kann (meine Großmutter mütterlicherseits nannte mich als Kind oft, wenn sie so tat, wenn sie zärtlich mit mir schimpfte, »kleiner Schurke«), mit dieser Vokabel, die, auch wenn sie unübersetzbar bleibt, in dem Ausdruck »Schurkenstaat« ihrerseits zu einer brandaktuellen, fast noch unerhörten, noch wenig gebrauchten, approximativen, franglaisen Übersetzung des angloamerikanischen Ausdrucks *rogue State* wird, mit diesem so eigentümlichen Anklagepunkt, auf den ich in meiner Sprache erstmals, doppelt verknüpft mit dem Staat, vor etwas mehr als einem Jahr stieß, als am Ende einer Ministerratssitzung mitgeteilt wurde, daß der Staatschef und der damalige Premierminister, seinerzeit in Kohabitation und trotzdem übereinstimmend, für die Entwicklung einer atomaren Bewaffnung einträten, die, wie es in dem auf der Freitreppe des Elyséepalasts verlesenen Kommuniqué hieß, dazu bestimmt sei, die »Schurkenstaaten« zu bekämpfen oder abzuschrecken, mit diesem Wort *voyou* (denn das Wort ist selbst ein Schurke der Sprache), mit dem, was in der letzten Zeit und, so lautet meine Hypothese, nur noch für kurze Zeit zum nützlichen Schlagwort für die Koalition der Staaten, die man westliche Demokratien nennt, geworden ist, mit diesem Wort *voyou* also habe ich nun schon ausgiebig gespielt, indem ich in ihm abwechselnd das Nomen, das Attribut oder Adjektiv, das Nominaladjektiv herausgestellt habe, das manchmal zu einem »Wer« gehört, sich hier und da aber auch auf ein »Was« bezieht, zum Beispiel in »Schurkenstaat«. Wir können es in unserem Idiom so verwenden: Jemand kann etwas »Schurkisches« tun [quelque chose de »voyou«], ohne ein Schurke zu sein [*un* voyou]. Und zu Beginn habe ich, wie Sie sich vielleicht erinnern, die Vokabel *voyou* viermal nacheinander gebraucht, erst als Nomen, dann als Adjektiv, das als Bestimmungswort mal jemanden und mal etwas von jemandem kennzeichnet: »Zweifellos wäre es, wenn ich so sagen darf, ein wenig ›schurkisch‹ von mir [serait-il de ma part un peu ›voyou‹], wenn ich hier beginnen würde, ohne noch einmal meine Dankbarkeit zu bezeugen« usw. (*Voyou* kennzeichnet also etwas, eine Haltung.)

Dann habe ich genauer formuliert: »Ich wäre also, mögen Sie denken, nicht nur ›schurkisch‹, sondern ›ein Schurke‹, würde ich nicht zu Beginn eine grenzenlose und rückhaltlose Dankbarkeit äußern« usw. (Diesmal ist *voyou* zunächst das Attribut eines Subjekts, eines Wer, und bezeichnet dann als Substantiv – *le voyou, un voyou* – das Subjekt selbst, ein Wer.)

Das Attribut »Schurke« läßt sich also gelegentlich auf ein Subjekt anwenden, das nicht substantiell, durch und durch, von Natur aus *ein* Schurke ist. Die Eigenschaft »schurkisch« ist strenggenommen stets eine Zuschreibung, das Prädikat oder die *categoria*; die Anklage zielt also nicht auf etwas Natürliches, sondern auf eine Institution. Die Eigenschaft »schurkisch« ist eine Auslegung [interpretation], eine Zuschreibung, die bereits einer gerichtlichen Vorladung gleichkommt [assignation], also eigentlich stets eine Denunziation, eine Klage oder Anklage, ein Vorwurf, eine abwertende Beurteilung. Als solche ist sie Ankündigung, Vorbereitung und erster Schritt zur Rechtfertigung einer Sanktion. Der Schurkenstaat muß bestraft, eingedämmt, daran gehindert werden, Schaden anzurichten, notfalls mit der Gewalt des Rechts und dem Recht der Gewalt.

Diese idiomatische Unterscheidung zwischen dem Adjektiv und dem Nomen hebe ich von nun an hervor, um vorab schon die Tatsache zu bedenken zu geben, daß man nicht weiß, ob das Wort *voyou* in dem neuerdings verwendeten französischen Ausdruck *État voyou* – der, ich wiederhole es, obschon selbst gänzlich unübersetzbar, nur die annähernde Übersetzung des angelsächsischen *rogue State* gewesen sein wird – den Status eines Substantivs haben soll, das an das Substantiv »État« mit einem Bindestrich gekoppelt wird und damit bedeutet, daß dieser Staat substantiell ein Schurke ist und es also verdiente, als Unrechtsstaat zu verschwinden; oder ob *voyou* ein Attribut ist, eine Eigenschaft, die einem Staat aus bestimmten strategischen Motiven von anderen Staaten augenblicklich zugeschrieben wird, einem Staat, der gelegentlich, unter diesem oder jenem Gesichtspunkt in bestimmtem Zusammenhang während einer begrenzbaren Zeit ein schurkisches Verhalten an den Tag legt, insofern er die Vorschriften des Völkerrechts, die herrschenden Regeln und die Gesetzeskraft der internationalen Normen zu mißachten scheint, zumindest in dem Sinne, in dem die sogenannten rechtmäßigen, die Gesetze achtenden Staaten unter Berücksichtigung ihrer eigenen Interessen diese Regeln auslegen; das heißt diejenigen Staaten, die, da sie über die größte Macht verfügen, willens sind, die Schurkenstaaten zur Ordnung oder zur Vernunft zu rufen, notfalls auf dem Wege einer bewaffneten – bestrafenden oder präventiven – Intervention.

Hier verknotet sich das Problem der Schurkenstaaten, das ich nun endlich angehen will. Um jedoch diesen Knoten zu erkunden – ich sage nicht: um ihn zu entwirren –, werde ich *drei Fäden* verfolgen. Mehr oder weniger weit. Über sehr unterschiedliche Länge, um mich kurz zu fassen und Ihre Geduld nicht allzusehr in Anspruch zu nehmen.

A. *Erster Faden* [fil], der längste, aber auch ein erster hastiger Anruf [coup de fil], einer, der die genannte Frage nach der »kommenden Demokratie« und der möglichen Bedeutung dieses Syntagmas mit der gegenwärtigen Situation verbindet: Staaten klagen andere Staaten an, Schurkenstaaten *(rogue States)* zu sein. Sie gedenken daraus bewaffnete Folgerungen zu ziehen, im Namen eines vermeintlichen Rechts des Stärkeren Gewalt gegen sie anzuwenden und dabei Mittel zu benutzen, für die es keine genauen und gültigen Bezeichnungen mehr gibt und die sich, meiner Hypothese zufolge, künftig jeder triftigen Bezeichnung oder jeder akzeptablen begrifflichen Unterscheidung für immer entziehen: nämlich Armee oder Polizei in Operationen einzusetzen, die sich als Krieg (Bürgerkrieg, Staatenkrieg oder Partisanenkrieg), als friedenserhaltende Maßnahme *(peace keeping)* oder auch als Staatsterrorismus ansprechen lassen.

Jede »kommende Demokratie«, welchen Sinn oder welche Glaubwürdigkeit man diesem Ausdruck auch immer beimessen mag, wird sich mit diesem Problem und seiner Dringlichkeit beschäftigen müssen. Auf dem schwankenden Gelände der zwischenstaatlichen Beziehungen, als Frage von Krieg und Frieden, stellt sich diese Problematik – und vornehmlich die Definition der Demokratie – eigentlich erst in der nachkantischen Moderne. Im *Contrat social* etwa blieben die Fragen der Außenpolitik, von Krieg und Frieden, bis zum Schluß ausgeschlossen und wurden bei der Behandlung des Begriffs und der Probleme der Demokratie an den Rand gedrängt oder aufgeschoben. Bis heute ist Demokratie ein nationales und innerstaatliches politisches Organisationsmodell, das die Grenzen des Staatswesens nicht überschreitet. Allem Anschein zum Trotz ist es keineswegs sicher, daß sich die Dinge geändert hätten. Verfolgt man als Leitfaden das nachkantische politische Denken des Kosmopolitismus oder das Völkerrecht, an dem sich im 20. Jahrhundert Institutionen wie der Völkerbund, die Vereinten Nationen oder der Internationale Strafgerichtshof usw. ausrichten, so hat es zwar manchmal den Anschein, als würde das demokratische Modell (Freiheit und Gleichheit souveräner Staatensubjekte, Mehrheitsprinzip usw.) den »Geist« jener Völkerrechtspolitik bestimmen – oder zu bestimmen suchen. Doch dieser Anschein ist trügerisch, und die Frage einer weltweiten, internationalen, zwischenstaatlichen und vor allem überstaatlichen Demokratisierung bleibt eine ganz und gar dunkle Zukunftsfrage. Das ist einer der möglichen Horizonte des Ausdrucks »kommende Demokratie«. Es ist keineswegs das demokratische Modell, das die Tradition der Kantischen Abhandlung *Zum ewigen Frieden* beherrscht; eine Abhandlung, die man an dieser Stelle noch einmal sehr genau lesen müßte, mit ihren Begriffen der Weltrepublik*, die keine Demokratie ist, mit ihrer Unterscheidung zwischen Friedensvertrag* und Friedensbund* *(foedus pacificum)*, der allein imstande ist, einen ewigen Frieden in einer Föderation freier, das heißt souveräner Staaten zu sichern; dort, wo Kant – vergessen wir es nie – urteilt, die »Volksmajestät« sei »ein ungereimter Ausdruck«.[49] *Majestas* ist von jeher ein Synonym für Souveränität.[50] Nur ein

---

49 Immanuel Kant, *Zum ewigen Frieden. Ein philosophischer Entwurf*, in: *Werke in sechs Bänden*, hg. von Wilhelm Weischedel, Bd. 6, Darmstadt: Wissenschaftliche Buchgesellschaft 1998, S. 209 (BA 31).

50 Am Fuße dieses Wortes für Souveränität, *Majestas*, füge ich eine Fußnote an: Ebenso wie das Wort Souveränität deutet sein Synonym, das Wort Majestät, auf sehr hohen Wuchs hin *(majestas* kommt von *maius*, für *magius*, größer, die Größe, die Höhe, die Überlegenheit, das Höchste oder die Suprematie, das, was sich, wie der *superanus* des Souveräns, *darüber* befindet). Souveräne Majestät: eine Frage der Größe also, ebenso wie die demokratische Majorität, welche die Souveränität sichert. Allerdings eine Frage berechenbar-unberechenbarer Größe; denn während die Mehrheit eine arithmetische ist, läßt sich die *volonté générale*

Staat kann souverän sein oder einen Souverän haben. Ein Völkerbund* könnte kein Völkerstaat* werden noch in einem einzigen Staat gründen. Was die Demokratie in den zwischen- oder überstaatlichen Beziehungen, Rechtsverhältnissen und Institutionen angeht, so ist das mindeste, was man sagen kann, daß sie als kommende noch ganz und gar aussteht. Von diesem Ort also ist zu sprechen: nicht unbedingt *von* diesem Ort *aus* oder *im Hinblick auf* diesen Ort, sondern über das Thema der Möglichkeit oder Unmöglichkeit eines solchen Ortes.

Wenn ich sagte, daß dieser (mögliche, unmögliche oder unauffindbare, aber nicht notwendigerweise utopische) Ort den Ort *selbst* oder den *eigentlichen* Ort bildet, der die Chance bietet, dem Ausdruck »kommende Demokratie« eine gewisse Tragweite zu geben, müßte ich mich, was ich heute nicht tun werde, ernsthaft auf die geduldige Analyse all der Kontexte und Wendungen einlassen, die eine solche Devise, die nicht einmal einen Satz ausmacht (»kommende Demokratie«), geprägt haben; eine Devise, die ich in den meisten Fällen – durchweg *en passant* – mit ebensoviel eigensinniger Entschlossenheit wie (zugleich kalkulierter und fahrlässiger) Unentschlossenheit, in einer seltsamen Verbindung von Leichtfertigkeit und Zurückhaltung flüchtig, das heißt ein wenig unbedacht, als aphoristische Sentenz verwendet habe, einer Zurückhaltung, die in ihrem gemessenen Ernst ein übertriebenes Verantwortungsgefühl ahnen läßt.

Natürlich erschien der Ausdruck jedesmal in einem anderen Kontext und einer neuen Wendung, seit er zum erstenmal –

---

des Souveräns oder Monarchen nicht teilen. Und das Eine (Gottes, des Monarchen oder des Souveräns) ist nicht größer, sehr groß (komparativ oder superlativisch), überlegen groß oder äußerst hoch. Es ist absolut groß und steht also über der meßbaren Größe. Höher als die Höhe und in jedem Fall inkommensurabel, selbst wenn es hier oder da die Formen und die höchste Potenz des Kleinsten oder Unsichtbarsten annehmen kann. Die Potenz bemißt sich in den modernen nanotechnischen Wissenschaften auch an der Macht des Kleinstmöglichen. Der souveräne Eine ist ein Einer, der nicht zählbar ist; er ist *mehr von einem* [plus d'un] in einem Sinne des *mehr als einer* [plus qu'un], der ihn über das mehr von einem der berechenbaren Vielzahl hinaushebt usw.

wohl 1989/90 in *Du droit à la philosophie* – auftrat. Die Demokratie wurde dort als ein »philosophischer Begriff« und als etwas definiert, das »stets im Kommen *bleibt*«.[51] Im selben Jahr notierte ich in dem Vortrag, auf den *Gesetzeskraft* zurückgeht und der auf mehr *oder* weniger, mehr *und* weniger dekonstruktive Weise den seinerseits autodekonstruktiven Diskurs Benjamins in seiner revolutionären Kritik des Parlamentarismus und der liberalen Demokratie analysiert, daß aus der Sicht Benjamins die Demokratie »eine Entartung des Rechts und der Rechtsgewalt« ist; und daß es »noch keine Demokratie [gibt], die ihres Namens würdig ist. Die Demokratie *bleibt* im Kommen: sie muß noch erzeugt oder erneuert, regeneriert werden.«[52]

Das Gefühl der aporetischen Schwierigkeit betrifft nicht nur eine mutmaßlich endlose Näherung der Demokratie *selbst*, der demokratischen Sache, wenn man noch so sagen darf (und zwar gerade wegen der Autoimmunität des Selben und Eigenen). Dieser Aporieaffekt affiziert bereits den Gebrauch des Wortes »Demokratie« in dem Syntagma »kommende Demokratie«. Ebendies hatte ich in »Außer dem Namen« (1993) zum Sinn von »ohne« im apophatischen Diskurs der sogenannten negativen Theologie vorschlagen wollen, genauer: einer *chora*, einer Verräumlichung vor jeder Bestimmung und vor jeder möglichen Wiederaneignung durch eine Geschichte oder eine theologisch-politische Offenbarung, sogar noch vor einer negativen Theologie, die im Grunde stets an eine historische, vor allem christliche Offenbarung gebunden ist. Die kommende Demokratie wäre gleichsam die *chora* des Politischen. Dort zog eine der Stimmen des Textes (der ein Polylog ist) das *Beispiel* der »Demokratie« heran (freilich werden wir am Beispiel der Demokratie der Paradoxie des Beispiels noch wiederbegegnen), um zu präzisieren, was die Redewendung »kommende Demokratie« vor allem nicht bedeuten darf, nämlich bloß eine regulative Idee im Kantischen Sinne, aber auch das, was sie *bleibt* und bleiben muß, nämlich das Erbe eines Versprechens:

51 Jacques Derrida, *Du droit à la philosophie*, Paris: Galilée 1990, S. 53.
52 Jacques Derrida, *Gesetzeskraft. Der »mystische Grund der Autorität«*, übersetzt von Alexander García Düttmann, Frankfurt am Main: Suhrkamp 1991, S. 96 f.

»Die Schwierigkeit des ›ohne‹ ist auch in dem verbreitet, was wir noch Politik, Moral oder Recht nennen, die durch die Apophasis ebenso bedroht wie versprochen werden.«[53]

Es ist also bereits die Rede von einer Autoimmunität, einem *double bind* von Bedrohung und Chance, nicht von einem abwechselnden Nacheinander [alternance dans le tour à tour], von Versprechen und/oder Bedrohung, sondern von Bedrohung *im* Versprechen selbst. Hier also das Beispiel, das gewiß kein zufälliges ist:

»Nehmen Sie das Beispiel der Demokratie, der Idee der Demokratie, der kommenden Demokratie (weder die Idee im Kantischen Sinne noch den heutigen, begrenzten und determinierten Demokratiebegriff, sondern die Demokratie als Erbe eines Versprechens). Ihr Weg verläuft heute, in der Welt, vielleicht über, das heißt durch die Aporien der negativen Theologie hindurch [...].«[54]

Die andere Stimme protestiert: »Wie kann ein Weg über Aporien verlaufen?« Nachdem sie Antwort auf diese Frage erhalten hat, protestiert sie jedoch erneut, erinnert daran, daß diese Möglichkeit genauso unmöglich erscheint, und fügt hinzu:

»So schwierig jedenfalls, daß dieser Durchgang durch die Aporie zunächst einmal, wie ein Geheimnis, (vielleicht) einigen wenigen vorbehalten zu sein scheint. Diese Esoterik scheint mir für eine Demokratie seltsam zu sein, selbst für diese kommende Demokratie, die Sie genausowenig definieren, wie die Apophasis Gott definiert. Ihr Zu-kommen/ihre Zu-kunft würde von einigen wenigen eifersüchtig gedacht, bewacht, kaum gelehrt werden. Sehr suspekt.«[55]

Damit wollte diese Stimme sagen, daß dies nicht die demokratischste, also nicht die empfehlenswerteste Sprache ist, die Demokratie zu empfehlen. Ein Fürsprecher der Demokratie sollte gelernt haben, zum Volk zu sprechen, demokratisch von der Demokratie zu sprechen.

---

53 Jacques Derrida, »Außer dem Namen (Post-Scriptum)«. Übersetzt von Markus Sedlaczek, in: Jacques Derrida, *Über den Namen. Drei Essays*, Wien: Passagen 2000, S. 113.
54 Ebd.
55 Ebd.

Auf diesen Argwohn hin beruft sich die Antwort der anderen Stimme auf einen doppelten Befehl, der sehr dem Widerspruch oder der autoimmunitären Gegenindikation ähnelt, von der wir heute sprechen, als der eigentlich demokratischen Paradoxie des exemplarischen »Beliebigen« oder des »Irgendwer«:

»Verstehen Sie mich recht, es handelt sich darum, einen doppelten Befehl aufrechtzuerhalten. Zwei konkurrierende Wünsche spalten am Rande des Nicht-Wunsches, um den Chasmus und das Chaos von *Chora* herum, die apophatische Theologie: der Wunsch, von allen verstanden zu werden (Gemeinschaft, *koinè*), und jener andere Wunsch, das Geheimnis innerhalb der sehr strikten Grenzen derer zu bewahren, die es als Geheimnis *recht* verstehen und folglich in der Lage oder würdig sind, es zu bewahren. Das Geheimnis darf und kann im übrigen ebensowenig wie die Demokratie oder das Geheimnis der Demokratie irgendwem als Erbe anvertraut werden. Noch einmal das Paradox des Beispiels: der Irgendwer (ein beliebiges Beispiel: Stichprobe) muß auch das *gute* Beispiel geben.«[56]

Wiederholt wird also auf die regulative Idee im Kantischen Sinne angespielt, auf die ich die Idee einer kommenden Demokratie nicht reduzieren möchte. Es bleibt freilich, daß die regulative Idee in Ermangelung eines Besseren, sofern man mit Blick auf eine regulative Idee vom Mangel eines Besseren sprechen darf, vielleicht ein letzter Rückhalt bleibt. Dieser letzte Ausweg droht leicht zum Alibi zu werden, er bewahrt eine Würde. Ich würde nicht schwören, niemals darauf zurückzugreifen.

Nichtsdestoweniger hege ich gegenüber der regulativen Idee, kurz gesagt, *dreierlei Vorbehalte*. Einige beziehen sich zunächst auf den alltäglichen und laxen Gebrauch, den man heute von dem Begriff einer regulativen Idee jenseits seiner strengen kantischen Bedeutung macht. In diesem Fall verbleibt die regulative Idee in der Ordnung des *Möglichen*, bleibt ein zweifellos mögliches, wenngleich ins Unendliche aufgeschobenes Ideal. Sie gehört zu dem, was am Ende einer unendlichen Geschichte noch vom Möglichen, Virtuellen und Potentiellen zeugt, von dem, was noch in Reichweite irgendeines »vermögenden« Ich liegt, und bleibt als Theorie von der teleologischen Zielrichtung nicht völlig unberührt.

---

56 Ebd., S. 113 f.

1. *Zunächst* würde ich der regulativen Idee all die Figuren dessen entgegenstellen, was ich unter den Titel des *Un-möglichen* stelle, dessen, was (auf nicht-negative Weise) dem Bereich meiner Möglichkeiten, der Ordnung des »Ich kann«, der Selbstheit, des Theoretischen, Deskriptiven, Konstativen und Performativen fremd bleiben muß (insofern dieses letztere selbst noch ein Vermögen des »ich« einschließt, das von Konventionen gewährleistet wird, welche die reine Ereignishaftigkeit des Ereignisses neutralisieren; und außerdem überschreitet die Ereignishaftigkeit der Zu-kunft diese Sphäre des Performativen). Es handelt sich hier, wie beim Kommen jedes Ereignisses, das seines Namens würdig ist, um eine unvorhersehbare Ankunft des anderen, eine Heteronomie, das vom anderen her kommende Gesetz, um die Verantwortung und die Entscheidung des anderen – des anderen in mir, das größer und älter ist als ich. Es ginge also darum, Demokratie und Auto-nomie voneinander zu trennen, was, zugestanden, mehr als schwierig ist, un-möglich. Es ist mehr als un-möglich und dennoch notwendig, Souveränität und Unbedingtheit, Recht und Gerechtigkeit voneinander zu trennen, wie ich es wiederum in *Die unbedingte Universität* (2001) vorschlage.

Dieses Un-mögliche ist nicht privativ. Es ist nicht das Unzugängliche, ist nicht das, was ich unbegrenzt aufschieben kann: es kündet sich mir an, es gründet in mir, es eilt mir voraus und erfaßt mich *hier und jetzt* auf nicht virtualisierbare Weise, *in actu* und nicht *in potentia*. Es kommt über mich in Form eines Gebots, das nicht am Horizont wartet, das ich nicht kommen sehe, das mich nicht in Frieden läßt und mich niemals zum Aufschub berechtigt. Diese Dringlichkeit läßt sich nicht *idealisieren*, so wenig wie der andere als anderer. Dieses Un-mögliche ist also keine (regulative) *Idee* und kein (regulierendes) *Ideal*. Es ist das, was obendrein unbestreitbar *real* ist. Und sinnlich. Wie der andere. Wie die irreduzible *différance*, die sich vom anderen nicht wieder einholen läßt.

2. Sodann *zweitens* kann die Verantwortung für das, was zu entscheiden oder *(in actu)* zu tun bleibt, nicht darin bestehen, einer Norm oder einer Regel zu folgen, sie anzuwenden, sie zu verwirklichen. Dort, wo ich über eine angebbare Regel verfüge,

weiß ich, was zu tun ist, und sobald ein solches Wissen zum Gesetz wird, folgt das Handeln dem Wissen als dessen berechenbare Konsequenz: Man weiß, welcher Weg einzuschlagen ist, man zögert nicht mehr, die Entscheidung entscheidet nicht mehr, sie ist vorab schon gefaßt und deshalb vorab schon annulliert, sie läuft bereits ohne Zögern, augenblicklich, mit jenem Automatismus ab, den man maschinell nennt. Für irgendeine Gerechtigkeit, irgendeine (rechtliche, politische, ethische usw.) Verantwortung ist kein Raum mehr.

3. Um schließlich *drittens* auf den strengeren Sinn zurückzukommen, den Kant dem *regulativen* Gebrauch der Ideen (im Gegensatz zu ihrem *konstitutiven* Gebrauch) gab, müßte, wer sich zu diesem Thema äußern und es zu seiner Sache machen wollte, sich in aller Strenge die gesamte Kantsche Architektonik und Kritik zu eigen machen. Ich kann mich an dieser Stelle nicht ernsthaft damit beschäftigen oder auch nur mich dazu entschließen. Es wäre zumindest danach zu fragen, was Kant »ein verschiedenes Interesse der Vernunft«[57] nennt, das *Imaginäre* (der imaginäre Brennpunkt, *focus imaginarius*, auf den in unendlicher *Annäherung* alle Linien, welche die Regeln des Verstandes beherrschen, konvergierend zulaufen – und der nicht die Vernunft ist), die *Illusion*, die notwendig, aber doch nicht notwendig trügerisch ist, die Figur der Näherung oder Approximation, nach der die Regeln unbegrenzt der Allgemeinheit zustreben (sich ihr »nähern«[58]), und vor allem der unentbehrliche Gebrauch des »Als ob«.[59] Wir können uns jetzt nicht damit

---

57 Immanuel Kant, *Kritik der reinen Vernunft*. Anhang zur Transzendentalen Dialektik. Von dem regulativen Gebrauch der Ideen der reinen Vernunft, in: ders., *Werke in sechs Bänden*, a. a. O., Bd. 2, S. 580 (B 694).
58 Ebd., S. 567 (B 675).
59 Bekanntlich spielt das »Als ob« eine entscheidende und enigmatische Rolle im gesamten Kantischen Denken, ganz besonders aber im Umkreis der regulativen Idee. Es geht darum, die Verbindungen der Erscheinungen so anzusehen, »als ob sie Anordnungen einer höchsten Vernunft wären, von der die unsrige ein schwaches Nachbild ist« (ebd., S. 589; B 706); »*als ob* diese [die Idee der zweckmäßigen Kausalität], als höchste Intelligenz, nach der weisesten Absicht die Ursache von allem sei« (ebd., S. 596; B 716). »Denn das regulative Gesetz der systemati-

beschäftigen, doch im Prinzip müßte ich angeben, unter welchen Kautelen ich mir diese Idee der »regulativen Idee« in aller Strenge zu eigen machen würde. Da wir soviel von Welt und Globalisierung [monde et mondialisation] sprechen: vergessen wir nicht, daß die Idee der *Welt* für Kant überhaupt eine *regulative Idee* bleibt.[60] Es ist die zweite der regulativen Ideen, zwischen zwei anderen, die, wenn ich so sagen darf, zwei Formen der Souveränität bleiben: zwischen der Selbstheit des »Ich selbst« als Seele oder denkende Natur und der Selbstheit Gottes.

Hier nun einige Gründe dafür, weshalb ich, ohne jemals auf die Vernunft oder ein gewisses »Interesse der Vernunft« zu verzichten, zögere, die »regulative Idee« zu beschwören, wenn ich von Zu-kunft oder kommender Demokratie spreche. In *Das andere Kap* (1991) beharre ich, ausdrücklich dagegen gewandt, der Demokratie den »Rang [...] einer regulativen Idee im Sinne Kants« zuzuschreiben, auf der absoluten und unbedingten Dringlichkeit des *Hier und Jetzt*, das nicht wartet, aber auch auf der Struktur des Versprechens, eines erinnerten, vererbten, ererbten, gegebenen Versprechens. So lautete damals die Definition des »Kommenden« der »kommenden Demokratie«:

»[...] womit wiederum nicht behauptet werden soll, daß sie morgen uns mit Sicherheit erreichen wird, so, als ginge es bloß um eine *in der Zukunft gegenwärtige* (nationale oder internationale, staatliche oder zwischenstaatliche) Demokratie. Gemeint ist eine Demokratie, die sich durch die Struktur des Versprechens ausweisen muß – und folglich

---

schen Einheit will, daß wir die Natur so studieren sollen, *als ob* allenthalben ins Unendliche systematische und zweckmäßige Einheit, bei der größtmöglichen Mannigfaltigkeit, angetroffen würde« (ebd., S. 603; B 728). – Sagen wir, um einen Schritt in die weiter oben mit der Unterscheidung zwischen »Vorbehalt« und »Einwand« bezeichneten Richtung zu gehen, daß ich manchmal versucht bin, so zu tun, »als ob« ich keine Einwände gegen Kants »als ob« hätte. In *Die unbedingte Universität* (a. a. O.) habe ich die schwierige Frage des »Als ob« bei Kant und anderswo behandelt und vorgeschlagen, ein solches »Als ob« auf andere Weise zu denken.

60 »Die zweite regulative Idee der bloß spekulativen Vernunft ist der Weltbegriff überhaupt« (ebd., S. 593; B 712).

durch das Gedächtnis dessen, was hier und jetzt zukunftsträchtig ist.«[61]

All das war eingeordnet in eine Serie von Aporien und Antinomien, auf die ich hier nicht zurückkommen kann. Vielleicht sollte ich jetzt deutlicher machen, was in diesen Verweisen auf die »kommende Demokratie«, die sich im Laufe der Zeit häufen und eine etwas andere Richtung annehmen werden, bisher verborgen blieb. Ich tue es rasch anhand von *fünf zentralen Punkten*.

1. Der Ausdruck »kommende Demokratie« steht zweifellos für eine kämpferische und schrankenlose politische Kritik oder verlangt doch danach. Als Waffe gegen die Feinde der Demokratie erhebt sie Widerspruch gegen jede naive oder politisch mißbräuchliche Rhetorik, die als gegenwärtige oder faktisch bestehende Demokratie ausgibt, was dem demokratischen Anspruch in der Nähe oder Ferne, zu Hause oder in der Welt, unangemessen bleibt: überall dort, wo die Diskurse über Menschenrechte und Demokratie zum obszönen Alibi verkommen, wenn sie sich mit dem entsetzlichen Elend von Milliarden Sterblicher abfinden, die der Unterernährung, Krankheit und Erniedrigung preisgegeben sind, die nicht nur in erheblichem Maße Wasser und Brot, sondern auch Gleichheit und Freiheit entbehren und denen die Rechte entzogen sind, die jedem, irgendwem, zukommen (vor jeder metaphysischen Bestimmung des »Irgendwer« als Subjekt, menschliche Person, Bewußtsein, vor jeder rechtlichen Festlegung als Gleicher, Landsmann, Artgenosse, Bruder, Nächster, Glaubensbruder oder Mitbürger. Paulhan sagt irgendwo, ich gebe es auf meine Weise wieder, die Demokratie denken heiße »den erstbesten« [le premier venu] denken: irgendwen, einen beliebigen, an der – nebenbei gesagt – durchlässigen Grenze zwischen dem »Wer« und dem »Was«, das Lebewesen, den Kadaver und das Phantom). Der erstbeste, ist das nicht die beste Übersetzung für »den ersten, der kommen soll«, »den kommenden ersten« [le premier à venir]?

Das »Kommende« [l'»à venir«] bezeichnet nicht nur das Versprechen, sondern auch, daß die Demokratie niemals existieren

---

61 Derrida, *Das andere Kap*, a.a.O., S. 57.

wird im Sinne von gegenwärtiger Existenz: nicht nur weil sie aufgeschoben wird, sondern auch weil sie in ihrer Struktur stets aporetisch bleiben wird (Gewalt *ohne* Gewalt, nicht kalkulierbare Singularität *und* berechenbare Gleichheit, Kommensurabilität *und* Inkommensurabilität, Heteronomie *und* Autonomie, unteilbare und teilbare, nämlich teilhabbare Souveränität, ein leerer Name, ein leeres Nomen, ein verzweifelter oder verzweifelnder Messianismus usw.).

Doch jenseits dieser aktiven und unabschließbaren Kritik berücksichtigt der Ausdruck »kommende Demokratie« die absolute und intrinsische Historizität des einzigen Systems, welches das Recht auf Selbstkritik und Perfektibilität – die Formel einer Autoimmunität – in sich, in seinen Begriff, aufnimmt. Die Demokratie ist das einzige System, das einzige Verfassungsmodell, in dem man prinzipiell das Recht hat oder sich nimmt, alles öffentlich zu kritisieren, einschließlich der Idee der Demokratie, ihres Begriffs, ihrer Geschichte und ihres Namens. Einschließlich der Idee des Verfassungsmodells und der absoluten Autorität des Rechts. Also das einzige universalisierbare, und darin liegt seine Chance und seine Zerbrechlichkeit. Aber damit diese Historizität – einzigartig unter allen politischen Systemen – umfassend ist, muß man sie nicht nur der Idee im Kantischen Sinne, sondern jeder Teleologie, jeder Ontotheoteleologie entziehen.

2. Das schließt ein anderes Denken des Ereignisses ein (des einzigen, unvorhersehbaren, horizontlosen, von keiner Selbstheit und keiner konventionellen, also konsensuellen Performativität beherrschbaren Ereignisses), welches sich in einem »Kommenden« [un »à venir«] anzeigt, das, jenseits der Zukunft (da das demokratische Begehren keinen Aufschub duldet), die Ankunft dessen benennt, *das* ankommt und *der* ankommt, nämlich des Ankömmlings, dessen Ansturm an den Grenzen eines zivilisierten Nationalstaats von keiner bedingten Gastfreundschaft beschränkt werden dürfte noch könnte.

3. Das unterstellt natürlich, und das ist wiederum das Schwierigste, Unvorstellbarste, eine Ausweitung des Demokratischen über die nationalstaatliche Souveränität, über die Staatsbürger-

schaft hinaus, es unterstellt die Schaffung eines internationalen rechtlich-politischen Raums, der, ohne daß damit jede Bezugnahme auf die Souveränität entfiele, unaufhörlich die Formen des Teilens [partages] und der Teilbarkeit der Souveränität erneuert und neue hinzuerfindet (ich spreche von *erfinden*, weil die Zu-kunft [l'à-venir] nicht nur auf das Kommen des anderen, sondern auf die Erfindung – nicht des Ereignisses, aber durch das Ereignis – hindeutet). In diese Richtung zielt der Diskurs über eine neue Internationale in *Marx' Gespenster* (1993). Die erneuerte Erklärung der Menschenrechte (und nicht der Menschen- und Bürgerrechte) nach dem Zweiten Weltkrieg bleibt ein entscheidender demokratischer Bezugspunkt für die Institutionen des Völkerrechts, insbesondere für die Vereinten Nationen. Dieser Bezugspunkt steht in virtuellem Widerspruch zu dem Prinzip der nationalstaatlichen Souveränität, das seinerseits davon unberührt bleibt. Soweit versucht wird – meist vergeblich –, der Souveränität der Nationalstaaten Grenzen zu setzen, geschieht dies unter demokratischer Berufung auf die Allgemeine Erklärung der Menschenrechte. Ein Beispiel unter vielen anderen wäre die mühsame Schaffung eines Internationalen Strafgerichtshofs. Die Erklärung der Menschenrechte verhält sich jedoch zur Souveränität des Nationalstaats nicht als Einschränkung oder Gegensatz, nicht etwa wie ein Prinzip der Nicht-Souveränität zu einem Prinzip der Souveränität. Es steht vielmehr Souveränität gegen Souveränität. Die Menschenrechte setzen und unterstellen den (gleichen, freien, selbstbestimmten) Menschen als Souverän. Die Erklärung der Menschenrechte erklärt eine *andere* Souveränität, sie erweist also die Autoimmunität der Souveränität überhaupt.

4. In *Marx' Gespenster* verknüpft sich der Ausdruck »kommende Demokratie« untrennbar mit der Gerechtigkeit. Er ist dort das *ergo* oder das *igitur*, das *also* zwischen »kommender Demokratie« und »Gerechtigkeit«. »Für die kommende Demokratie und also für die Gerechtigkeit«, sagt ein Satz ohne Verb in *Marx' Gespenstern*.[62]

---

62 Derrida, *Marx' Gespenster*. Übersetzt von Susanne Lüdemann, Frankfurt am Main: Fischer 1995, S. 266.

Diese Geste schreibt also die Notwendigkeit der kommenden Demokratie nicht nur in die Axiomatik des Messianischen ohne Messianismus, des Gespenstischen oder der Lehre vom Spuk ein, die dieses Buch entwickelt, sondern in die einzigartige Unterscheidung zwischen Recht und Gerechtigkeit (heterogene, wenngleich untrennbare Begriffe). Diese Unterscheidung, zuerst in *Gesetzeskraft* dargelegt, entfaltet sich in *Marx' Gespenstern* im Zuge einer Erörterung der Heideggerschen Auslegung der *dike* als Versammlung, Fug [ajointement] und Einklang. Ich schlug damals vor, die Gerechtigkeit vielmehr dem Un-Fug [désajointement] zuzuordnen, dem *Aus-den-Fugen-Sein* [l'être *out of joint*], der Unterbrechung der Verbindung, der Auflösung, dem unendlichen Geheimnis des anderen. Was für einen kommunitären oder kommunitaristischen Begriff von demokratischer Gerechtigkeit in der Tat bedrohlich erscheinen kann. Diese Diskussion, die ich hier nicht noch einmal eröffnen kann, spielt in jenem Buch eine unauffällige, aber entscheidende Rolle. Sie könnte uns auf die Frage der Zukunft lenken: Warum gibt es so wenige demokratische Philosophen (wenn es denn je welche gab), von Platon bis Heidegger einschließlich? Warum bleibt Heidegger, auch in dieser Hinsicht, noch Platoniker? Diese Verbindung von Demokratie *und* Gerechtigkeit wird zu einem Motiv der *Politik der Freundschaft* werden, die ein Jahr später ausdrücklich, wenngleich noch ohne Verb, nach den politischen Implikationen »im Hinblick auf die Demokratie *und* die Gerechtigkeit« fragt,[63] das Denken der Zu-kunft des Ereignisses mit dem irreduziblen »Vielleicht« verknüpft, die Frage nach dem Namen Demokratie stellt und daran erinnert, daß der *Menexenos* von der Verfassung, die sich die meiste Zeit über erhalten hat, sagte: »es nennt sie aber der eine Volksherrschaft *(demokratia)*, der andere anders, wie es jedem beliebt«;[64] in Wahrheit aber ist sie »die Herrschaft der Besten (der Tugendhaftesten und Weisesten) mit der ›Einwilligung‹ der Vielzahl *(plethos)*, der guten Meinung *(eudoxa)* der Menge«.[65]

---

63 Derrida, *Politik der Freundschaft*, a. a. O., S. 99.
64 Platon, *Menexenos*, in: *Sämtliche Werke*, Bd. 2, a. a. O., S. 433 (238 cd).
65 Derrida, *Politik der Freundschaft*, a. a. O., S. 149.

Damals entfaltet sich, in *Politik der Freundschaft* deutlicher als anderswo, die Frage des Namens, dessen, was »heute« »im Namen der Demokratie« geschieht. Ich muß mich darauf beschränken, auf den Keil hinzuweisen (und ihn noch ein wenig zuzuspitzen), der im Verlauf einer dekonstruktiven Kritik der Schmittschen Begrifflichkeit (insbesondere der Begriffe der Entscheidung und des Völker-, Bürger- oder »Partisanen«-kriegs) eine Bresche schlägt, durch die sich eine Flut von Fragen zur »kommenden Demokratie« ergießt. Ich frage mich:

»Wenn sich so zwischen dem Namen einerseits, dem Begriff oder der Sache andererseits ein Spielraum auftut, dessen Spiel *rhetorische* Effekte zeitigt« – ich hebe dieses Wort hervor aus einem Grund, der gleich ersichtlich wird –, »die auch politische Strategien sind – welche Lehren können wir dann heute daraus ziehen? Soll man diese oder jene Bestimmung und Ausprägung der Demokratie oder Aristodemokratie selber noch *im Namen der Demokratie* zu kritisieren versuchen? Oder, im genauen Sinne radikaler formuliert, nämlich näher an ihrer grundlegenden *Radikalität* (etwa dort, wo sie im verläßlichen Boden der autochthonen Grundlegung, im Stamm, im angestammten Wesen, in der Abstammung *wurzelt*): Soll man die Dekonstruktion eines weithin herrschenden Begriffs der Demokratie ihrerseits noch im Namen der Demokratie, einer kommenden und im Kommen bleibenden Demokratie in Angriff nehmen? Die Dekonstruktion all der Prädikate, die in jenem Begriff zusammentreten, unter dessen Hinterlassenschaften man unweigerlich auch auf das Gesetz der Geburt und Abstammung stößt, auf das natürliche oder ›nationale‹ Gesetz, auf das Gesetz der Homophilie und des Autochthonen und auf jene staatsbürgerliche Gleichheit (die Isonomie), die sich auf die Gleichheit der Geburt (die Isogonie) gründet, auf die Gleichheit der Abstammung als Bedingung einer Berechnung der Einwilligung und also der Aristokratie der Tugend und der Weisheit [Platon] etc.?
Was ist es, das in diesem dekonstruierten (oder dekonstruierbaren) Begriff noch überdauert oder widersteht, um nicht aufzuhören, uns den Weg zu weisen? Um uns *aufzutragen*, nicht allein eine Dekonstruktion *in Angriff zu nehmen*« – ich hebe *auftragen* und *in Angriff nehmen* hervor, um gleich darauf zurückzukommen –, »sondern den alten Namen beizubehalten und diese Dekonstruktion selber noch im Namen einer künftigen *Demokratie* voranzutreiben? Das heißt, noch überdauert, um uns einmal mehr *aufzufordern*« – ich betone *auffordern* –, »noch einmal das Erbe dessen anzutreten, was in jenem ›alten‹ Begriff und seiner ganzen Geschichte vergessen, verdrängt, verkannt

wurde, ungedacht blieb, aber noch wach wäre, um durch all seine alten und müde gewordenen Züge hindurch die Zeichen oder Symptome eines künftigen Überlebens aufscheinen zu lassen?«[66]

Damit wären also die Möglichkeit und das Recht nicht ausgeschlossen, vielleicht eines Tages das Erbe des Namens auszuschlagen, den Namen zu ändern. Doch stets im Namen des Namens. Somit würde das Erbe wiederum im Namen des Erbes verraten:

»Behauptet man, das Festhalten an diesem griechischen Namen, Demokratie, sei eine Frage des Kontextes, der Strategie, ja der Polemik; beharrt man darauf, daß dieser Name so lange wie nötig, aber kaum länger überdauern wird; und hält man schließlich fest, daß wir es in diesen Zeiten mit einer einzigartigen Beschleunigung der Dinge zu tun haben, so überläßt man sich nicht schon dem Opportunismus oder Zynismus des Antidemokraten, der im Verborgenen sein Spiel treibt. Man behält sich ganz im Gegenteil das uneingeschränkte Recht auf die Frage, die Kritik, die Dekonstruktion vor (und verteidigt diese Rechte, die prinzipiell von jeder Demokratie garantiert werden – keine Dekonstruktion ohne Demokratie, keine Demokratie ohne Dekonstruktion). Und man behält sich dieses Recht vor, um in einem strategischen Vorgehen zu markieren, was keine Frage der Strategie mehr ist: jene Grenze, die zwischen dem Bedingten (den Randlinien des Kontextes und des Begriffs, von denen die wirkliche Praxis der Demokratie in Grenzen gehalten und durch den Boden und das Blut genährt wird) und dem Unbedingten verläuft. Es ist diese Grenze, die dem Motiv der Demokratie selbst, seit den Anfängen, eine selbstdekonstruktive« – ich hätte auch schreiben können: autoimmunitäre – »Kraft einbeschrieben hat: Die Möglichkeit, ja die Pflicht der Demokratie, sich selbst zu delimitieren: ihre Grenzen nicht sowohl festzusetzen und aufzuzeigen als vielmehr auszusetzen, zu ent-grenzen. Die Demokratie ist das *autos*« – ich würde heute sagen: das *ipse* oder die Selbstheit – »dieser dekonstruktiven Auto-Delimitation nicht bloß im Namen einer regulativen Idee oder einer unbegrenzten Vervollkommnungsfähigkeit, sondern je wieder angesichts der einzigartigen Dringlichkeit dessen, was *hier und jetzt* keinen Aufschub duldet.«[67]

5. Spricht man von unbedingtem Gebot oder einzigartiger Dringlichkeit, beschwört man ein *Hier und Jetzt*, das nicht auf

66 Ebd., S. 153 f. Vgl. auch S. 408 f.
67 Ebd., S. 156.

eine unendlich ferne, von einer regulativen Idee angewiesene Zukunft wartet, so ist damit nicht notwendigerweise die Zukunft einer Demokratie bezeichnet, die kommen wird oder kommen sollte, nicht einmal die Zukunft einer Demokratie, welche die Zukunft *ist*. Vor allem ist keine Rede von einem realen Bevorstehen, auch wenn dem merkwürdigen Begriff einer »kommenden Demokratie« etwas Bevorstehendes einbeschrieben ist. Es wird keine Aussage darüber getroffen, was geschehen wird oder bereits zu geschehen im Begriff ist: Hier also liegt ein Unterschied zu Tocqueville, der im Vorwort zur 12. Auflage von dem »beständigen Banne eines einzigen Gedankens« sprach, in dem sein Buch geschrieben sei, eines Gedankens, der gleichzeitig realistisch und optimistisch sein möchte: »des nahen, unaufhaltsamen, allgemeinen Aufstiegs der Demokratie in der Welt«.[68] Tocqueville machte also eine *Ankündigung*. Er kündigte nicht nur eine bevorstehende Zukunft an, er kündigte der Gegenwart das Gegenwärtige an: »Mitten unter uns geht eine große demokratische Revolution vor sich«, heißt es in seiner Einleitung.[69]

Mit »kommende Demokratie« dagegen wird nichts angekündigt. Nein. Aber was leisten diese drei Worte? Welcher modale Status kommt diesem Syntagma zu, das allgemein die »kommende Demokratie« benennt, ohne daraus einen Satz zu bilden, schon gar nicht einen Aussagesatz von der Art »Die Demokratie *ist* im Kommen« [*est* à venir]? Wenn mir gelegentlich die Formulierung unterlaufen ist, daß sie im Kommen »bleibt«, so bleibt dieses Bleiben – wie stets in meinen Texten, zumindest seit *Glas*[70] –, bleibt diese ausbleibende, unerledigte Demokratie jeder Abhängigkeit von einer Ontologie entzogen. Es bildet keine Modifikation eines »ist«, einer ontologischen Kopula, welche die Gegenwart des Wesens, der Existenz beziehungsweise der substantiellen oder subjektiven Substanz kennzeichnet.

Nun wage ich zu behaupten, daß die Frage nach dem Status oder dem unklaren Modus dieser Aussage ohne Verb *bereits* politisch ist und daß genau dies auch *die* Frage *der* Demokratie

---

68 Tocqueville, *Über die Demokratie in Amerika*, a.a.O., S. 3.
69 Ebd., S. 5.
70 Jacques Derrida, *Glas*, Paris: Galilée 1974.

ist. Denn »kommende Demokratie« kann endlos zwischen zwei Möglichkeiten zögern und, ohne sich entscheiden zu können, auf ewig oszillieren: Sie kann *einerseits* einer neutralen und konstativen Analyse eines Begriffs entsprechen (dann würde ich als philosophischer Logiker, der für die Sprache Verantwortung trägt, als Semantiker beschreiben, feststellen, mich auf die Analyse dessen beschränken, was der Begriff Demokratie beinhaltet, nämlich all das, was ich bisher darüber gesagt habe: die semantische Leere im Herzen des Begriffs, eine gewisse Unbedeutung oder ausstrahlende Verräumlichung, das Gedächtnis, das Versprechen, das kommende Ereignis, das Messianische, das die innere Historizität des Begriffs zugleich unterbricht und vollendet, die Vervollkommnungsfähigkeit, das Recht auf autoimmunitäre Selbstkritik und darüber hinaus zahllose Aporien; was darauf hinausliefe, zu sagen: nun, wenn Sie wissen wollen, was Sie sagen, wenn Sie das überkommene Wort »Demokratie« gebrauchen, so müssen Sie wissen, daß ihm dies oder jenes einbeschrieben oder vorgeschrieben ist; und ich beschreibe auf neutrale Weise diese Vorschrift. Ich *erwähne* das Wort »Demokratie« eher, als daß ich es *gebrauche*). Doch *andererseits* kann »kommende Demokratie«, ohne sich auf eine neutrale und konstative Begriffsanalyse zu beschränken, eine performative Äußerung bezeichnen, kann suggestiv die Überzeugung zu vermitteln versuchen, daß man »trotzdem daran glauben muß«, »ich glaube daran, ich verspreche, ich bin im Versprechen und in der messianischen Erwartung, ich handele, ich jedenfalls harre aus, tut ihr es ebenfalls« usw. Der modale Status des »Kommenden« – das »à« in »démocratie à venir« – schwankt zwischen einem gebieterischen *Befehl* (einer performativen Aufforderung) und dem geduldigen *Vielleicht* des Messianischen (der nichtperformativen Feststellung dessen, was kommt, aber auch nicht kommen oder gar bereits eingetroffen sein mag).

Unentschlossen zwischen beidem kann das »à« auch gleichzeitig oder abwechselnd beide Modalitäten des Diskurses zu verstehen geben. Beide Möglichkeiten, beide Haltungen können einander abwechseln, können sich nacheinander an Sie richten oder im selben Augenblick einander umtreiben [hanter], einander keine Ruhe lassen und so abwechselnd jeweils zum Alibi der anderen werden. Indem ich selbst das jetzt sage, indem ich Sie darauf aufmerksam mache, daß ich mit diesen beiden Haltungen oder Wendungen abwechselnd oder gleichzeitig spielen kann, ziehe ich mich ins Geheimnis einer Ironie, der Ironie im allgemeinen oder jener rhetorischen Figur, die man Ironie nennt, zurück. Nun aber noch eine weitere Wendung, eine politische: Gibt die Demokratie nicht auch das Recht zur Ironie im öffentlichen Raum? Ja, sie öffnet den öffentlichen Raum, die Öffentlichkeit des öffentlichen Raums, indem sie zum *Wechsel der Töne** berechtigt, zur Ironie wie zur Fiktion, zum Trugbild, zum Geheimnis, zur Literatur usw. Also zu einem öffentlichen Nichtöffentlichen in der Öffentlichkeit [non-public public dans le public], zu einer *res publica*, einer Republik, in der die Differenz zwischen Öffentlichem und Nichtöffentlichem eine unentscheidbare Grenze bleibt. Sobald dieses Recht gilt, besteht eine demokratische Republik. Ich glaube immer noch, daß diese Unentscheidbarkeit, welche die Demokratie ebenso einräumt wie die Freiheit selbst, die einzige radikale Entscheidungsmöglichkeit darstellt, die einzige Möglichkeit, das Kommende und »den« Kommenden, das Ankommen des Ankommenden, (performativ) geschehen zu lassen [faire advenir] oder eher (metaperformativ) als Geschehen zuzulassen [laisser advenir]. Sie eröffnet also bereits, für wen auch immer, eine gänzlich zweideutige und beunruhigende Erfahrung der Freiheit, bedroht und bedrohlich, wenn sie in ihrem »Vielleicht« verbleibt, und verbunden mit einer Verantwortung, die jedes Maß übersteigt und der sich niemand entziehen kann.

B. Als ich wiederholt auf Recht und Gerechtigkeit Bezug nahm, habe ich bereits an dem *zweiten leitenden Faden* zu ziehen begonnen, auf den ich angewiesen war und den ich nur ein ganz kurzes Stück verfolgen und wieder abschneiden werde. Es handelt sich um die Verbindung zwischen Recht und Gerechtigkeit, zwischen diesen beiden heterogenen, doch voneinander untrennbaren Begriffen, gewiß, vor allem aber um die Verbindung von Recht, Gerechtigkeit und Gewalt [force] im internationalen und zwischenstaatlichen Bereich, so wie sie dem Syntagma »kommende Demokratie« einbeschrieben-vorgeschrieben, auf paradoxe Weise vor-eingeschrieben sind. Was Recht, Gerechtigkeit und Gewalt betrifft, was die Frage angeht, ob der

Stärkere immer recht hat, bitte ich Sie um ihr Einverständnis, der Kürze halber so zu tun, als hätten wir uns bereits über die – angesichts der Frage der Schurkenstaaten notwendige – Neuinterpretation oder Erneuerung einer ungeheueren Problematik verständigt, die aus der Tradition auf uns überkommen ist. Diese stets unabgeschlossene, abgründige, chaotische Problematik führt in der philosophischen Tradition zumindest von Platon – etwa in der Rede des Kallikles im *Gorgias* oder des Thrasymachos in der *Politeia*, die beide behaupten, das Gerechte oder das Recht *(dike, dikaion)* lägen auf der Seite des Interesses des Stärkeren – über Machiavelli, Hobbes und Pascal – in dem berühmten und schwindelerregenden, so oft und (von Marin und Bennington vor allem) so vorzüglich diskutierten Gedanken: »[...] da man die Gerechtigkeit nicht stark machen konnte, hat man die Macht gerechtfertigt«[71] –, weiter über La Fontaines *Der Wolf und das Lamm* – ein Paar, das auf Platon zurückgeht und dem ich in meinem diesjährigen Seminar eine endlose Analyse gewidmet habe – und über den Rousseau des *Gesellschaftsvertrags* – »Vom Recht des Stärkeren. Der Stärkste ist nie stark genug, um immerdar Herr zu bleiben, wenn er seine Stärke nicht in Recht [...] verwandelt«[72] – schließlich und vor allem, ich beharre darauf, zu einem bestimmten Kant, der in der »eigentlichen Rechtslehre« bei der Definition des »strikten Rechts« (»als die Möglichkeit eines mit jedermanns Freiheit nach allgemeinen Gesetzen zusammenstimmenden durchgängigen wechselseitigen Zwanges«[73]) die Stärke und das Recht des Stärkeren bereits in den Rechtsbegriff aufnahm. Diese einfache Definition beansprucht apriorische Reinheit. Sie umfaßt gleichzeitig die Dimension des Demokratischen (jedermanns Freiheit), der Allgemeinheit, der Zwischenstaatlichkeit und des kosmopolitischen Rechts jenseits des Nationalstaats (allgemeine Gesetze). Sie schreibt vor oder rechtfertigt den legalen und legitimen Rückgriff auf Stärke (apriorische Notwendigkeit des Zwangs),

71 Blaise Pascal, *Gedanken*. Übersetzt von Wolfgang Rüttenauer, Bremen: Schünemann (Sammlung Dieterich) o. J., Nr. 255.
72 Rousseau, *Der Gesellschaftsvertrag*, a. a. O., S. 9 (1. Buch, 3. Kapitel).
73 Immanuel Kant, *Die Metaphysik der Sitten*. Metaphysische Anfangsgründe der Rechtslehre. Einleitung in die Rechtslehre, in: *Werke in sechs Bänden*, a. a. O., Bd. 4, S. 338 f. (§§ D, E).

das heißt eine bestimmte Souveränität, selbst wenn es keine staatliche ist.

Damit verfügen wir, nach diesem endlosen Umweg, jetzt über alle notwendigen Elemente, um zu dem Knoten zu gelangen und schließlich, einem *dritten Faden* entlang, in Angriff zu nehmen, was ich vorläufig die Epoche der Schurkenstaaten nennen werde.

C. Wenngleich die Verwendung des Ausdrucks *rogue State* ziemlich neu ist, wird die englische Sprache und anglophone Literatur von dem Wort *rogue*, als Adjektiv oder Substantiv, schon länger heimgesucht als die französische von dem Wort *voyou*. Es ist seit Mitte des 16. Jahrhunderts in Gebrauch und bezeichnet in der Umgangssprache, in der Sprache des Rechts und in großen literarischen Werken – schon bei Spenser und häufig bei Shakespeare – Bettler aller Art, obdachlose Vagabunden, aber auch (und aus dem gleichen Grund) Gesindel, Lumpen, Gesetzlose ohne Prinzipien (»a dishonest, unprincipled person«, sagt das *Oxford English Dictionary*, »a rascal«). Daher die Ausdehnung der Bedeutung, bei Shakespeare sowohl wie bei Darwin, auf jedes nichtmenschliche Lebewesen, auf Pflanzen oder Tiere, deren Verhalten abweichend oder pervers erscheint. Alle wilden Tiere lassen sich als *rogue* bezeichnen, besonders aber bösartige Einzelgänger wie die *rogue elephants*, deren Verhalten den Sitten und Gebräuchen, den geregelten Gewohnheiten ihrer eigenen Gemeinschaft zuwiderläuft. Ein Pferd kann *rogue* genannt werden, wenn es sich nicht mehr verhält, wie es sich gehört und wie man es von ihm erwartet, zum Beispiel als diszipliniertes Renn- oder Jagdpferd. Man markiert es mit einem distinktiven Zeichen, *badge* oder *hood*, einer Kapuze oder einer Art Kutte, um seinen Status als *rogue* zu kennzeichnen. Dieser letzte Punkt hebt genau das Entscheidende hervor, nämlich daß die Qualifikation als *rogue* eine ausgrenzende Stigmatisierung auf den Plan ruft. Das Schandmal diskriminiert durch eine erste exkludierende Verbannung, die den Ausgeschlossenen auf die Anklagebank setzt. Es spielt eine analoge Rolle wie das Rädchen [la roue], der Vorläufer des gelben Sterns, von dem ich zu Beginn sprach. Ähnlich verhält es sich mit dem Wort Schurke*, mit dem im Deutschen das

Wort *rogue* in *rogue State* wiedergegeben wird und das ebenso »Schuft«, »Lump«, »Kanaille«, »Strolch«, »Halunke« usw. bedeutet.

Während mit *voyou*, Schurke, *canailla* jedoch nur gesetzlose Menschen belegt werden können, läßt sich, wie uns bereits auffiel, das Wort *rogue* auch auf Pflanzen und vor allem Tiere ausdehnen. Das ist vermutlich einer der Gründe, weshalb es in der amerikanischen politischen Rhetorik vorläufig ein Privileg genießt; wir werden gleich einer Illustration dafür begegnen. So bemerkt ein Artikel im *Chronicle of Higher Education*: »Im Tierreich wird ein *rogue* als ein Wesen definiert, das von Geburt an anders ist. Es ist unfähig, sich unter die Herde zu mischen, es bleibt allein und kann in jedem Augenblick ohne Vorwarnung angreifen.«[74]

9. Mehr Schurkenstaaten, keine Schurkenstaaten mehr

Die denunziatorische Verwendung des bildlichen Ausdrucks *rogue State* taucht, wie es scheint, im Diskurs der amerikanischen Diplomatie und Geopolitik erst nach dem sogenannten Ende des sogenannten kalten Kriegs auf. In den sechziger Jahren ist von wenig demokratischen Regimes, die den sogenannten Rechtsstaat nicht achten, selten die Rede, und wenn überhaupt, dann im Hinblick auf deren *Innen*politik. Erst in den achtziger Jahren und vor allem nach 1990, nach dem Zusammenbruch des kommunistischen Blocks, verläßt die Bezeichnung *rogue State* – verstärkt unter der Clinton-Administration und vor allem mit Verweis auf den bereits damals so genannten internationalen Terrorismus – den Bereich der Innenpolitik, der inneren Nichtdemokratie, wenn Sie so wollen. Nun erstreckt sich die Bedeutung des Ausdrucks auch auf das Verhalten auf der internationalen Bühne und die angeblichen Verstöße gegen Geist und Buchstaben eines Völkerrechts, das den Anspruch erhebt, zutiefst demokratisch zu sein.

---

74 Mark Strauss, in: *Chronicle of Higher Education*, Washington, D. C. vom 15. Dezember 2000.

Die Hypothese, die ich Ihnen heute zum Schluß unterbreiten möchte, lautet: Wenngleich eigentlich noch nicht lange und massiv erst seit dem sogenannten Ende des sogenannten kalten Kriegs von Schurkenstaaten die Rede ist, wird wohl bald überhaupt nicht mehr davon die Rede sein. Ich werde zu erklären versuchen, warum. Gemäß dieser Hypothese schlage ich vor, von einer »Epoche der Schurkenstaaten« zu sprechen. Dabei stelle ich mir nicht nur die Frage, ob es Schurkenstaaten gibt, sondern was dieses »mehr« im Zusammenhang mit »Schurkenstaaten« bedeutet: nämlich *mehr als man denkt, mehr als einen* oder *bald überhaupt keine mehr.*[75]

Wie viele Anzeichen, Zitate und Statistiken belegen, begann die eigentliche Woge der öffentlichen Denunziation von Staaten als *rogue States* unter Clinton, in den Jahren von 1997 bis 2000, vor allem in den Reden des Präsidenten selbst oder seiner engen Mitarbeiter (insbesondere Madeleine Albrights). Zu dieser Zeit taucht das Wort am häufigsten auf (in 31 % der Reden Clintons, in 17 % der Reden Albrights), manchmal im Wechsel mit zwei oder drei Synonymen, *outcast*, *outlaw nation* oder *pariah State*. Reagan hatte den Terminus *outlaw* bevorzugt, George Bush hatte auch von *renegade* gesprochen. Nach dem Jahr 2000, kurz vor oder kurz nach dem 11. September, begann man sich in der Öffentlichkeit allmählich etwas systematischer für diesen Diskurs und diese amerikanische Strategie gegenüber den *rogue States* zu interessieren. Einige neuere Werke geben darüber genauer Auskunft, namentlich die wuchtige Anklageschrift Noam Chomskys, *Rogue States. The Rule of Force in World Affairs*,[76] die im Jahr 2000, also vor dem 11. September 2001, erschien (ein Ereignis, dem Chomsky inzwischen unter dem Titel *9-11*[77] ein weiteres Buch gewidmet hat, eine Samm-

---

75 *Plus d'États voyous* – so auch die Überschrift dieses Kapitels – kann im Französischen in der Tat beiderlei bedeuten: »mehr als einen / keiner mehr«. A. d. Ü.
76 Cambridge, MA: South End Press; deutsch: *War against People. Menschenrechte und Schurkenstaaten*. Übersetzt von Michael Haupt, Hamburg/Wien: Europa Verlag 2001.
77 Noam Chomsky, *The Attack. Hintergründe und Folgen*. Übersetzt von Michel Haupt, Hamburg/Wien: Europa Verlag 2002.

lung von Interviews in derselben Stoßrichtung). *Rogue States* entfaltet eine unerbittliche, mit einer Vielzahl von erdrückenden, allgemein wenig bekannten oder verbreiteten Informationen munitionierte Argumentation gegen die amerikanische Weltpolitik. Die große Linie der Argumentation liegt, um es mit einem Wort zu sagen, in dem Nachweis, daß der schurkischste der Schurkenstaaten ebenderjenige ist, der einen Begriff wie den des Schurkenstaats folgenreich in Umlauf gebracht hat – mit der Sprache, der Rhetorik, dem juristischen Diskurs und den militärisch-strategischen Konsequenzen, die wir alle kennen. Der erste und gewalttätigste *rogue State* ist derjenige, der das Völkerrecht, als dessen Vorkämpfer er sich ausgibt, mißachtet hat und fortwährend verletzt, jenes Völkerrecht, in dessen Namen er spricht und in dessen Namen er gegen die sogenannten *rogue States* in den Krieg zieht, wann immer es sein Interesse gebietet. Nämlich die USA.

Es ist bekannt, wie Robert S. Litwak, den Chomsky nicht zitiert, Schurkenstaaten identifiziert. Als Direktor der Abteilung *International Studies* am Woodrow Wilson Center hatte Litwak der Mannschaft Clintons im Nationalen Sicherheitsrat angehört und veröffentlichte kürzlich ein Buch unter dem Titel *Rogue States and U.S. Foreign Policy*.[78] Er weiß also, wovon er spricht, wenn er den Schurkenstaat folgendermaßen definiert: »A rogue State is whoever The United States says it is.« Er antwortete damit indirekt auf die Frage, die sich manche Journalisten und Politikwissenschaftler gestellt haben: Ist dieser Diskurs über die Schurkenstaaten ernst gemeint oder reine Rhetorik? Einer von ihnen erklärte jüngst: »Da die Vereinigten Staaten willens sind, 60 Milliarden Dollar für ein Raketenabwehrsystem gegen die *rogue States* auszugeben, hätte ich gern eine etwas genauere Vorstellung davon, was ein *rogue State* ist.«

Der perverseste und gewalttätigste, der destruktivste der *rogue States*: das wären also die Vereinigten Staaten an erster Stelle und gelegentlich ihre Verbündeten. Die Masse der Beweisindizien, die von diesen Anklageschriften vorgebracht werden, ist beeindruckend. Sie finden sich in einem anderen, noch

---

78 Baltimore, MD: Wilson Center Press/Johns Hopkins University Press 2000.

beißender geschriebenen Buch, das – ein paar Monate nach dem 11. September veröffentlicht – in dieselbe Richtung zielt, nämlich *Rogue State. A Guide to the World's only Superpower*[79] von William Blum, einem ehemaligen Mitarbeiter des US-Außenministeriums.

Das erste Regime, das als *rogue* behandelt wurde, war das Noriegas in Panama. Ein exemplarisches Beispiel: Die amerikanische Administration erhob diesen Vorwurf erst, als die Gefahr von Revolutionen in Mittelamerika um sich zu greifen begann, das heißt, nachdem Noriega bereits lange Jahre fortwährend von der CIA, von Carter, Reagan und Bush gestützt worden war, obgleich er unter Mißachtung jeder Rechtsstaatlichkeit Dissidenten und Streikende foltern und massakrieren ließ, Drogenhandel betrieb und die nicaraguanischen Contras mit Waffen versorgte. Ein anderes typisches Beispiel, eines der jüngsten, ist der Irak Saddam Husseins, der während der Krise von 1998 von Washington und London zum *rogue State* und zur *outlaw nation* erklärt wurde. In dieser neuen Lage wurde Saddam Hussein zuweilen als *beast of Bagdad* behandelt – mit jener animalischen Konnotation, auf die ich eben hingewiesen habe –, obwohl er, wie Noriega, lange Zeit ein geschätzter Verbündeter und wertvoller Wirtschaftspartner gewesen war. Die Bestie ist nicht nur ein Tier, sie verkörpert auch das Böse, das Satanische, Diabolische, Dämonische. Vor dem Irak war es Libyen, das unter Reagan als Schurkenstaat betrachtet wurde, auch wenn das Wort anscheinend nicht fiel. Libyen, der Irak und der Sudan sind als Schurkenstaaten bombardiert worden, in den beiden letzteren Fällen mit einer Brutalität und Grausamkeit, die dem sogenannten »11. September« in nichts nachsteht. Doch die Liste ließe sich endlos weiterführen (Cuba, Nicaragua, Nordkorea, der Iran usw.). Aus Gründen, die einer Untersuchung wert wären, standen Indien und Pakistan trotz ihrer gefährlichen Disziplinlosigkeit in der Atomwaffenfrage zu keiner Zeit, auch 1998 nicht, auf der amerikanischen Liste der *rogue States*. Indien hat jedoch bei den Vereinten Nationen alles getan, um seinerseits Pakistan als *rogue State* verurteilen zu lassen.

---

79 Monroe, ME: Common Courage Press 2000.

Völkerrechtlich betrachtet, charakterisieren offenbar – soweit es uns hier interessiert – zwei Hauptmerkmale die rechtliche Situation, die dann als Bühne für das Schauspiel der anschließenden Operationen dient. Die Bühne ist die UNO und ihr Sicherheitsrat. Zwei Gesetze artikulieren gemeinsam, wenngleich aporetisch und abwechselnd, ein demokratisches Prinzip und ein Souveränitätsprinzip. Einerseits werden die Entscheidungen der Generalversammlung, ob sie nun beachtet werden oder nicht, demokratisch nach einer Aussprache von der Mehrheit der Vertreter der von der Versammlung gewählten Mitgliedsstaaten gefaßt: Staaten, deren jeder zu Hause souverän ist. Abgesehen von der grundlegenden Berufung auf die Erklärung der Menschenrechte, die dem Geist und dem Wesen nach demokratisch ist, führt die Charta der Vereinten Nationen ein Gesetzgebungsmodell ein, das dem eines demokratischen Parlaments gleicht, auch wenn die Vertreter von dem Staat, der sie abordnet, nicht gewählt sind, während der Staat, der um die Mitgliedschaft ersucht, von der Vollversammlung gewählt und unter bestimmten Bedingungen aufgenommen wird. Seit den Entkolonisierungswellen der letzten Jahrzehnte haben die Verbündeten der Vereinigten Staaten oder Israels keine sichere Mehrheit mehr in der Generalversammlung, außer in den Fällen, in denen der sogenannte »internationale Terrorismus« – und hier könnten wir abermals in die Diskussion eintreten! – die nackte Souveränität *sämtlicher* Staaten bedroht. Dieses Fehlen einer sicheren Mehrheit für die Vereinigten Staaten und ihre Verbündeten (für die sogenannten »westlichen Demokratien«) bereitete mit dem Ende des kalten Krieges zweifellos den Boden für dieses Schurkenstaatenstück und seine Rhetorik. Da aber andererseits die demokratische Souveränität der UN-Vollversammlung machtlos ist, da sie über keinerlei eigene exekutive Zwangsgewalt verfügt, also weder über faktische noch rechtliche Souveränität – im Sinne der Kantischen Mahnung, daß es kein Recht ohne Zwang gibt –, übernimmt die Institution des Sicherheitsrats mit seinem Vetorecht – bis eines Tages eine grundlegend neue Situation diese Ungeheuerlichkeit abmildert – die gesamte Verantwortung der exekutiven Entscheidungsgewalt, die gesamte Macht der tatsächlichen Souveränität. Mit einer sehr zugespitzten Formulierung würde ich sagen, daß das Schicksal der kommenden Demokratie im Weltmaßstab davon abhängt, was aus dieser seltsamen und scheinbar allmächtigen Institution wird, die man als Sicherheitsrat bezeichnet.

Um die Rolle und die Zusammensetzung dieses Rats zu verstehen, ist daran zu erinnern, daß die UNO 1945, am Ende des Zweiten Weltkriegs und zur Verhinderung eines dritten, von den Siegermächten eingerichtet wurde, welche die einzigen *ständigen* Mitglieder des Sicherheitsrats waren und immer noch sind (USA, Großbritannien, Sowjetunion – heute, soweit ich weiß, Rußland; später wurden zusätzlich Frankreich und China – anfangs Formosa – kooptiert). Die übrigen Mitglieder des Rats – elf, dann fünfzehn – gehören ihm nicht ständig an; sie werden für zwei Jahre von der Generalversammlung gewählt, und ihre Macht ist dementsprechend geringer. Ständige Ratsmitglieder sind also einzig diejenigen Staaten, die (in der prekären, kritischen und vorübergehenden Situation, die wir betrachten) die mächtigsten der Welt sind – und über Atomwaffen verfügen. Es handelt sich dabei um ein faktisches Diktat oder eine faktische Diktatur, die prinzipiell vor keinem universellen Recht bestehen könnte. Einer der Mechanismen, die verwandt werden, um die von der UNO demokratisch beratenen und gefaßten Entscheidungen wirkungslos zu machen und ihnen jede Aussicht auf Verwirklichung zu nehmen, liegt im souveränen Veto des Sicherheitsrats. Die drei Länder, die von diesem Mittel am häufigsten Gebrauch gemacht haben, sind – geordnet nach der Anzahl der Situationen, in denen das Votum der Vereinten Nationen ihren eigenen Interessen zuwiderzulaufen schien – die Vereinigten Staaten, dann Großbritannien, dann Frankreich. Die Charta der Vereinten Nationen, ein feierlicher Vertrag, der das Fundament des Völkerrechts und der Weltordnung bildet, erklärt in der Tat, daß der Sicherheitsrat feststellt, ob eine Bedrohung oder ein Bruch des Friedens oder eine Angriffshandlung vorliegt; und er gibt Empfehlungen ab oder beschließt, welche Maßnahmen gemäß Artikel 41 und 42 zu treffen sind. Diese beiden Artikel sehen unterschiedliche Arten von Maßnahmen oder Sanktionen vor: vorzugsweise unter Ausschluß von Waffengewalt, notfalls aber mit Hilfe einer bewaffneten Armee (wobei wir niemals vergessen dürfen, daß weder die UNO noch der Sicherheitsrat über irgendwelche nennenswerte Streitkräfte verfügen; ihre Operationen müssen einem oder mehreren Nationalstaaten anvertraut werden. Ich brauche nicht eigens zu betonen, daß genau hier das Entscheidende liegt: in der Aneignung und Ausübung dieser Macht durch dieses oder jenes Mitglied des Sicherheitsrats).

Dann kommt die Ausnahme, wie zur Bestätigung, daß die Ausnahme stets dasjenige ist, das über die Souveränität entscheidet, oder umgekehrt, um Carl Schmitt zu paraphrasieren oder zu parodieren, daß der Souverän derjenige ist, der über die Ausnahme und in der Ausnahmesituation entscheidet. Die einzige Ausnahme in der Charta der Vereinten Nationen ist der Artikel 51. Er erkennt das individuelle oder kollektive Recht der Selbstverteidigung gegen einen bewaffneten Angriff an, »bis der Sicherheitsrat die zur Wahrung des Weltfriedens und der internationalen Sicherheit erforderlichen Maßnahmen getroffen hat«. Dies ist die einzige Ausnahme von dem an alle Staaten ergehenden Gebot, keine Gewalt anzuwenden. Wie jedermann weiß und wie tausend Beispiele belegen, hat diese Klausel der Charta seit ihrem Inkrafttreten bis zum Ende des kalten Krieges zwei ständigen Mitgliedern des Sicherheitsrates – den beiden souveränen Staaten, die man damals Supermächte nannte, den Vereinigten Staaten und der Sowjetunion – zumindest in diesem grundlegenden Bereich (denn die UNO hat noch viele andere und höchst komplexe Aufgaben und Ziele, auf die ich hier nicht eingehen werde) eine entscheidende Vormacht über die tatsächliche Politik der UNO eingeräumt.

Diese Ausnahme führt zu mehreren nicht weniger grundlegenden Konsequenzen: Da »der Stärkere immer recht hat«, unterliegt das Völkerrecht – das nun, am Ende eines Weltkriegs, in der Hand souveräner Staaten liegt, die mächtiger (supermächtiger) sind als andere souveräne Staaten – der normativen Kraft des Faktischen, den (militärischen, ökonomischen, technischwissenschaftlichen usw.) Kräfteverhältnissen, mithin dem differentiellen Machtgefüge. Das Recht des Stärkeren bestimmt nicht nur die tatsächliche Politik der internationalen Institution; es prägt bereits die begriffliche Architektur der Charta selbst, das Gesetz, das die Entstehung und Entwicklung dieser Institution in ihren Grundsätzen wie in ihren praktischen Regularien beherrscht. Dieses Recht des Stärkeren nimmt alle einschlägigen Begriffe, (konstitutiven oder regulativen) Ideen und Theoreme des abendländischen politischen Denkens auf, angefangen mit denen der *Demokratie* und *Souveränität*, und stellt sie in den Dienst der UNO, aber so, daß es sich selber der UNO bedienen kann. So etwa die Regeln der Demokratie: das Mehrheitsprinzip, die Abstimmungsmodalitäten in der Generalversammlung, die Wahl des Generalsekretärs usw. Und die Idee der Souveränität: Einerseits kommt sie jedem Staat zu; aber damit die Souveränität der UNO wirksam werden kann, anerkennt die Charta – willkürlich, ohne es rechtfertigen zu können, stumm und heimlich – zugleich die Vormachtstellung der ständigen Mitglieder des Sicherheitsrats, insbesondere der beiden Supermächte.

Wie stets sind diese beiden Prinzipien, Demokratie und Souveränität, gleichzeitig und zugleich abwechselnd voneinander untrennbar und miteinander unverträglich. Um wirksam zu werden, um einem Recht zur Verwirklichung zu verhelfen, das ihrer Idee Geltung verschafft, um also zu einer wirklichen Macht zu werden, verlangt die Demokratie die *kratie* eines *demos*, in diesem Fall eines *demos* im Weltmaßstab. Sie erfordert demnach eine Souveränität, und das heißt: eine Macht, die stärker ist als alle anderen Mächte auf der Welt. Wenn nun aber die Schaffung dieser Macht tatsächlich und grundsätzlich dazu dient, die weltweite Demokratie zu repräsentieren und zu schützen, übt sie faktisch bereits Verrat an ihr und bedroht sie, indem sie sich – wie gesagt – stumm und heimlich gegen jene immunisiert. Stumm und heimlich wie die Souveränität selbst. Denn Stillschweigen, Verleugnung, ist ja gerade das niemals erscheinende Wesen der Souveränität. Das, worüber die Gemeinschaft Stillschweigen bewahren muß, ist nicht zuletzt eine Souveränität, die sich nur stumm, im Ungesagten, setzen und durchsetzen kann. Auch wenn sie noch so viele rechtstheoretische Diskurse und sämtliche politischen Rhetoriken endlos wiederkäut, bleibt die Souveränität selbst (wenn es denn eine, eine reine, gibt) immer stumm in der Selbstheit des ihr eigenen Moments, das nichts anderes sein kann als das Mal eines unteilbaren Augenblicks. Eine reine Souveränität ist unteilbar, oder sie ist nicht: das haben sämtliche Theoretiker der Souveränität zu Recht erkannt, und das ist es, was der Souveränität den Charakter einer Ausnahme aus reiner Dezision verleiht, von der Schmitt spricht. Diese Unteilbarkeit entzieht sie prinzipiell der gemeinsamen Teilhabe ebenso wie der Zeit und der Sprache. Der Zeit, der Verzeitlichung, der sie unablässig ausgesetzt ist, und somit paradoxerweise der Geschichte. In gewisser Weise ist die Souveränität an-historisch; sie ist der mit einer Geschichte geschlossene Kontrakt, die sich in das punktförmige Ereignis einer Ausnahmeentscheidung ohne zeitliche und historische Ausdehnung zusammenzieht. Ebendadurch entzieht sich die Souveränität auch der Sprache, welche die universalisierende gemeinsame Teilhabe einführt. Sobald ich zum anderen spreche, unterwerfe ich mich dem Gesetz, Gründe und Rechtfertigungen zu liefern; ich trete in ein virtuell universalisierbares Medium ein, ich teile meine Autorität, sogar in rein performativer Rede, denn diese bedarf immer noch einer anderen Rede, um sich einer Konvention zu versichern. Das Paradox liegt wie immer darin, daß die Souveränität mit der Universalität unvereinbar ist, während doch der ganze Begriff eines internationalen, also universalen oder universalisierbaren und deshalb demokratischen Rechts stets auf ihr beruht. Es gibt keine Souveränität ohne Gewalt, ohne die Gewalt des Stärkeren, deren Rechtfertigung [raison] – als Recht [raison] des Stärkeren – darin besteht, über alles Gewalt zu haben [avoir raison de tout].

Wenn nun aber die souveräne Macht stumm ist, so nicht, weil es ihr an Worten mangelte – ihr Redefluß kann unerschöpflich sein; es fehlt ihr vielmehr an Sinn. Deshalb habe ich zu Beginn gesagt: »... die kommende Demokratie, wenn diese Worte noch einen Sinn haben (doch ich bin mir darüber nicht so sicher; ich bin nicht sicher, ob sich hier alles auf eine Sinnfrage reduzieren läßt) ...« Denn will man der Souveränität Sinn verleihen, sie rechtfertigen, eine Begründung für sie finden, muß man bereits ihren Charakter einer Ausnahme aus reiner Dezision antasten, muß man sie Regeln, einem Recht, einem allgemeinen Gesetz, Begriffen unterwerfen. Das heißt, man muß sie teilen, der Teilung, Teilhabe und Teilnahme unterwerfen. Indem man ihr ihren Anteil läßt, ihr Rechnung trägt. Der Souveränität Rechnung tragen heißt aber ihre Immunität antasten, sie gegen sich selbst wenden. Das geschieht bereits, wenn man von ihr spricht, um ihr Sinn zu verleihen oder einen Sinn für sie zu finden; und da das ständig geschieht, existiert die reine Souveränität nicht; immer wenn sie im Begriff ist, sich zu setzen, dementiert, verneint, verleugnet sie sich, immunisiert sie sich gegen sich selbst, verrät sich, indem sie die Demokratie verrät, die gleichwohl niemals ohne sie auskommt.

Die universelle Demokratie jenseits des Nationalstaats, jenseits der Staatsbürgerschaft verlangt in der Tat nach einer Supersouveränität, die unweigerlich Verrat an ihr übt. Der Machtmißbrauch, zum Beispiel der des Sicherheitsrats oder jener Supermächte, die dessen ständige Mitglieder sind, ist ein ursprünglicher, noch vor diesem oder jenem benennbaren und sekundären Mißbrauch. Machtmißbrauch ist die Grundlage aller Souveränität.[80]

Was bedeutet das in Hinblick auf die Schurkenstaaten? Es bedeutet ganz einfach, daß die Staaten, die in der Lage sind, solche Staaten anzuprangern, sie der Rechtsverletzungen und Rechtsverstöße, der Perversionen und Verirrungen zu bezichtigen, deren sich dieser oder jener von ihnen schuldig gemacht hat – daß die Vereinigten Staaten, die als Garanten des Völkerrechts auftreten und über Krieg, Polizeioperationen oder Friedenserhaltung beschließen, weil sie die Macht dazu haben, daß

---

80 Als es den USA vor einigen Wochen darum ging, die Einrichtung eines Internationalen Strafgerichtshofs zu behindern, der für manche Staaten bedrohlich wäre (zum Beispiel für die Vereinigten Staaten und Israel – das dieses Vorgehen unterstützt), beriefen sie sich auf die Autorität des Sicherheitsrats, um zu verlangen, das Gericht müsse alle Ermittlungen und jede Verfolgung von Angehörigen solcher Staaten, die an einer von der UNO veranlaßten oder autorisierten Mission teilnehmen – zum Beispiel an Maßnahmen gegen den »internationalen Terrorismus« – für zwölf Monate suspendieren. Der Sicherheitsrat solle »beschließen, daß sich die Gültigkeit dieser Resolution jeweils am 1. Juli eines Jahres um weitere zwölf Monate verlängert«. Das läuft auf die Forderung hinaus, die sogenannten Friedenstruppen grundsätzlich von der Jurisdiktion des Internationalen Strafgerichtshofs auszunehmen. Den Umfang und die diffusen Grenzen einer solchen Ausnahme kann man sich ausmalen. In diesem Zusammenhang wurde den Vereinigten Staaten vorgeworfen, sie verhielten sich selbst wie »outlaws«.

die Vereinigten Staaten und die Staaten, die sich ihren Aktionen anschließen, als Souveräne selbst zuallererst *rogue States* sind.

Um das zu wissen, muß man nicht erst (im übrigen durchaus nützliche und erhellende) Dossiers erstellen, wie sie etwa den Anklageschriften eines Chomsky oder Blum zugrunde liegen, und braucht keine Bücher mit dem Titel *Rogue States* zu verfassen. Man tut solchen mutigen Werken kein Unrecht, wenn man den Mangel eines konsequenten politischen Denkens in ihnen bedauert, insbesondere zur Geschichte und zur Struktur, zur »Logik« des Begriffs Souveränität. Diese »Logik« würde zeigen, daß Staaten, die in der Lage sind, mit *rogue States* Krieg zu führen, a priori in ihrer legitimsten Souveränität selbst *rogue States* sind, die ihre Macht mißbrauchen. Sobald es Souveränität gibt, gibt es Machtmißbrauch und *rogue States*. Mißbrauch ist das Gesetz des Gebrauchs, mithin das eigentliche Gesetz, mithin die eigentliche »Logik« einer Souveränität, die nur ungeteilt herrschen kann. Genauer gesagt: Da ihr das immer nur auf eine zweifelhafte, heikle, unbeständige Weise gelingt, kann die Souveränität nur danach *streben*, für begrenzte Zeit ungeteilt zu herrschen. Sie kann die imperiale Hegemonie nur anstreben. Diese (begrenzte) Zeit zu gebrauchen ist bereits Mißbrauch – wie ihn der Schurke begeht, den ich deshalb verfolge [que donc je suis]. Es gibt also nur Schurkenstaaten, *in potentia* oder *in actu*. Der Staat ist schurkisch. Es gibt immer mehr Schurkenstaaten, als man denkt. *Mehr Schurkenstaaten* – wie ist das zu verstehen?

Am Ende dieses längeren Rundgangs wäre man also versucht, die im Titel gestellte Frage »Gibt es Schurkenstaaten?« zu bejahen. Ja, nicht wahr, es gibt welche, doch mehr, als man denkt oder sagt, und immer mehr. Darin liegt eine erste Umkehrung [retournement].

Betrachten wir aber nun die letzte Umkehrung, die allerletzte. Die allerletzte Drehung [tour] einer Volte, einer Revolution oder einer Drehtür [revolving door]. Worin besteht sie? Man wäre zunächst versucht zu glauben – aber ich werde dieser ebenso leichtfertigen wie legitimen Versuchung widerstehen –, daß es dort, wo alle Staaten Schurkenstaaten sind, dort, wo Schurkenherrschaft die Herrschaftsform der staatlichen Souveränität selbst ist, dort, wo es nur noch Schurken gibt, überhaupt keine Schurken mehr gibt. *Keine Schurken mehr.* Wo es stets mehr Schurken [plus de voyous] gibt, als man sagt oder suggeriert, gibt es keinen Schurken mehr [plus de voyou]. Doch abgesehen von dieser inneren Notwendigkeit, den Sinn und die Bedeutung des Wortes »Schurke« gleichsam außer Gebrauch zu setzen, da es ja desto weniger davon gibt, je mehr es davon gibt, da ja »mehr Schurken(staaten)« zugleich »keine Schurken(staaten) mehr« bedeutet, gibt es einen weiteren zwingenden Grund, diese Bezeichnung zu meiden, ihre Epoche abzuschließen und nicht mehr, wie die Vereinigten Staaten und manche ihrer Verbündeten es getan haben, häufig, immer wieder, zwanghaft auf sie zurückzugreifen.

Diese Epoche, so meine Hypothese, begann mit dem Ende des sogenannten kalten Krieges, während dessen zwei bis an die Zähne bewaffnete Supermächte – Gründungsmitglieder und ständige Mitglieder des UN-Sicherheitsrats – glaubten, die Welt durch ein zwischenstaatliches Gleichgewicht des nuklearen Schreckens unter Kontrolle halten zu können. Doch selbst wenn man sich dieser Redewendung hier und da immer noch bedient, hat der 11. September das Ende dieser Epoche nicht so sehr angekündigt als vielmehr auf theatralische, medieninszenierte Weise besiegelt (die Angabe dieses Datums ist unvermeidlich, wenn man sich kurz und bündig auf ein Ereignis beziehen will, dem kein Begriff entspricht, und das nicht ohne Grund; ein Ereignis übrigens, das durch die eindrucksvolle kalkulierte Medieninszenierung beider Seiten bereits strukturell zu einem *öffentlichen* und *politischen* Ereignis wurde – also jenseits all der Tragödien der Opfer, vor denen man sich nur in unendlichem Mitgefühl verneigen kann).

Mit den beiden Türmen des World Trade Center ist *sichtbar* das gesamte (logische, semantische, rhetorische, juridische und politische) Dispositiv eingestürzt, das die im Grunde beruhigende Anprangerung der Schurkenstaaten nützlich und sinnvoll machte. Sehr bald nach dem Einsturz der Sowjetunion (»Einsturz« deshalb, weil darin eine der Voraussetzungen, eine erste Wendung der Ereignisse [tours] lag, die zum Einsturz der beiden Türme [tours] führten) begann Clinton ab 1993, als er an die Macht kam, mit der Politik der Repressalien und Sanktionen gegen die Schurkenstaaten und erklärte gegenüber den

Vereinten Nationen, sein Land werde von dem Ausnahmeartikel (Art. 51 der UN-Charta) denjenigen Gebrauch machen, der ihm angemessen erscheine; die Vereinigten Staaten würden, ich zitiere, »multilaterally when possible, but unilaterally when necessary« handeln.

Diese Erklärung wurde mehr als einmal wiederaufgenommen und bekräftigt: von Madeleine Albright während ihrer Zeit als Botschafterin bei den Vereinten Nationen oder von Verteidigungsminister William Cohen. Dieser kündigte an, die Vereinigten Staaten seien bereit, gegen jeden Schurkenstaat einseitig (also ohne vorherige Zustimmung der UNO oder des Sicherheitsrats) militärisch zu intervenieren, wann immer ihre vitalen Interessen auf dem Spiel stünden; und unter vitalen Interessen verstand er – so wörtlich – »ensuring inhibited access to key markets, energy supplies, and strategic resources« sowie alles, was von einer »domestic jurisdiction« als ein solches vitales Interesse bestimmt werde. Um also einen Grund, einen guten Grund zu haben, der es rechtfertigt, einen beliebigen Staat anzugreifen, zu schwächen oder zu zerstören, dessen Politik diesem Interesse entgegensteht, würde es also genügen, daß die Amerikaner – ohne sich mit irgend jemandem abzustimmen – ein solches Handeln aus »vitalem Interesse« für geboten halten.

Zur Legitimation dieser souveränen Unilateralität, dieser ungeteilten Souveränität, dieser Mißachtung der als demokratisch und normal erachteten Institution der Vereinten Nationen, zur Rechtfertigung dieses Rechts des Stärkeren war es also nötig, den als aggressiv oder bedrohlich empfundenen Staat zum Schurkenstaat zu erklären. »A rogue State«, so noch einmal Litwak, »is whoever The United States says it is.« Und das im selben Moment, in dem die Vereinigten Staaten mit der Ankündigung eines unilateralen Vorgehens selbst als Schurkenstaat auftraten. Am 11. September wurden die Vereinigten Staaten von der UNO offiziell ermächtigt, als Schurkenstaat zu handeln, das heißt, alle für notwendig erachteten Maßnahmen zu ergreifen, um sich überall auf der Welt vor dem sogenannten »internationalen Terrorismus« zu schützen.

Aber was hat sich an jenem 11. September zugetragen oder – genauer – gezeigt, verdeutlicht, erwiesen? Wenn man einmal alles beiseite läßt, was mit mehr oder weniger Berechtigung darüber gesagt wurde und worauf ich nicht zurückkommen möchte – was ist an diesem Tag, der nicht so unvorhersehbar war, wie man behauptet hat, klargeworden? Es ist die kompakte und allzu offenkundige Tatsache, daß seit dem Ende des kalten Krieges die absolute Bedrohung nicht mehr in staatlicher Gestalt auftritt. Während sie im kalten Krieg unter den Bedingungen des Gleichgewichts des Schreckens von zwei staatlichen Supermächten kontrolliert wurde, ist die Verbreitung des atomaren Potentials außerhalb der Vereinigten Staaten und ihrer Verbündeten von keinem Staat mehr kontrollierbar. Selbst wenn man versucht, die Folgen einzudämmen, sprechen doch viele Anzeichen dafür, daß das Trauma, als welches die USA und die ganze Welt den 11. September empfanden, nicht (wie man bei Traumata allzuoft annimmt) in einer Verletzung bestand, die von einem bereits eingetretenen Ereignis, von einem aktuellen Geschehen oder dessen drohender Wiederholung ausging, sondern in der unleugbaren Furcht vor einer *schlimmeren kommenden* Bedrohung.

Das Trauma bleibt traumatisierend und unheilbar, weil es aus der Zukunft auf uns zukommt. Auch das Virtuelle traumatisiert. Traumatisierung tritt dort ein, wo man von etwas verletzt wird, das faktisch noch nicht stattgefunden hat, und zwar tatsächlich verletzt wird und in anderer Weise als durch das Zeichen, das die Verletzung ankündigt. Ihre Temporalisierung geht vom Zu-künftigen aus. Zukunft meint hier jedoch nicht nur den virtuellen Einsturz anderer Türme oder ähnlicher Bauwerke – und ebensowenig die Möglichkeit eines bakteriologischen, chemischen oder »informationellen« Angriffs. Auch wenn ein solcher niemals auszuschließen ist. Der künftig schlimmste Fall ist ein nuklearer Angriff, der den Staatsapparat der Vereinigten Staaten zu zerstören droht, mithin des einen demokratischen Staates, dessen Hegemonie ebenso auffällig wie krisenanfällig ist, eines Staates, der als Garant, als einziger und letzter Hüter der Weltordnung normaler und souveräner Staaten gilt. Dieser virtuelle atomare Angriff schließt andere nicht aus, sondern kann mit chemischen, bakteriologischen oder informationellen Attacken einhergehen.

All diese Aggressionen hat man sich sehr früh ausgemalt, kaum daß der Ausdruck *rogue State* aufgetreten war. Man dachte dabei jedoch ursprünglich an Staaten und demnach an organisierte, stabile, identifizierbare, lokalisierbare, an ein Territorium gebundene Mächte, von denen man zumindest annahm, daß sie keine Selbstmörder seien und deshalb mit Abschreckungswaffen beeindruckt werden könnten. 1998 erklärte der Sprecher des Repräsentantenhauses Newt Gingrich, es sei beruhigend gewesen, daß die Sowjetunion ihre Macht bürokratisch und kollektiv, also nicht selbstmörderisch ausgeübt habe und deshalb für die Strategie der Abschreckung zugänglich gewesen sei. Leider, fügte er hinzu, gelte dies für zwei oder drei Regimes in der heutigen Welt nicht mehr. Er hätte verdeutlichen sollen, daß es sich gerade nicht mehr um Staaten oder Regime, das heißt um statische Organisationen handelt, die an eine Nation oder ein Territorium gebunden sind.

Ich selbst habe sehr bald, kaum einen Monat nach dem 11. September, in New York im Fernsehen gesehen, wie Kongreßmitglieder erklärten, es seien geeignete technische Maßnahmen ergriffen worden, um zu verhindern, daß ein Angriff auf das Weiße Haus in wenigen Sekunden den Staatsapparat und alles, was den Rechtsstaat repräsentiert, zerstören könne. Niemals befänden sich der Präsident, der Vizepräsident und der gesamte Kongreß zur selben Zeit am selben Ort, wie das gelegentlich vorkommt, wenn etwa der Präsident den Bericht zur Lage der Nation abgibt. Diese absolute Bedrohung wurde während des kalten Krieges noch durch ein spieltheoretisches Kalkül eingedämmt. Wo die Bedrohung jedoch nicht mehr von einem verfaßten Staat ausgeht, ja nicht einmal von einem Machtgebilde, das man als Schurkenstaat behandeln könnte, läßt sie sich nicht mehr zügeln. Damit verpufft der ganze rhetorische Aufwand (und erst recht der militärische), der die Rede vom Krieg sowie die These rechtfertigen soll, der »Krieg gegen den internationalen Terrorismus« müsse sich gegen bestimmte Staaten richten, die dem Terrorismus als Geldgeber, als logistische Basis oder Hafen dienen – als *sponsor* oder *harbour*, wie man in Amerika sagt.

All diese Anstrengungen, »terroristische« Staaten oder Schurkenstaaten zu identifizieren, sind »Rationalisierungen«, die dazu dienen, nicht nur die absolute Angst, sondern mehr noch die Panik oder das Erschrecken vor der Tatsache zu verleugnen, daß die absolute Bedrohung nicht mehr von irgendeinem Staat, von irgendeiner staatlichen Form moderiert oder kontrolliert werden kann. Diese projektive Identifizierung soll verbergen – und zwar in erster Linie vor der eigenen Wahrnehmung –, daß atomare Potentiale oder Massenvernichtungswaffen an Orten hergestellt werden können und verfügbar sind, die zu keinem Staat mehr gehören. Nicht einmal mehr zu einem Schurkenstaat. All diese Anstrengungen, dieses Gestikulieren, diese »Rationalisierungen« und Verleugnungen mühen sich verzweifelt damit ab, Schurkenstaaten zu identifizieren, und scheitern doch bei dem Versuch, todgeweihte Begriffe wie die des Krieges (nach gutem alteuropäischen Recht) oder des Terrorismus am Leben zu halten. Künftig werden wir es nicht mehr mit dem klassischen Krieg zwischen Nationen zu tun haben, weil kein Staat den USA den Krieg erklärt hat oder als Staat gegen sie zu Felde zieht; wo aber kein Nationalstaat beteiligt ist, kann auch nicht mehr von Bürgerkrieg die Rede sein, ja nicht einmal mehr von »Partisanenkrieg« (um den interessanten Begriff Carl Schmitts zu verwenden), da es nicht mehr um Widerstand gegen eine Besatzungsmacht, um einen revolutionären oder Unabhängigkeitskrieg zur Befreiung eines kolonisierten Staates und zur Gründung eines anderen geht. Aus denselben Gründen verliert der Begriff Terrorismus seine Triftigkeit, weil er stets und zu Recht mit »revolutionären Kriegen«, »Unabhängigkeitskriegen« oder »Partisanenkriegen« verbunden war: mit Auseinandersetzungen, die immer um einen Staat, in dessen Horizont und auf dessen Boden geführt wurden.

Es gibt also nur noch Schurkenstaaten und gleichzeitig keinen Schurkenstaat mehr. Der Begriff ist an seine Grenze gestoßen, seine Zeit ist zu Ende. Dieses Ende, erschreckender denn je, war von Anfang an nahe. All den gewissermaßen begrifflichen Zeichen, auf die ich bisher hingewiesen habe, ist noch ein weiteres hinzuzufügen, das als Symptom für eine andere Ordnung steht. Dieselben Leute, die unter Clinton diese rhetorische Strategie der Verteufelung von *rogue States* am heftigsten betrieben und übertrieben haben, waren es auch, die schließlich – am 19. Juni 2000 – öffentlich erklärten, sie hätten beschlossen, zumindest auf das Wort zu verzichten. An diesem Tag teilte Madeleine Albright mit, das *State Department* halte diese Bezeichnung nicht mehr für angebracht, und man werde künftig neutraler und zurückhaltender von *States of concern* sprechen.

Wie wäre *States of concern* getreu zu übersetzen? Sagen wir »Sorgenstaaten« [États préoccupants], Staaten, die uns viele Sorgen bereiten, aber auch Staaten, um die wir uns ernsthaft besorgen und kümmern müssen – behandlungsbedürftige Fälle, im medizinischen wie im juristischen Sinn. Auffällig war jedenfalls, daß jener Verzicht mit einer schweren Krise des Raketenabwehrsystems (und seiner Finanzierung) zusammenfiel. Von da an wurde der Ausdruck, auch wenn Bush ihn gelegentlich wieder hervorkramte, ungebräuchlich, zweifellos für immer. Das jedenfalls ist meine Hypothese, deren tieferen Grund [raison] ich aufzuzeigen versucht habe. Und deren abgründigen Grund [fond sans fond]. Das Wort »Schurke« wurde gesandt, vom Grund aus gesandt, seine Sendung hat eine Geschichte, und wie das Wort *rogue* währt es nicht ewig.

Aber »Schurke« und *rogue* werden die »Schurkenstaaten« und *rogue States*, denen sie in Wahrheit vorausgegangen sind, noch für einige Zeit überleben.

10. Sendung

Zum Schluß, doch ohne zu schließen, wenn das Ende naht und man sich stets beeilen muß, kommt hier nun endlich die Sendung.

Noch einmal: *Sendung* [envoi], so lautet das Wort.

Vielleicht wird man in der Rede von »kommender Demokratie« eine Antwort auf die Sendung des Absenders vernommen haben. Insofern nämlich die Annahme der Sendung vom Moment des Absendens an verweigert, aufgeschoben [renvoyé] wird und die Rücksendung [renvoi] die Struktur des »differantiellen« Verweises [renvoi] annimmt, welche die ursprüngliche Sendung, vom Moment der Rücksendung oder Antwort an, niemals unbeschädigt läßt, wird man erkennen müssen, daß es an Zeit und also an Geschichte mangeln muß, zumindest daß die Geschichte nicht aus dieser Zeit gemacht ist, an der es mangelt und die es braucht. Der Demokratie muß es immer an Zeit

mangeln. Weil sie nicht wartet und gleichwohl auf sich warten läßt. Sie erwartet nichts, verliert aber alles, wenn sie wartet.
»*Die kommende Demokratie: sie braucht es, daß es die Zeit gibt, die es nicht gibt*« [il faut, à la démocratie à venir, que ça donne le temps qu'il n'y a pas]: vielleicht haben wir das in drei Weisen erwiesen, die freilich alle auf dasselbe hinauslaufen.

1. Zunächst, weil diese unendliche Sitzung dezisionistisch beendet werden muß, weil sie einer Ökonomie der Endlichkeit gehorcht wie jede Diskussion, in der nach demokratischen Regeln Argumente erwogen werden, wie jede Debatte in einem Parlament oder wie jeder philosophische Austausch auf einem öffentlichen Platz.

2. Sodann habe ich Sie zu überzeugen versucht, daß es das demokratische Gebot verbietet, die Demokratie auf später zu verschieben oder sich von einem Ideal oder einer regulativen Idee bestimmen, beruhigen, abspeisen oder trösten zu lassen. Es bezeichnet sich in der Dringlichkeit und im Bevorstehen einer Zu-kunft, deren »zu« [le *à* de l'à-venir] das disjunktive »*a*« einer *différance* in die Richtung ebensowohl eines Befehls wie einer messianischen Erwartung drängt.

3. Schließlich und vor allem erschien uns die *kratische* Souveränität nach einem gewissen Verständnis als markante Unteilbarkeit, welche die Dauer stets in den zeitlosen Augenblick der Ausnahmeentscheidung zusammendrängt. Die Souveränität gibt keine und gibt sich keine Zeit. An dieser Stelle beginnt die grausame Autoimmunität, mit der sie sich souverän affiziert, aber auch grausam infiziert. Autoimmunität ist in der ausdehnungslosen Zeit stets die Grausamkeit selbst, die Selbstinfektion jeder Selbstaffektion. Was bei der Autoimmunität affiziert wird, ist nicht etwas, dies oder das, sondern infiziert wird das Selbst, das *ipse*, das *autos*. Sobald es ihr an Heteronomie, am Ereignis, an Zeit und am anderen mangelt.

In diesen drei Weisen, auf diesen drei Wegen kündigt sich eine gewisse Vernichtung der Zeit an. Sie bezeichnet sich, sie datiert sich, so wie die Tage in ihrer jährlichen Wiederkehr sich zum Jahreskreis runden, so wie der Kreislauf zum Ring sich vollendet, im *trivium* des »es braucht« [il faut] im Sinne des »Mangelns« [défaut], »(Ver-)Fehlens« [faillir], »Scheiterns« [faillite] oder »Unvermögens« [défaillance]: »Es braucht die Zeit« [il faut le temps], »damit das – die Demokratie – gedeiht, muß es die Zeit geben, die es nicht gibt« [il faut que ça donne, la démocratie, le temps qu'il n'y a pas].

Warum habe ich es heute für nötig gehalten, diese merkwürdige und paradoxe Umwälzung, die einer Verallgemeinerung ohne *äußere* Grenze ähneln mag, besser mit Hilfe eines biologischen oder physio-logischen Modells, nämlich des Modells der Autoimmunität, zu formalisieren? Der Grund dafür, Sie werden es ahnen, war keine biologistische oder »genetistische« Vermessenheit.

Einerseits habe ich zu Beginn präzisiert, daß die kreisförmige Rückkehr zu sich gegenläufig verläuft, sich selbst entgegen und gegen sich selbst, und ich habe mich dabei auf einen Ort noch vor der Scheidung von *physis* und ihrem anderen (*techne, nomos, thesis*) bezogen. Was hier für die *physis*, das *phyein* gilt, gilt auch für das Leben vor jeder Opposition zwischen dem Leben (*bios* oder *zoe*) und seinem anderen (Geist, Kultur, Symbolisches, Gespenst oder Tod). Insofern die Autoimmunität *physio*-logisch, *bio*-logisch oder *zoo*-logisch ist, geht sie all diesen Oppositionen voraus oder kommt ihnen zuvor. Meine Fragen zur »politischen« Autoimmunität betrafen genau das Verhältnis zwischen *politikon, physis* und *bios* oder *zoe*, des Lebendig-Toten [la-vie-la-mort].

Indem ich in dieser und keiner anderen Weise von Autoimmunität sprach, kam es mir andererseits vor allem darauf an, all diese Prozesse normaler und normativer Perversion, wenn ich so sagen darf, der Autorität des repräsentierenden Bewußtseins, des Ichs, des Selbst und der Selbstheit zu entziehen. Es war meines Erachtens auch die einzige Art und Weise, in der Politik dem einen Platz einzuräumen, was die Psychoanalyse früher einmal als Unbewußtes bezeichnet hat.

All dies verbindet in meinen Augen die kommende Demokratie mit dem Gespenst oder der gespenstischen Wiederkehr eines Messianischen ohne Messianismus, und ich habe mich bei der Vorbereitung dieser Sitzung oft gefragt, ob das nicht zu einem uneingestandenen Theologem zurückführen könnte oder sich darauf zurückführen ließe. Nicht zum Einen Gott der abrahamitischen Religionen, nicht zum Einen Gott in der politischen und monarchischen Gestalt, von der wir gesprochen haben – Sie erinnern sich an die *Politiken* von Platon und Aristoteles –, und auch nicht zu dem von Rousseau seufzend beschworenen »Volk von Göttern«, das sich, wenn es denn existierte, demokratisch regieren würde.

Nein, ich habe mich gefragt, ob diese Figur eines Zu-künftigen nicht Ähnlichkeiten mit jenem Gott aufweist, von dem jemand Rettung erhoffte, der gewiß niemals auch nur im Verdacht stand, ein Denker der Demokratie zu sein: »Nur noch ein Gott kann uns retten.« Ich glaube, ich kenne so gut wie alles, was zu dieser Erklärung wie überhaupt zu dem ganzen *Spiegel*-Gespräch gesagt worden ist und dazu gesagt werden kann, was darin ausgesprochen und was darin verschwiegen wurde. Ich glaube, ich kenne sehr wohl das Programm, die Ironie, die Politik und die vernichtendsten Urteile, zu denen eine solche Provokation Anlaß geben konnte. Man vertraue mir insoweit. Ich habe einstweilen nicht vor, darüber zu debattieren oder dazu Stellung zu beziehen. Selbst wenn ich hier oder da manche der wohlbekannten Vorbehalte teilen kann, will ich heute auf etwas anderes hinaus. Ich werde nur von einer unleugbaren Tatsache ausgehen: Es besteht die Gefahr (und das ist auch die Wirkung der sogenannten Freiheit der sogenannten demokratischen Presse), daß dieser Satz, dieser Spruch – »Nur noch ein Gott kann uns retten« – aus einem riesigen Netz anderer Behauptungen, Analysen, meditativer Andeutungen Heideggers herausgelöst wird. Dabei gerät zumal das aus dem Blick, was dieser Gott, der uns retten könnte, eben nicht mehr dem Gott der Buchreligionen und vor allem der Christianisierung der Welt schuldet. Heidegger sagt »ein Gott«, er sagt nicht: der Eine Gott (wie die Bibel oder der Koran, wie letztlich Platon, Aristoteles und so viele andere). Er spricht auch nicht, wie der *Contrat social*, im Plural von einem »Volk von Göttern«. Ein Gott, das ist weder der Eine Gott, noch sind es Götter. Was mich hier in erster Linie interessiert, ist dieser Unterschied in der Zahl: weder der Eine Gott noch Götter, weder der Eine Gott der Bibel noch der Gott oder die Götter der Philosophen und der Ontotheologie. Offenbar ist diese »eine Gott« auch nicht mehr der »letzte Gott« der *Beiträge zur Philosophie*, der, nebenbei gesagt, »nicht das Ende, sondern der andere Anfang unermeßlicher Möglichkeiten unserer Geschichte« ist; und in einer weiteren Formulierung unterstreicht Heidegger: »Der *letzte* Gott ist kein Ende, sondern ...«[81]

Wäre ich nicht gehalten, einen äußerst elliptischen Vortrag zu halten, so hätte ich mich von hier aus noch einmal auf den Weg gemacht, auf den Rückweg. Ich hätte eine »Kehrtwendung« [demi-tour] gemacht, von der noch nicht die Rede war, eine Umkehr auf halbem Wege, eine halbe Umdrehung. Ich hätte es getan, um diese Figur der Kehrtwendung in ihrer *Dimension* zu ermessen, das heißt am Maßstab des *Maßes* zu messen (das uns, zwischen dem Kommensurablen und dem Inkommensurablen, als Problem der Demokratie so sehr beschäftigt hat), hier also, genauer gesagt, am *Maß der Halbheit* [à la dimension de la demi-mesure]. Ich hätte es nicht nur getan, um im Anschluß an Heidegger den Versuch zu unternehmen, zu denken, was »der letzte« in dem Ausdruck »der letzte Gott« bedeutet, sondern um mehrere Problemadern freizulegen.

Zunächst die Verbindung, die in diesem *Spiegel*-Gespräch (das 1966 geführt, aber erst, ich erinnere daran, 1976 nach dem Tod Heideggers veröffentlicht wurde) mehrfach zwischen jener enigmatischen Behauptung und der Demokratie gezogen wird. Dort, wo er die planetarische Bewegung der modernen Technik evoziert, fragt sich Heidegger, welches politische System diesem technischen Zeitalter zugeordnet werden könnte. Er sagt nicht, es sei nicht die Demokratie. Aber er sagt auch nicht, es sei die Demokratie. Er sagt mit einer Vorsicht, die manche, zu denen ich nicht unbedingt zähle, für gerissen halten würden: »Ich bin nicht überzeugt, daß es die Demokratie ist.«[82]

Diese Rhetorik ist die gemessene Rhetorik der Halbheit. Doch die Halbheit erscheint sogar auch ausdrücklich, nämlich dort, wo die Journalisten des *Spiegel* Heidegger beim Wort nehmen. Sie stürzen sich auf den Begriff »Demokratie« und verlan-

---

81 Martin Heidegger, *Beiträge zur Philosophie (Vom Ereignis). Gesamtausgabe*, Bd. 65, Frankfurt am Main: Klostermann 1989, S. 411, 416.
82 »Nur noch ein Gott kann uns retten«. *Spiegel*-Gespräch mit Martin Heidegger am 23. September 1966, in: *Der Spiegel* 23/1976, S. 193-219. Alle Zitate auf S. 206.

gen Genaueres. Wie die meisten Journalisten interessieren sie sich vor allem, sogar einzig für das, was sie für Politik und das Politische halten. Wie alle Journalisten fordern sie klare und eindeutige, leicht verständliche Antworten zu diesem Thema. Übrigens haben sie recht, an das Uneindeutige des Wortes »Demokratie« zu erinnern. »Nun ist ›die‹ Demokratie«, sagen sie, »nur ein Sammelbegriff, unter dem sich sehr verschiedene Vorstellungen einordnen lassen. Die Frage ist, ob eine Transformation dieser politischen Form noch möglich ist. Sie haben sich nach 1945 zu den politischen Bestrebungen der westlichen Welt geäußert und dabei auch von der Demokratie gesprochen, von der politisch ausgedrückten christlichen Weltanschauung und auch von der Rechtsstaatlichkeit – und Sie nannten alle diese Bestrebungen ›Halbheiten‹.«

Die Antwort Heideggers weist daraufhin den Journalisten eine Aufgabe zu, die auch die unsere sein sollte: »Zunächst bitte ich Sie«, sagt er, »zu sagen, wo ich über Demokratie und was Sie weiter anführen gesprochen habe. Als Halbheiten würde ich sie auch bezeichnen, weil ich darin keine wirkliche Auseinandersetzung mit der technischen Welt sehe ...«

Aber die Journalisten werden immer hartnäckiger und ungeduldiger: »Welche der eben skizzierten Strömungen wäre da nach Ihrer Ansicht die am ehesten zeitgemäße?« Und Heideggers noch gemessenere und vorsichtigere Antwort: »Das sehe ich nicht. Aber ich sehe hier eine entscheidende Frage. Zunächst wäre zu klären, was Sie mit ›zeitgemäß‹ meinen, was hier ›Zeit‹ bedeutet ...«

Von hier ausgehend müßte man mit aller Behutsamkeit noch einmal dieses Gespräch in seiner Gänze lesen und all den Spuren nachgehen, die dorthin führen oder von dort ausgehen. In unserem Zusammenhang würde ich derjenigen den Vorzug geben, welche die politische Frage der modernen Technik mit der Semantik des Wortes »retten« in der Formulierung »Nur noch ein Gott kann uns retten« verknüpft. Die große Frage des »Rettens« [sauver] ist die des »Heilen« [le sauf], des Heils [le salut], der Gesundheit [la santé], der Sicherheit [la sécurité]. Ich brauche nicht, wie ich es in »Glaube und Wissen« und anderswo getan habe, eigens auf die Verbindungen hinzuweisen, die sie mit den Fragen des Unversehrten [l'indemne], Gesunden [le sain] und Heilen [le sauf], des Verschonten [l'immun] und der Immunität unterhält. So stellen sich hier viele Probleme zwischen retten* und heilen*, dem Heilen*, Unversehrten, Geborgenen, Gesunden. Das Rettende* steht im Mittelpunkt des Vortrags »Die Frage der Technik«, den man an dieser Stelle noch einmal lesen müßte. In »Bauen Wohnen Denken« (1951) entfaltet Heidegger die Semantik des Wortes »Freiheit« ausgehend von der Kette Friede*, das Freie*, das Frye*, fry*, welches nicht nur das bedeutet, was frei, sondern auch das, was geschont, bewahrt, aufgespart wird (auf englisch hieße es *saved*). Freien* bedeutet »vor Schaden bewahren«, man könnte auch sagen »schonen«* [indemniser, immuniser]. »Freien bedeutet eigentlich schonen.«*[83] Daher der alte Sinn von retten*, den – wie Heidegger im weiteren sagt – Lessing noch kannte. Retten* bedeutet nicht nur »einer Gefahr entziehen«, sondern »etwas in sein eigenes Wesen freilassen«.[84]

Wir stoßen hier wieder auf die Problematik, die wir bereits anhand des Buches von Nancy erörtert haben. Was das Unversehrte und Heile, das Heil oder die Gesundheit angeht (heil*, heilen*, heilig* usw.), so ist es kein Zufall, daß es in dem folgenden Absatz in einer Verkettung erscheint, die diesem Text eigen ist, zugleich aber mit vielen anderen Schriften Heideggers über retten* und heilen*, heilig* usw. verknüpft ist, die ich an dieser Stelle nicht angemessen, nämlich mikrologisch rekonstruieren und problematisieren kann, zumal dort, wo es um den Tod für die Sterblichen geht, um das Sterbenkönnen, darum, daß sie »den Tod *als* Tod vermögen«:

»Die Sterblichen wohnen, insofern sie ihr eigenes Wesen, daß sie nämlich den Tod als Tod vermögen, in den Brauch dieses Vermögens geleiten« – bekanntlich ist *Brauch* ein Wort, das sich nur schwer ins Französische übersetzen läßt –, »damit ein guter Tod sei.«[85]

So erwarten die Sterblichen also die Göttlichen ebenso wie das Heil:

83 Martin Heidegger, »Bauen Wohnen Denken«, in: ders., *Vorträge und Aufsätze*, Pfullingen: Neske 1954, S. 149.
84 Ebd., S. 150.
85 Ebd., S. 151.

»Die Sterblichen wohnen, insofern sie die Göttlichen als die Göttlichen erwarten. Hoffend halten sie ihnen das Unverhoffte entgegen. Sie warten der Winke ihrer Ankunft und verkennen nicht die Zeichen ihres Fehls. Sie machen sich nicht ihre Götter und betreiben nicht den Dienst an Götzen. Im Unheil noch warten sie des entzogenen Heils.«[86]

Sätze, die man noch einmal lesen und mit vielen anderen verbinden müßte. Zum Beispiel in den *Holzwegen* (»Wozu Dichter«): »Unheil als Unheil spurt uns das Heile. Heiles erwinkt rufend das Heilige. Heiliges bindet das Göttliche. Göttliches nähert den Gott.«[87]

Das Weitere spricht von dem Wagnis, das diejenigen eingehen, die das Heile besingen, wie der Dichter »auf der Spur zum Heilen« [la trace de l'immun] und auf der »Spur der entflohenen Götter«. Das Verhältnis zwischen dem Heilen und dem, was es bedroht oder ihm zuwiderläuft, zwischen Heil* und Unheil*, ist kein äußerliches oder bloß gegensätzliches. Das gleiche würde ich vom Verhältnis zwischen Immunität und Autoimmunität sagen. Wenn man nun dem Heil [salut] im Sinne von Retten* und Heilen* als dritte Bedeutung Gruß* und grüßen* hinzufügt (das in den Texten Heideggers nicht fehlt, vor allem in denen zu Hölderlin, in »Heimkunft« und »Andenken«); wenn man, wie ich es versucht habe und wie ich versucht bin, es an anderer Stelle zu tun, den an den anderen gerichteten Gruß [le salut de l'autre] und jede Art von Erlösungsheil [tout le salut de salvation] (im Sinne von Geborgenheit, Verschontsein, Gesundheit und Sicherheit) als miteinander unvereinbar auseinanderhält; wenn man annimmt, daß der Gruß, der dem anderen oder dem Kommenden gilt, auf keinerlei Suche nach Erlösungsheil zurückgeführt werden kann, sondern diesem fremd bleibt, so ahnen Sie, welche Abgründe das Gelände aufweist, dem wir uns hier genähert haben.

Wie könnten wir auf diesen Spuren zur Zu-kunft der Demokratie und zu dem schrecklichen Axiom der Autoimmunität zurückkommen? Ohne es hier zeigen zu können, behaupte ich,

---

86 Ebd.
87 Martin Heidegger, »Wozu Dichter«, in: ders., *Holzwege*, Frankfurt am Main: Klostermann 1950, S. 294.

daß zwischen diesen Motiven (der dreifachen Bedeutung von Heil – retten*, heilen*, grüßen* –, dem Heilen, Wohlbehaltenen, Verschonten, der Gesundheit und Sicherheit, der Heilsgewißheit [l'assurance du salut] und dem ungewissen Gruß [le salut sans assurance] an den anderen, der kommt oder geht) und der Frage der Demokratie eine Beziehung besteht, die uns in der Folge sehr rasch sowohl zum Terror der Französischen Revolution unter den Wohlfahrtsausschüssen [Comités de salut publique] als auch zu all dem führen würde, was heute und morgen dringend verändert werden muß, im Bereich der Gesundheit und der öffentlichen Sicherheit, der institutionellen Struktur und der strukturellen Souveränität des sogenannten Sicherheitsrats in dem Krieg, den er gegen den Terror des sogenannten internationalen Terrorismus begonnen hat. Wenn ein Gott, der uns retten kann, ein souveräner Gott wäre, wovor uns Gott bewahren möge, so ließe er nach einer Revolution, von der wir noch keine Vorstellung haben, einen ganz anderen Sicherheitsrat entstehen.

Gewiß, nichts ist weniger gewiß als ein Gott ohne Souveränität, gewiß, nichts ist weniger gewiß als sein Kommen. Ebendarum, ebendarüber sprechen wir ...

Doch das kann noch auf sich warten lassen, so wie die kommende Demokratie.
Der kommenden Demokratie ein Gruß!

Die »Welt« der kommenden Aufklärung
(Ausnahme, Kalkül und Souveränität)

Erlauben Sie mir, ehe ich beginne, in tiefer Betrübnis unseres Kollegen Dominique Janicaud zu gedenken. Seine Freundschaft, sein Vertrauen, die Wachsamkeit seines Denkens begleiten mich seit fünfunddreißig Jahren. Ich habe so viel mit ihm geteilt (er liebte das Wort *Teilen* [partage], gerade im Kontext der Vernunft, und am Ende von *La Puissance du rationnel*, wo er über »die Zukunft *als solche*« sprach, ergänzte er nach einem Doppelpunkt, worum es ihm ging: »an ihr teilzuhaben«[1]). Ich hatte das Glück, mit ihm im Leben und in der Philosophie so viele Dinge zu teilen; meine Hochachtung vor ihm speist sich aus so vielen Quellen, daß ich sie nicht in wenigen Sätzen erschöpfend auszudrücken wüßte. Wie viele von uns hatte ich mich darauf gefreut, ihn heute wiederzusehen, und zweifellos war dies einer der Gründe, weshalb ich heute hier bin.

Ohne im Augenblick mehr darüber sagen zu wollen, beschränke ich mich darauf, meinem Vortrag einige Fragmente aus *La Puissance du rationnel* als Motto voranzustellen:

»Das Unberechenbare im Reich des Kalküls zu erfassen: das ist kein magischer Akt, sondern die Offenbarung dessen, was *ein epochales Ereignis ausmacht* ...«[2]

Und am Ende des Buches, gleichsam als vorletztes Wort:

»Das Unberechenbare ist da, aber wir dürfen es nicht unterlassen, zu rechnen – mit ihm, nicht auf es –, uns mit der Zeit, unserem Widersacher von jeher, zu messen. [...] Unnötig, an unseren sicheren Tod zu erinnern. Die Endlichkeit ist der Struktur des Lebens einbeschrieben, dem ungewissen Schicksal des Planeten so wie aller Wesen ...«

---

1 Dominique Janicaud, *La Puissance du rationnel*, Paris: Gallimard 1985, S. 375. Hervorhebung von Janicaud.
2 Ebd., S. 75. Hervorhebung von Janicaud. Dieser Satz fällt im Zusammenhang einer Heidegger-Lektüre. Er wird von Janicaud weder uneingeschränkt gebilligt noch auch, wie mir scheint, ausdrücklich kritisiert.

1. Teleologie und Architektonik:
Die Neutralisierung des Ereignisses

Im selben Moment, in dem ich ängstlich, wie ich es in einem solchen Augenblick immer noch bin, fürchtete, niemals der *Aufgabe* gewachsen zu sein (wie gesagt: der *Aufgabe*), die mir hier erteilt oder zugesprochen wurde; im selben Moment, in dem ich – in dem Gefühl, der *Ehre* (wie gesagt: der *Ehre*), die mir damit erwiesen wurde, so unwürdig zu sein – begann, mich auf diese Exposition vorzubereiten, mich zu exponieren, meine Unzulänglichkeiten im Verlauf eines *endlichen* (wie gesagt: *endlichen*), zumal zeitlich begrenzten Exposés zu exponieren – eineinhalb Stunden, so hieß es –, in ebendiesem Moment waren es die eben betont wiederholten Worte (die *Aufgabe*, die *Ehre*, die *Endlichkeit*), die mir im voraus eine Verpflichtung auferlegt haben.

Es waren diese Worte, die mich verpflichtet haben, bei ihnen zu verweilen. Sie selbst haben von mir verlangt, ihnen auf verantwortliche Weise zu antworten. Sie haben darauf bestanden, daß ich etwas über die *Verpflichtung* oder die *Verantwortung* sage, die mir hier zufällt und ebenso, möchte ich meinen, uns.

Diese Worte, ich wiederhole sie, sind die Wörter *Aufgabe* oder (endliche oder unendliche) *Verpflichtung*, mithin (endliche oder unendliche) *Verantwortung*, aber auch *Ehre*. Warum aber, werden Sie fragen, die Ehre?

Eine beängstigend zweideutige Hypothese hat sich da, wie es sich für jede *hypothesis* ziemt, *untergeschoben*. Eine Hypothese hat sich *von unten her* dem *aufgezwungen*, was ich mich eben sagen hörte. Das idiomatische Syntagma ihres Leitspruchs oder Schlagworts ließe sich in fünf Worte fassen: »Die Ehre der Vernunft retten«. Jemand in mir flüstert mir zu: »Vielleicht geht es darum, die Ehre der Vernunft zu retten.« »Vielleicht geht es ja heute, am heutigen Tage, im Lichte des hellen Tageslichts dieses Tages, darum, die Ehre der Vernunft zu retten.« Vielleicht müßte man es sogar. *Es geht darum* heißt *man muß*. Bei jedem Wort unterschlüpfend, unter jedes Wort schlüpfend, reißt die Hypothese unter jedem meiner Schritte einen Abgrund auf.

Diese abgründige Hypothese wird mich nicht mehr verlassen,

auch wenn ich sie künftig verschweigen muß. Da haben wir, ich wiederhole es, die erste Figur, das erste »wenn«: »Und *wenn* wir hier berufen wären, die Ehre der Vernunft zu retten«, oder, wenn man bei einer Hypothese das fiktionale »Als ob«* bevorzugt, dem in der Philosophie hohe Ehre erwiesen wird, im Namen der Vernunft selbst, mehrfach bei Kant, aber auch vielen anderen: »Es ist, *als ob* wir berufen wären, die Ehre der Vernunft zu retten.« Und wenn die Veranstalter dieses Kongresses, die auch diesen Titel gewählt haben, uns zu diesem Zweck zusammengerufen hätten? Und wenn wir *uns* selbst zusammengerufen hätten, *als ob* wir Philosophen in stürmischen Zeiten, Verzweiflung, Gefahr oder Verderben vor Augen, die Ehre der Vernunft retten müßten, *gleichsam um* die Ehre der Vernunft zu retten – und zwar, *uno actu*, in französischer Sprache, gar im Namen der französischen Sprache, verstanden als europäische Sprache eher lateinischer als griechischer oder germanischer Herkunft (*reor*, das heißt: ich meine, ich denke, ich rechne; und *ratio*: Vernunft oder Berechnung, Rechenschaft oder Proportion) – in einer lateinischen Sprache also, die, bereits unter der Last von Übersetzungen, Erfahrung mit dem Übersetzen hat, von dem wir später sehen werden, daß ihm das gesamte Schicksal der Vernunft, das heißt der kommenden weltweiten Universalität aufgebürdet ist? Die Ehre der Vernunft zu retten: es ist, als wären wir zusammengerufen worden, um hier und jetzt die Verantwortung dafür zu übernehmen, wir als französischsprachige Philosophen, an den Ufern des Mittelmeers, in einer französischen Stadt griechischen Namens,[3] einer Stadt im Banne des Krieges, gleichsam das Monument eines Sieges, der stets darin besteht, gegen den anderen die Oberhand und recht zu behalten [avoir raison de l'autre et contre l'autre]. Wir sehen, wie sich schon in der Morgenröte, im Nebel der Anfänge, ein Küstenstrich und die Häfen Europas abzeichnen. Es ist, als ob die große Frage der Vernunft, als bewaffnete oder unbewaffnete Frage, sich bereits auf eine geopolitische Durchquerung Eu-

---

3 Nikaia, Nizza, war eine Gründung der griechischen Kolonie Massalia, Marseille. Die Stadt war eine jahrhundertelang umkämpfte Festung im Verteidigungssystem der Grafen von Savoyen gegen die Franzosen. A. d. Ü.

ropas und seiner Sprachen vorbereitete, Europas und der übrigen Welt. Sollte die Vernunft (*logos* oder *ratio*) vornehmlich eine Sache des Mittelmeers sein? Sollte sie hier in sicherem Hafen gelandet sein, in Sichtweite Athens oder Roms, um bis ans Ende der Zeiten an seinen schützenden Ufern zu überdauern? Hat sie niemals die Anker gelichtet oder sich forttreiben lassen? Hat sie niemals endgültig oder kritisch die Verbindung mit ihren Geburtsstätten, mit ihrer Geographie und ihrer Genealogie gekappt?

Zunächst einmal bin ich versucht, mich naiv einem ersten Verständnis des Ausdrucks zu überlassen, der mich so überrascht hat: »Die Ehre der Vernunft retten«. Die Ehre der Vernunft, ist das die Vernunft? Und die Ehre, ist sie durchgängig vernünftig oder rational? Eine Frage, die sich formal analog auf alles übertragen läßt, was die Vernunft bewertet, behauptet oder vorschreibt: Der Vernunft den Vorzug zu geben, ist das rational oder, was nicht dasselbe ist, vernünftig? Der Wert der Vernunft, das Begehren der Vernunft, die Würde der Vernunft: ist das rational? Gehört das noch vollständig in den Bereich der Vernunft? Was berechtigt uns, ein solches »Interesse der Vernunft«*, ein solches Interesse *der* Vernunft, *an der* Vernunft und *für die* Vernunft, noch oder schon der Autorität der Vernunft zu unterstellen – ein Interesse, das, woran Kant uns erinnert, zugleich ein praktisches, spekulatives und architektonisches ist, vor allem aber ein architektonisches?[4] Denn, so sagt

---

4 Immanuel Kant, *Kritik der reinen Vernunft*, in: *Werke in sechs Bänden*, hg. von Wilhelm Weischedel, Bd. 2, Darmstadt: Wissenschaftliche Buchgesellschaft 1998, S. 440 ff. (»Von dem Interesse der Vernunft bei diesem ihrem Widerstreite«, A 462 ff., B 490 ff.). – Mir war nicht bekannt (oder es ist mir entfallen), daß Kant den Ausdruck »die Ehre der menschlichen Vernunft verteidigen«* offenbar in einer Jugendschrift verwendet hat. Jean Ferrari, der Vorsitzende der *Association des sociétés de philosophie de langue française*, wies mich nach meinem Vortrag darauf hin und versprach, mir die Stelle herauszusuchen. In seinem Buch *Les Sources françaises de la philosophie de Kant* (Paris: Klincksieck 1980) zitiert Jean Ferrari, dem ich dafür noch einmal danken möchte, die Formulierung gleich zweifach (auf S. 25 und 147).

Amnesie, Symptom, Arbeit des Unbewußten oder zufällige Koinzidenz – die *Notwendigkeit* dieser Rekurrenz findet sich damit in ihrem *Sinn* be-

Kant, und das ist für uns von Bedeutung, »die menschliche Vernunft ist ihrer Natur nach architektonisch«.[5] Genau dies drängt ihn im Antinomie-Kapitel dazu, eher der Seite der Thesis den Vorzug zu geben als einer Antithesis, die das Systemgebäude bedroht und mithin dem architektonischen Begehren oder Interesse zuwiderläuft, zumeist um antithetisch auf Themen Rücksicht zu nehmen, die heute für uns von Bedeutung sein sollten, nämlich Teilbarkeit, Ereignishaftigkeit und Bedingtheit.

Wenn die Vernunft als interesselos gilt, woran ist sie dann noch interessiert? Gehört dieses »Interesse« der Vernunft noch zur Vernunft? Zu welcher Rationalität der vergangenen, gegenwärtigen oder kommenden Vernunft? Wenn die Vernunft also zu einer systemischen und vereinheitlichenden Architektonik berufen ist, so wird sie heute nicht nur von den Figuren der Antithesis in den Antinomien der transzendentalen Dialektik bedroht. Sondern auch von der unter dem Gesichtspunkt der Geschichte und Entwicklung der Wissenschaften durchaus rationalen Notwendigkeit, plurale Rationalitäten zu berücksichtigen. Jede von ihnen hat ihre ontologische »Region«, ihre Notwendigkeit, ihren Stil, ihre Axiomatik, ihre Institutionen, ihre Forschergemeinschaft und ihre Historizität. In ihrer spezifischen Historizität, in den Figuren und Konfigurationen, die sie bilden, wie immer man sie benennt oder interpretiert – indem man Kategorien wie die des *Paradigmas*, der *Themata*, der *Epi-*

---

stätigt, erweist jedenfalls in mehrfacher Hinsicht eine unleugbare Rationalität. Der Ausdruck sowie die Frage, die er eröffnet, scheint in der Vernunft begründet, um so mehr, als ich ihm, abermals *nachträglich*, bei Husserl wiederbegegnet bin (siehe unten, S. 175).

5 Kant, *Kritik der reinen Vernunft*, a. a. O., S. 449 (A 474, B 502). Für den, der sich für das Werden oder die Historizität der Vernunft interessiert, ist diese These historischer, als es den Anschein hat. Denn wenn auch die Sorge um synthetische und synchronische Kohärenz, die Besorgnis um eine (fundierende, kausale oder prinzipielle) *arche*, seit je die Vernunft mit der *architekturalen* Organisation und all ihren Metaphern verbunden hat, ist das Unternehmen eines *architektonischen Systems* im strengen Sinne eine relativ moderne Form oder Gestalt. Nicht jede Kohärenz ist oder war immer schon systemisch. Heidegger hat, wie mir scheint, mit Recht gelegentlich darauf hingewiesen.

steme oder des angeblichen *epistemologischen Einschnitts* verwendet, um die Unterschiede zwischen der Mathematik, den Naturwissenschaften oder Wissenschaften des Lebens, den Human-, Sozial- oder Geisteswissenschaften, der Physik wie der Biologie, der Jurisprudenz, der politischen Ökonomie, Politologie, Psychologie, Psychoanalyse und Literaturtheorie mit all ihren Techniken und institutionellen Gemeinschaften zu bezeichnen, die von ihrem Wissen untrennbar sind –, leisten diese vielfältigen Rationalitäten im Namen ihrer Rationalität selbst einer architektonischen An- und Einordnung Widerstand. Denn diese würde ihrer unübersetzbaren, einzigartigen Heterogenität Gewalt antun und sie in der Einheit einer »Welt« aufgehen lassen, die Kant als »regulative Idee der Vernunft« bezeichnet hat und deren Erfahrungseinheit bei ihm nicht ohne ein »Als ob« auskommt. Es ist, als ob sämtliche modalen, rhetorischen, logischen oder phänomenologischen Bahnen des »als«, »als solches« oder »als ob« (Erscheinungswelt, Fiktion, Analogie, *logos* der Proportion, Simulakrum und Simulation, Kunst und *techne*, Technik und Artefakt) sich hier kreuzten und hier zusammenliefen, um das architektonische Begehren herauszufordern und der vereinheitlichenden und aneignenden Ordnung der Vernunft zu trotzen. Einer wesentlich *analogischen* Vernunft. Muß man dann nicht im Namen dieser heterogenen Rationalitäten, ihrer Spezifität und ihrer Zukunft, ihrer »Aufklärung«, die vorrangige und gebieterische Autorität der Architektonik, das heißt einer gewissen »Welt«, eines einheitlichen Weltbegriffs als regulative, je schon autorisierende Idee in Frage stellen? Das würde eine wahrhafte Genealogie der Welt, des Weltbegriffs, in den *Globalisierungs*diskursen voraussetzen (sowohl im Sinne von *mondialisation* wie von *globalisation*, was noch etwas anderes sein sollte).

Beim ersten Hören spricht der Ausdruck »die Ehre der Vernunft retten« nicht nur das Heil und die Ehre der Vernunft aus. Heil bedeutet auch Sicherheit, Gewißheit oder ehrenvolle Bewahrung, Unversehrtheit oder Schonung [immunité] einer Vernunft, die vielleicht auch darin besteht, zu retten, sich zu retten, in jedem Sinne des Wortes. »Die Ehre retten«, darin klingt vielleicht schon ein bevorstehendes Scheitern an, ein angekündigter *Verlust*, bei dem die Vernunft *zu verlieren* oder *sich zu ver-*

lieren droht – entweder indem man die Vernunft verliert, zum Beispiel in Wahn, Narretei oder Geisteskrankheit; indem einem das Bewußtsein oder das Wissen schwindet, die geistige Klarheit und Zurechnungsfähigkeit; oder indem die Vernunft zur verlorenen Sache wird. Wo die Vernunft *sich verliert*, wo sie verloren oder Verliererin ist, da würden wir sagen: retten wir die Vernunft. Wenn alles zu scheitern oder zu stürzen, unterzugehen oder in Düsternis zu versinken scheint, ist es, als ob in der letzten Dämmerung eines Scheiterns oder Mißlingens die Vernunft, *diese* Vernunft, die wir so voreilig als die »unsere« oder die »menschliche« bezeichnen, nur die Wahl hätte zwischen zwei Zielen, zwei Eschatologien, zwei Weisen des Strandens [d'échouer]: *auf Grund zu laufen* [l'échouement] oder *auf Grund zu setzen* [l'échouage]. Die Küste in Sicht und, gemäß der maritimen Metapher, an die wir uns halten, mit dem Ufer in Sichtweite oder fern von ihm, ohne sichere Ankunft, zwischen Land und Meer.

Auf Grund laufen, das ist der Moment, in dem das Schiff strandet und vorübergehend unmanövrierbar wird. Dieser Vorfall ist ein Unfall, ein Ereignis: so etwas geschieht, so etwas kommt vor, weil man unvorhersehbar und unberechenbar vom Grund eingeholt worden ist. Ich brauche nicht an die Nähe der Figuren der Vernunft und des Grundes, der Grundlegung und Begründung, des *principe de raison suffisante*, des *principium rationis*, des *nihil est sine ratione* als Satz vom Grund*, als Satz vom zureichenden Grunde* der Leibnizschen *Theodizee* und dessen umdeutende Wiederholung durch Heidegger zu erinnern;⁶ wenn ich die Zeit gehabt hätte und wenn die Ökonomie eines Vortrags oder eines Kongresses über die Vernunft vernünftig wäre, so hätte ich gern mit Ihnen eine geduldige, Wort für Wort, Absatz für Absatz vorgehende Neulektüre, eine anspruchsvolle und problematisierende Analyse unternommen, die dieser Text meiner Ansicht nach erfordert: Wir hätten dabei insbesondere seine epochenabgrenzende Periodisierung, seine

---

6 Wenn ich die Zeit zur Verfügung hätte, so wäre ich an dieser Stelle dem Faden nachgegangen, der von »Vom Wesen des Grundes« (1929), zumal im Umkreis des »Welt«-Begriffs und seiner Geschichte, bis zu »Der Satz vom Grund« (1957) führt.

verleugnete Teleologie, seine Deutung der Repräsentation in den rationalistischen Begriffen des 17. Jahrhunderts, das ohrenbetäubende Schweigen über Spinoza usw. befragt. Alles spielt sich an der Grenze zwischen dem Berechenbaren und Unberechenbaren ab, dort, wo der Grund* sich zum Abgrund* öffnet, wo das Begründen oder Rechenschaftgeben – *logon didonai* oder *principium reddendae rationis* – sich vom Abgrund bedroht und angezogen fühlt, von mehr als einem Abgrund, einschließlich des Abgrunds der Übersetzung zwischen den verschiedenen Sprachen, die ich hier nebeneinandergestellt habe. Ich habe sie nicht nebeneinandergestellt, um ihre durchsichtige Äquivalenz zu unterstellen, sondern, wie ich unterstreichen möchte, um einen Wink auf jene hypothetische und problematische universelle Übersetzbarkeit zu geben, die eine der Grundfragen der Vernunft ist, dessen, was wir Vernunft genannt haben und auch morgen noch so nennen werden, die Vernunft in der Welt.

Auf Grund setzen, das ist nicht dasselbe wie *auf Grund laufen*. Auf Grund setzen, das ist der Moment, in dem – diesmal absichtlich, aus freien Stücken, wohlerwogen, auf berechenbare und berechnete Weise, autonom – der Kapitän eines Schiffs, weil er nicht Kurs halten konnte, sich verantwortlich dafür entscheidet, den Boden zu berühren – und auch diese Entscheidung ähnelt einem Ereignis. Doch wenn ein Schiff auf Grund läuft, würden wir diesen Vorfall oder Unfall ebenfalls ein Ereignis nennen. Zwischen dem Auf-Grund-Setzen und dem Auf-Grund-Laufen würden wir die verzweifelte Anstrengung durchleben, in der höchsten Not einer eingestandenen Niederlage aus schwerer Seenot zu retten, was am Ende einer verlorenen Schlacht, einer Schlacht für eine gerechte Sache, eine edle Sache, die Sache der Vernunft, an Ehre noch bleibt: Es liegt uns viel daran, ihr einen letzten Gruß zu senden, in der eschatologischen Melancholie einer Philosophie des Abschieds [philosophie endeuillée]. Wo nichts mehr zu retten ist, versucht man in der Niederlage zumindest die Ehre zu retten. Die Ehre retten, das wäre nicht das rettende Heil [salut], sondern nur noch ein Abschiedsgruß [salut] bei der Trennung vom anderen. Philosophie des Abschieds, sagte ich, sei es, weil die Welt dabei ist, *die Vernunft zu verlieren* beziehungsweise *sich als Welt zu verlie-*

ren, oder weil die Vernunft selbst, die Vernunft als solche, dabei ist, zur Bedrohung zu werden. Sie wäre eine Macht, sie hätte die Macht, sich selbst zu bedrohen, den Sinn und das Menschliche der Welt zu verlieren. Statt sich zu verlieren, sich selbst untergehen zu lassen würde ich lieber von *Autoimmunisierung* sprechen, um jene merkwürdige, unlogische Logik zu bezeichnen, nach der ein Lebewesen spontan und autonom genau das zerstören kann, was in ihm dazu bestimmt ist, es gegen das andere, gegen das aggressive Eindringen des anderen zu schützen. Doch weshalb sollte man hier von *Autoimmunität* sprechen? Warum sollte man auf so zweideutige Weise die Bedrohung, die Gefahr, den Verfall und das Scheitern, das Auf-Grund-Laufen und Auf-Grund-Setzen, aber auch das Heil, die Rettung, die Gesundheit oder Sicherheit als ebenso viele diabolisch-autoimmunitäre Sicherungen bestimmen, die virtuell nicht nur zu selbstmörderischer Selbstzerstörung imstande sind, sondern auch dazu, gewissermaßen den Todestrieb gegen das *autos* selbst zu wenden, gegen jene Selbstheit, die selbst ein Selbstmord, der diesen Namens verdient, noch unterstellt? Ich tue es, um die Frage des Lebens und des Lebendigen, von Leben und Tod, des Lebendig-Toten [la-vie-la-mort], in den Mittelpunkt meines Vortrags zu stellen.

Wie aber – und darin läge eine Art Überdeterminierung der Frage – sollte man sich nicht schon beim ersten Hören des Syntagmas »Die Ehre der Vernunft retten« der großen Warnungen erinnern, die Husserl 1935/36, zwischen den beiden sogenannten Welt-Kriegen, zwischen zwei Globalisierungen [mondialisations] des Krieges, ausspracht? Wir werden auf dieses Datum zurückkommen, aber auch auf diese beiden Begriffe: den der »Welt« oder des Endes einer Welt und vor allem den des »Krieges«, auf ein ganz anderes Ende des Krieges, das wir vielleicht gerade erleben, das Ende des Krieges*begriffs*, des europäisch-juridischen Begriffs des Krieges (in all seinen Gestalten: des Staatenkriegs, des Bürgerkriegs und sogar, wie Carl Schmitt sagen würde, des »Partisanenkriegs«, der, ob nun »terroristisch« geführt oder nicht, letztlich immer noch im Horizont eines zu bekämpfenden, zu befreienden oder zu gründenden Nationalstaats stattfand). Und wir werden auf die Verbindung zurückkommen, die zwischen diesem juridischen Kriegsbegriff und der unterstellten Souveränität des Staates, des Feindes als Staat oder Nationalstaat, besteht. Dieses Ende des Kriegsbegriffs mag alles bedeuten, nur nicht Frieden. Es scheint untrennbar verbunden mit der Zukunft der Vernunft, das heißt der Philosophie, wo immer die Begriffe des Völkerrechts, der nationalstaatlichen Souveränität und der Souveränität überhaupt in ebenjenem Beben erzittern, dem man konfuserweise den Namen »Globalisierung« gegeben hat.

Was hätte sich für uns seit 1935/36 verändert, seit jenem Husserlschen Aufruf an das philosophische Gewissen Europas im Angesicht einer Krise der Wissenschaften und der Vernunft? Könnten wir diesen Appell wiederholen? Müßten wir ihn verändern? Müßten wir seine Voraussetzungen oder seine Zielrichtung in Zweifel ziehen oder ihn vielmehr erneuern und umarbeiten? Durchlaufen wir einen Moment, den man einfach durchlaufen, einfach hinter sich bringen kann? Hoffen wir, über ihn hinauszugelangen, so daß wir ihn eines Tages, am Ende eines *kritischen*, gefährlichen, jedoch vorläufigen oder periodisch wiederkehrenden Durchgangs, den man deshalb eine *Krise* nennen dürfte, überwunden hätten? Und das auf einer langen Schiffsreise, deren Rundkurs oder Odyssee uns zum sicheren Hafen eines Ursprungs zurückführte, von dem Husserl annahm, er müsse nur wiederbelebt werden? Vielleicht müssen wir im Gegenteil versuchen, etwas anderes zu denken als eine Krise. Vielleicht erleben wir gerade ein mehr oder weniger heftiges Erdbeben, das etwas anderes ist als eine Krise der Vernunft, der Wissenschaft und des Bewußtseins, etwas anderes als eine Krise Europas, eine philosophische Krise, die – um eine Kapitelüberschrift Husserls aufzunehmen – eine »Lebenskrisis des europäischen Menschentums« wäre?

Hätte ich die Möglichkeit, diese Frage auszuarbeiten, ohne gleich das gesamte wohlbekannte Unternehmen Husserls in diesen Texten zu rekonstruieren, so würde ich in *fünf* Richtungen vorgehen. Ich gebe hier nur jeweils den entscheidenden Punkt an.

1. Ich habe eben, wie schon an anderer Stelle, dem autoimmunitären Schema eine unbegrenzte Tragweite beigemessen. Es reicht weit über die angedeuteten biologischen Prozesse hin-

aus, in deren Verlauf ein Organismus beinahe spontan und in mehr als selbstmörderischer Absicht ein bestimmtes Organ oder bestimmte seiner eigenen Immunschutzmechanismen zerstört. Nun evoziert Husserl in einem der *Krisis*-Texte (dem sogenannten Wiener Vortrag von 1935[7]) im Namen der phänomenologischen Vernunft das Verhängnis einer transzendentalen Pathologie. Gleichsam einer Krankheit der Vernunft. Das medizinische Schema steht von Anfang an im Blickpunkt des Vortrags. Auch wenn Husserl zwischen der »naturwissenschaftlichen Medizin« und der »sogenannten ›Naturheilkunde‹« unterscheidet, auch wenn er »Leben [im] physiologischen Sinn« und »zwecktätiges, geistige Gebilde schaffendes Leben«[8] auseinanderhält und daran erinnert, daß es »wesensmäßig keine Zoologie der Völker« gibt,[9] so zögert er doch nicht, die Unterscheidung zwischen Gesundheit und Krankheit auch auf Gemeinschaften, Völker und Staaten auszudehnen. Und nachdem er den Wortsinn von »Gesundheit« um eine kollektive und geschichtliche Seite erweitert hat, fragt er nach der Bedeutung, jedenfalls nach einer Bedeutungsdimension von »retten« – nach dem Heilen, Heiligen*, Gesunden, Unversehrten oder Verschonen [le sauf, le sain, l'indemne ou l'immun] in »retten« und »Rettung« –, einer Dimension, wie sie noch in dem Ausdruck »die Ehre retten« enthalten ist. Husserl fragt sich, warum es nie zu einer »wissenschaftlichen Medizin, einer Medizin der Nationen und übernationalen Gemeinschaften« gekommen ist. »Die europäischen Nationen sind krank, Europa selbst ist, sagt man, in einer Krisis.«[10]

Es gab bereits vor dem Einbruch des unendlichen *telos* der wissenschaftlichen und philosophischen Rationalität in den altgriechischen Geist eine Form mythischer und mystischer Spekulation, eine Art »spekulatives Wissen«, wie Husserl sagt, das

---

7 Edmund Husserl, *Die Krisis der europäischen Wissenschaften und die transzendentale Phänomenologie. Eine Einführung in die phänomenologische Philosophie. Husserliana*, Bd. 6, Den Haag: Martinus Nijhoff 1954, S. 314f.
8 Ebd., S. 315.
9 Ebd., S. 320.
10 Ebd., S. 315.

dazu bestimmt war, dem Menschen und seinem »Weltleben« zu dienen. Es sollte vor Krankheiten, Schicksalsschlägen und selbst vor dem Tod schützen. Doch was jenseits der Spekulation dieses prätheoretischen und präphilosophischen Wissens liegt und ihr folgt, wage ich hier, im Kielwasser Husserls, als transzendentale Pathologie und sogar transzendentale Autoimmunität zu bezeichnen. Denn die Husserlsche Diagnose inkriminiert ein Übel, das – mit dem ständigen Wandel in Form einer neuen Geschichtlichkeit – der europäischen Menschheit als geistiges *telos* die unendliche Idee (im kantischen Sinne) einer unendlichen Aufgabe als *theoria* – zunächst als theoretische Einstellung, dann als philosophische *theoria* – eingegeben und vorgegeben hat. Genau dieses Ideal »in Form einer neuartigen Praxis«, nämlich, wie Husserl sagt, die »universale wissenschaftliche Vernunft«,[11] ruft jene als »Objektivismus« bezeichnete krankhafte Amnesie hervor. Die Vernunft selbst läßt dieses Übel durch eine unwiderstehliche innere Sekretion entstehen, die nichts anderes ist als die Endlichkeit. Endlichkeit ist das verhängnisvolle Vergessen des Ursprungs der subjektiven und geschichtlichen Handlungen. Diesen Objektivismus prangert Husserl in einem Abschnitt des sogenannten Wiener Vortrags an. Als »einseitige«, das heißt spezialisierte, kann Rationalität »zum Übel werden«.[12] Wegen dieser Spezialisierung (die dennoch notwendig ist, da jede regionale Wissenschaft ihre eigene Rationalität besitzt) sieht sich die unendliche Aufgabe der reinen Rationalität blockiert – *arraisonné*, würde ich mit einer maritimen Metapher sagen, die mir wichtig ist, auch wenn sie bei Husserl nicht vorkommt[13] – durch eine Arbeitsteilung und das Modell eines spezialisierten Wissens oder einer einseitigen Rationalität. Ehe er dieses »Übel« anspricht, benennt Husserl die Gefahr, eine innere, intime und immanente Gefahr, daß die philosophische Vernunft *gegen sich selbst arbeitet*: so als ob sie sich zu Unrecht das Recht gäbe, Macht über sich selbst zu haben [si à tort elle se donnait raison d'avoir raison d'elle-même];

---

11 Ebd., S. 329.
12 Ebd., S. 338.
13 *Arraisonnement*: Anhalten eines Schiffs zur Überprüfung der Schiffspapiere und zur Durchsuchung der Ladung. A. d. Ü.

als ob sie das, was sie zu tun hat, übel täte; als ob sie sich ein Übel täte, wenn sie sich dazu bestimmen läßt, sich selbst zu bestimmen, in der Spannung zwischen der faktischen Endlichkeit ihrer bestimmten Gestalten und der Idee ihrer unendlichen Aufgabe. Denn es ist eine »Denkweise«, es sind Vorurteile und rationale Vorannahmen, die, so Husserls Überzeugung, »mitschuldig [...] an der europäischen Erkrankung«[14] sind:

»Aber hier liegt nun der Gefahrenpunkt! ›Philosophie‹« – wohlgemerkt, die Gefahr namens Philosophie, und Husserl setzt ein warnendes Ausrufungszeichen, sozusagen ein Gefahrenpunktzeichen, ehe er das Nomen »Philosophie« in Anführungszeichen setzt und nach einem Gedankenstrich fortfährt: »›Philosophie‹ – da müssen wir wohl scheiden Philosophie als historisches Faktum einer jeweiligen Zeit und Philosophie als Idee, Idee einer unendlichen Aufgabe. Die jeweils historisch wirkliche Philosophie ist der mehr oder minder gelungene Versuch, die leitende Idee der Unendlichkeit und dabei sogar Allheit der Wahrheiten zu verwirklichen.«[15]

Halten wir fest: Diese unendliche Aufgabe der Philosophie als Theorie ist vor allem, als Aufgabe* und als Pflicht, ein seinerseits *unbedingtes* praktisches Ideal. Ich unterstreiche hier diese *Unbedingtheit*; bei Husserl taucht das Wort mehrfach auf. Wir werden darauf zurückkommen, denn hier hat die Frage nach einer gewissen Ehre der Vernunft ihren Ort, welche die theoretische oder wissenschaftliche Vernunft beherrscht, aber auch übersteigt. Husserl bettet im Mai 1935 seine Kritik an jenem transzendentalen Übel des vorgeblich rationalistischen Objektivismus in die Kritik eines Irrationalismus ein, in dem er damals eine Modeerscheinung mit dem Flair einer gewissen politischen Modernität im deutschen und europäischen geistigen Klima der dreißiger Jahre sah. Diesem Irrationalismus gilt die Hauptsorge des Autors, und gegen ihn richtet sich die *Krisis*-Schrift von Anfang bis Ende. Husserl stellt ihn Seite an Seite mit einer gewissen rationalistischen Naivität, die man für gewöhnlich mit philosophischer Rationalität verwechselt.

»Ich sagte: der Weg der Philosophie geht über die Naivität. Hier ist nun die Stelle der Kritik des so hoch gerühmten Irrationalismus, bzw.

14 Ebd., S. 317.
15 Ebd., S. 338.

die Stelle, die Naivität desjenigen Rationalismus zu enthüllen, der für die philosophische Rationalität schlechthin genommen wird, aber freilich für die Philosophie der gesamten Neuzeit seit der Renaissance charakteristisch ist und sich für den wirklichen, also universalen Rationalismus hält. In dieser als Anfang unvermeidlichen Naivität also stecken alle und in den Anfängen <die> schon im Altertum zur Entwicklung gekommenen Wissenschaften. Genauer gesprochen: Der allgemeinste Titel dieser Naivität heißt *Objektivismus*, ausgestaltet in den verschiedenen Typen des Naturalismus, der Naturalisierung des Geistes. Alte und neue Philosophien waren und bleiben naiv objektivistisch. Gerechterweise muß aber beigefügt werden, daß der von Kant ausgehende Deutsche Idealismus schon leidenschaftlich bemüht war, die schon sehr empfindlich gewordene Naivität zu überwinden, ohne daß er wirklich die für die neue Gestalt der Philosophie und des europäischen Menschentums entscheidende Stufe der höheren Reflexivität zu erreichen vermochte.«[16]

Husserl weiß es und sagt es: Die objektivistische Naivität ist kein bloßer Zufall und kein bloßer Unfall. Sie ist vom Fortschritt der Wissenschaften selbst und der Schaffung idealer Objekte hervorgebracht worden, die als solche durch ihre Iterierbarkeit und ihre notwendig technische Struktur ihren historischen und subjektiven Ursprung verhüllen oder vergessen lassen. Im Zuge ihres Fortschritts erzeugt die wissenschaftliche Vernunft aus sich heraus die Krise. Es ist die Vernunft, welche die Vernunft in die Krise stürzt, in autonomer und gleichsam autoimmunitärer Weise. Man könnte nun zeigen, daß der letzte »Grund« [raison], im Sinne von Letztursache oder Fundament, daß der Seinsgrund [raison d'être] dieser transzendentalphänomenologischen Autoimmunität in der Struktur der Gegenwart und des Lebens selbst beschlossen liegt, in der Temporalisierung dessen, was Husserl »die lebendige Gegenwart« nennt. Die lebendige Gegenwart erzeugt sich nur, indem sie sich gleichzeitig entstellt und verbirgt. Ich habe buchstäblich nicht die *Zeit*, mich auf diesen Weg zu begeben, aber ich möchte darauf hinweisen, daß er beschritten werden müßte, dort, wo die Frage des Werdens und also der Zeit der Vernunft untrennbar scheint von der ungeheuren, alten und doch wieder ganz neuen Frage des Lebens (*bios* oder *zoe*), im Herzen der Frage nach

16 Ebd., S. 339. Hervorhebung von Husserl.

dem Sein, nach der Anwesenheit und dem Seienden, also der Frage von *Sein und Zeit* – diesmal allerdings eher mit dem Akzent auf der Seite des Lebens als der des Todes, sofern das noch, wie ich zu glauben versucht bin, einen Unterschied ausmacht.

2. Ebendiese Paradoxie dieses kritischen Moments der *Krisis* wollen wir heute verschärfen. Husserls *Kritik* richtet sich gegen das, was für sie verantwortlich ist: den modischen Irrationalismus, den objektivistischen Irrationalismus, den aus dem Inneren der Vernunft selbst geborenen Irrationalismus, die Gefahr einer gewissen verkehrten und vergeßlichen Verwendung der Vernunft, die – wir haben es eben gehört – auf die Spezialisierung der vielfältigen Wissensformen beziehungsweise der regionalen Ontologien zurückzuführen ist. Dieser irrationalistische Effekt ähnelt dem Werden pluraler Logiken und Rationalitäten, also einer Zukunft der Vernunft, die der *teleologischen* Einheit der Vernunft Widerstand leistet, mithin jener Idee einer unendlichen Aufgabe, die – zumindest am Horizont – eine organisierte Totalisierung der Wahrheiten andeutet, nämlich die eben zitierte »Allheit« der Wahrheiten, die herzustellen in der Verantwortung der Philosophie läge. Es gilt, darin besteht die unendliche teleologische Aufgabe, »die Allheit der Wahrheiten zu verwirklichen«. Das aber, was sich im Namen der werdenden Rationalitäten dieser teleologischen Einheit entgegenstellt, die letztlich nichts anderes ist als die ideale Seite der Philosophie als transzendentale Phänomenologie, ähnelt zumindest (und nicht zufällig) dem, was in den kantischen Antinomien dem architektonischen Plan widerstand. Wobei man hinzufügen muß, daß die Teleologie, die ja die transzendentalen Idealismen und Rationalismen Kants und Husserls so machtvoll beherrscht, zugleich auch das Ereignis begrenzt oder neutralisiert. Das teleologische Denken scheint stets die Ereignishaftigkeit des Kommenden zu hemmen, zu verhindern, ihr gar zu widersprechen: zuallerst dem wissenschaftlichen Ereignis, der technisch-wissenschaftlichen Erfindung, die nicht »findet«, was sie sucht, die sich nicht in der Lage befindet oder sieht, zu finden, die als solche nur dort möglich ist, wo die Findung unmöglich ist, das heißt dort, wo sie nicht durch eine Erwartungs-

und Antizipationsstruktur programmiert ist, die sie annulliert, indem sie sie möglich und mithin vorhersehbar macht.

Diese Teleologie ist nicht nur eine allgemeine oder universale. Sie kann sich auch an einer bestimmten Konfiguration orientierten: dem *Paradigma* im Kuhnschen Sinne, der *Episteme* im Sinne Foucaults, aber auch an so vielen anderen vermuteten Infrastrukturen technisch-wissenschaftlicher Entdeckungen usw. Wo es ein *telos* gibt, wo eine Teleologie die Richtung anzugeben, eine Historizität zu ordnen und zu ermöglichen scheint, hebt sie diese im selben Zuge wieder auf, neutralisiert sie den unvorhersehbaren und unberechenbaren Einbruch, die einzigartige und exzeptionelle Andersheit dessen, *was* kommt (oder dessen, *der* kommt), und ohne das (ohne den) sich nichts mehr ereignet. Hier stellt sich nicht nur die Frage des *telos*, sondern die des Horizonts und des horizontalen *Kommen-Sehens* überhaupt. Sowie die nach der Aufklärung der Vernunft. Denn in der kritischen Anprangerung des objektivistischen Irrationalismus, der aus dem Vergessen der subjektiven Ursprünge und der Spezialisierung der Technowissenschaften geboren wird, liegt nicht die geringste Paradoxie der *Krisis*; Husserl geht im selben Moment und *eodem actu* sowohl zu einer bestimmten Aufklärung als auch zu einem bestimmten Rationalismus auf Distanz. Er will sich nicht als konservativer und reaktionärer Rationalist darstellen. Er verwahrt sich gegen ein Mißverständnis, das die Phänomenologie auf »de[n] alte[n] Rationalismus« zurückführt, der zu einer »wirklich universale[n] und wirklich radikale[n] Selbstverständigung des Geistes in Form universaler verantwortlicher Wissenschaft« außerstande ist.[17] Er geht sogar so weit, dem Geist der Zeit folgend, die Aufklärung* oder, verächtlicher und pejorativer noch, die Aufklärerei* zu mißbilligen. Das Wort stammt übrigens von Hegel und meint eine Art von mechanischer, fetischistischer Aufklärungswut. Um sich gegen den Vorwurf einer Rehabilitierung des Rationalismus und der »Aufklärungsperiode« zu verwahren, hat Husserl ein Wort, auf das es mir hier ankommt. Granel, der französische Übersetzer der *Krisis*-Schrift, gibt es durchaus an-

---

17 Ebd., S. 346.

gemessen mit *réhabilitation* wieder,[18] aber eigentlich lautet es
»Ehrenrettung«*: Verteidigung, Rechtfertigung, wörtlich Heilung oder Rettung der Ehre, der Versuch, die Ehre eines Rationalismus zu retten, der sich in der Affäre der Aufklärerei* kompromittiert hat. Husserl macht es sich zum Ehrenpunkt, nicht die Ehre *dieses* Rationalismus, nicht die Ehre einer billigen Aufklärerei retten zu wollen; an der »Ehrenrettung des Rationalismus, der Aufklärerei« liegt ihm nicht.[19] (Ich widerstehe ein weiteres Mal der Versuchung, einen Exkurs zu Heideggers Deutung des Sinns von retten* zu unternehmen: schonen, verschonen, ersparen, aufsparen, vor Schaden bewahren, befreien, freilassen, das Freie der Freiheit öffnen.) Husserl jedenfalls legt zu diesem Zeitpunkt Wert darauf, als radikaler Revolutionär und nicht als Reaktionär zu gelten. Er betont es, indem er den Irrtum oder die Verirrung eines bestimmten Rationalismus diagnostiziert. Er erinnert uns an das historische und politische Klima der Zeit zwischen den beiden Weltkriegen, an den Nationalsozialismus und den europäischen Faschismus. Man darf das nicht vergessen, wenn man heute hört, was Husserl damals gesagt hat, wenn man es als Historiker oder Philosoph hört, der sich seiner heutigen Verantwortung bewußt ist. Diese Verantwortung ist eine andere und doch eine analoge. Husserl sagt zum Beispiel:

»Es möchte mir scheinen, daß ich, der vermeintliche Reaktionär, weit radikaler bin und weit mehr revolutionär als die sich heutzutage in Worten so radikal Gebärdenden. Auch ich bin dessen gewiß, daß die europäische Krisis in einem sich verirrenden Rationalismus wurzelt. Aber nicht das darf die Meinung sein, als ob die Rationalität als solche von Übel oder im ganzen der menschlichen Existenz nur von untergeordneter Bedeutung sei. [...] Andererseits geben wir gerne zu (und der Deutsche Idealismus ist uns in dieser Einsicht längst vorangegangen), daß die Entwicklungsgestalt der ratio als Rationalismus der Aufklärungsperiode eine Verirrung, obschon immerhin eine begreifliche Verirrung war.«[20]

---

18 Edmund Husserl, *La crise des sciences européennes et la phénoménologie transcendentale*. Übersetzt von G. Granel, Paris: Gallimard 1976, S. 371.
19 Husserl, *Die Krisis der europäischen Wissenschaften und die transzendentale Phänomenologie*, a. a. O., S. 337.
20 Ebd.

3. Wenn diese Krise zweideutig bleibt, wenn diese doppelte Kritik *sowohl* einen bestimmten Rationalismus *als auch* einen bestimmten Irrationalismus in Frage stellt, dann lautet die einzig mögliche Schlußfolgerung, daß die Krise überwunden werden kann. Sie ist keine irreversible Niederlage. Das Scheitern [échec], von dem wir sprechen (das als Ereignis eines zufälligen Auf-Grund-Laufens [échouage] oder absichtlichen Auf-Grund-Setzens [échouement] mit einer gewissen Freiheit oder einem gewissen transzendentalen Übel verbunden ist), bedeutet, wenn überhaupt, nur scheinbar ein Scheitern, nur das *scheinbare Scheitern* des Rationalismus.»Scheinbares Scheitern des Rationalismus«, genau das ist Husserls Schlußfolgerung. Sie wird zu dem Appell führen, nun nicht die Ehre der Vernunft zu retten (diese Rettung will Husserl nicht), sondern die Anstrengung eines Heroismus der Vernunft auf sich zu nehmen, der, wie Sie mir zugeben würden, davon nicht weit entfernt ist. Jedenfalls handelt es sich darum, einen Anschein zu zerstreuen, sich von diesem Nichts, das nur Schein ist, zu lösen:

»Um das Unwesen der gegenwärtigen ›Krise‹ begreifen zu können« – mein Freund Granel, dessen Person und Werk ich hier in Ehrerbietung gedenken möchte, übersetzt »Unwesen« ganz richtig mit *renversement de l'essence*, denn Unwesen ist das Nichts oder das Nichtige, der Verfall des Seins in Bedeutungslosigkeit oder bloßen Anschein von Sein –, »mußte der *Begriff Europa* herausgearbeitet werden als die *historische Teleologie unendlicher Vernunftziele*; es mußte gezeigt werden, wie die europäische ›Welt‹« – Husserl setzt »Welt« in Anführungszeichen – »aus Vernunftideen, d. h. aus dem Geiste der Philosophie geboren wurde. Die ›Krise‹ konnte dann deutlich werden als das *scheinbare Scheitern des Rationalismus*. Der Grund des Versagens einer rationalen Kultur liegt aber – wie gesagt – nicht im Wesen des Rationalismus selbst sondern allein in seiner *Veräußerlichung*, in seiner Versponnenheit in ›Naturalismus‹ und ›Objektivismus‹.«[21]

Ich wäre geneigt, diese Metapher der Versponnenheit, des Eingesponnenseins in einen Kokon, ernst zu nehmen. Die Versponnenheit objektiviert, animalisiert beziehungsweise naturalisiert eine nichtnatürliche Entwicklung: Die Vernunft hüllt sich aus eigenem Antrieb ins das Gewebe und die Fäden ein, die sie

---

21 Ebd., S. 347. Hervorhebungen von Husserl.

selbst spinnt, nachdem sie selbst sie abgesondert hat, wie eine Seidenraupe. Die Fäden dieses Gewebes werden die Enthüllung der Wahrheit zugleich enthüllen und verhüllen. Die Vernunft ähnelt der *physis* einer Seidenraupe, die aus sich, von sich aus, den Schleier des Naturalismus und Objektivismus hervorbringt und veräußerlicht, in den sie sich eine Zeitlang einschließt. Bis der Heroismus der Vernunft sie wieder erscheinen, das Licht der Welt erblicken und auferstehen läßt. Nunmehr gleich einem Phönix.

Ein paar Zeilen weiter, es sind seine letzten Worte, spricht Husserl tatsächlich vom Phönix:

»dann wird [...] der Phoenix einer neuen Lebensinnerlichkeit und Vergeistigung auferstehen, als Unterpfand einer großen und fernen Menschenzukunft: Denn der Geist allein ist unsterblich.«[22]

Zwischen diesen beiden Stellen appelliert er an die Verantwortung einer »heroischen« Entscheidung: nicht um die Ehre der Vernunft, sondern um die Vernunft aus Nacht und Tod zu retten; wobei wir uns noch einmal, gleichsam ehrenhalber, fragen können, ob der Heroismus der Vernunft noch immanent zur Vernunft gehört und ob der Glaube an die Vernunft eine vollends rationale – wohlbegründete oder vernünftige [raisonnée ou raisonnable] – Angelegenheit bleibt.

Bevor ich erläutere, warum in Husserls Augen die Antwort »ja« lautet, zitiere ich ihn noch einmal. Es geht dabei um Leben und Tod:

»Die Krise des europäischen Daseins hat nun zwei Auswege: Den Untergang Europas in der Entfremdung gegen seinen eigenen rationalen *Lebens*sinn, den Verfall in Geistfeindschaft und Barbarei, oder die Wiedergeburt Europas aus dem Geiste der Philosophie durch einen den Naturalismus endgültig überwindenden Heroismus der Vernunft.«[23]

Warum bleibt dieser Heroismus der verantwortlichen Entscheidung für Husserl ein Heroismus *der Vernunft*? Nicht weil der Glaube an die Vernunft die Vernunft überragte. Sondern weil die theoretische Vernunft zuerst und zuletzt, für ihn wie

22 Ebd., S. 348.
23 Ebd., S. 347.

für Kant, durch und durch als präskriptive und normative Aufgabe eine praktische Vernunft ist, andere würden sagen: eine Metaphysik des freien Willens. In »Die Philosophie als Bewußtwerdung der Menschheit« erinnern manche Aussagen zugleich konstatierend und präskriptiv daran. Sie finden sich ebenso in den *Cartesianischen Meditationen*:

»Vernünftig sein heißt vernünftig sein wollen. […] Die Vernunft duldet es nicht, in ›theoretische‹, ›praktische‹ oder ›ästhetische‹ unterschieden zu werden […]. Mensch sein heißt in gewissem Sinne teleologisch sein – heißt sein müssen.«[24]

Wir werden uns weiter unten fragen, ob diese Idee des »Müssens« das Gesetz der Ethik, der Praxis und vor allem der unbedingten Gerechtigkeit ausschöpft. Vor Husserl hatte schon Kant die unauflösliche Einheit der theoretischen und praktischen Vernunft behauptet. Vor allem hatte auch er die unerbittliche Unterordnung der theoretischen Vernunft unter die praktische hervorgehoben. Das ist sogar der Titel eines Unterkapitels der »Dialektik der reinen praktischen Vernunft« zur Frage des höchsten Guts: »Von dem Primat der reinen praktischen Vernunft in ihrer Verbindung mit der spekulativen«. Kant betont:

»Allein wenn reine Vernunft für sich praktisch sein kann und es wirklich ist, wie das Bewußtsein des moralischen Gesetzes es ausweist, so ist es doch immer nur eine und dieselbe Vernunft, die, es sei in theoretischer oder praktischer Absicht, nach Prinzipien a priori urteilt […].«[25]

Und bei Kant heißt es weiter:

»In der Verbindung also der reinen spekulativen mit der reinen praktischen Vernunft zu einem Erkenntnisse führt die letztere das Primat […]. Denn es würde ohne diese Unterordnung ein Widerstreit der Vernunft mit ihr selbst entstehen […].«[26]

24 Edmund Husserl, *Méditations cartésiennes*. Texte établi et présenté par W. Biemel, traduit par Paul Ricœur, in: *Deucalion* 3, »Vérité et liberté«, 1948, S. 127.
25 Immanuel Kant, *Kritik der praktischen Vernunft*, in: ders., *Werke in sechs Bänden*, hg. von Wilhelm Weischedel, Bd. 4, Darmstadt: Wissenschaftliche Buchgesellschaft 1998, S. 251 (A 218).
26 Ebd. (A 218 f.).

Hier wurzelt jenes einzigartige »Interesse« der Vernunft, von dem wir weiter oben sprachen und auf das ich gleich zurückkommen werde.

4. Wenn Naturalismus und Objektivismus kritische Perversionen der Vernunft sind, so liegt die Gefahr dabei in der Verbindung der Idealität des idealen Objekts mit der *Exaktheit*, also einer bestimmten Art von *Berechenbarkeit*. Bekanntlich unterschied Husserl mit äußerster Strenge zwischen *Strenge* und *Exaktheit*. Bestimmte Objekttypen erlauben für die phänomenologische Wissenschaft und für die Wissenschaft überhaupt eine strenge und, was das phänomenologische *Cogito* angeht, sogar unbezweifelbare Erkenntnis, auch wenn diese ihrem Wesen nach Exaktheit weder beanspruchen *kann* noch *darf*. Doch mit diesem Verzicht auf Berechenbarkeit verliert die Erkenntnis nichts von ihrer Rationalität und Unbezweifelbarkeit. Da mir die Zeit fehlt und ich davon schon an anderer Stelle gesprochen habe, erwähne ich hier nur das logisch-mathematische Problem der Entscheidbarkeit und des Gödelschen Theorems von 1931, das ich vor langer Zeit im Husserlschen Gedanken einer transzendentalen Geschichtlichkeit der Geometrie etwa wiederzuerkennen versucht habe. Aus Gründen, die uns sogleich über die Phänomenologie, das »als solches« der Ontologie und der Phänomenologie, den transzendentalen Idealismus, seine Bestimmung des Seienden als Objekt für ein egologisches Subjekt, für das unbezweifelbare Bewußtsein eines »Ich denke«, über ihre Teleologie und ihre Idee der Idee selber (als Licht, intelligible Sichtbarkeit des *eidos*, Idee im kantischen Sinne, Idee einer unendlichen Aufgabe) hinausführen werden, halte ich an diesem Punkt nur die Möglichkeit eines Unberechenbaren fest, das weder irrational noch bezweifelbar ist. Eine rationale und strenge Unberechenbarkeit hat sich *als solche* in der umfassenderen Tradition des rationalistischen Idealismus bereits angekündigt. Die Rationalität des Rationalen hat sich, auch wenn man versucht hat, uns vom Gegenteil zu überzeugen, niemals auf Kalkulierbarkeit, auf die Vernunft als Kalkül, als *ratio* – berechnen, Rechenschaft geben, Bericht erstatten – beschränkt. Wir werden daraus sogleich einige Schlußfolgerungen ziehen. Die Rolle, die zum Beispiel die »Würde« in der *Grundlegung*

zur Metaphysik der Sitten spielt, gehört zur Ordnung des Unberechenbaren. Im Reich der Zwecke ist sie das, was keinen »Marktpreis« hat und nicht durch berechenbare Äquivalente ersetzt werden kann. Die Würde eines vernünftigen Wesens (die der menschlichen Person zum Beispiel, und sie ist für Kant das einzige Beispiel) ist als Zweck an sich unkalkulierbar. Sie ist universell und hat doch zugleich Ausnahmestatus. »Also ist Sittlichkeit und die Menschheit, so fern sie derselben fähig ist, dasjenige, was allein Würde hat.«[27]

Welche Fragen auch immer sich damit stellen mögen, wir müssen jedenfalls anerkennen, daß diese unkalkulierbare Würde, die Kant gelegentlich »erhaben« nennt, bis heute das unentbehrliche Axiom der gegenwärtigen sogenannten Globalisierung [mondialisation] darstellt, jener weltweiten Ausdehnung der Menschenrechtsdiskurse, der internationalen Institutionen und der modernen rechtlichen Bestimmungen zu ihrer Durchsetzung; man denke etwa an den Begriff der »Verbrechen gegen die Menschlichkeit« oder das daraus hervorgegangene Projekt eines Internationalen Strafgerichtshofs, dem sich einstweilen die Interessen zahlreicher souveräner Nationalstaaten entgegenstemmen, die eben zu diesem Zweck auf ihrer Souveränität beharren (die Vereinigten Staaten, Israel, manchmal auch Frankreich).

Wie ließe sich diese gerechte Unberechenbarkeit der Würde mit dem unentbehrlichen Kalkül des Rechts verknüpfen? Wie eine rationale Gerechtigkeit und ein gleichermaßen rationales Recht miteinander zu verbinden wären, das ist eine der zahlreichen Fragen, die uns erwarten. Da ich gleich auf Souveränität, Kalkül und Welt, eine sich globalisierende Welt zu sprechen komme, gebe ich hier nur die Richtung an, in der man diesen Kantschen Begriff einer unberechenbaren, jeden Marktpreis transzendierenden Würde weiterverfolgen müßte. Die Welt der vernünftigen Wesen, der *mundus intelligibilis* als Reich der Zwecke, das Kant als »mögliches« bezeichnet – nun, es ist nach Kants eigenen Worten in doppelter Weise abhängig von einem »Als ob« und dem *logos* einer Analogie, das heißt einem *logos*

---

27 Immanuel Kant, *Grundlegung zur Metaphysik der Sitten*, in: ders., *Werke in sechs Bänden*, a. a. O., Bd. 4, S. 68 (BA 77).

als Proportion. *Einerseits* lautet das formale Prinzip der Maximen für jedes vernünftige Wesen, das handelt, »als ob« es Gesetzgeber wäre: »handle so, als ob deine Maxime zugleich zum allgemeinen Gesetze (aller vernünftigen Wesen) dienen sollte«. *Andererseits* ist das Reich der Zwecke und mithin der unberechenbaren Würde nur möglich »nach der Analogie mit einem Reiche der Natur«, das nun aber gerade »als Maschine angesehen wird«, das heißt den Zwängen kalkulierbarer Gesetze unterworfen ist.[28]

5. Schließlich möchte ich, aus denselben Gründen und weil, wie so häufig, das Motiv der Unbedingtheit gleich eine beträchtliche Rolle in meiner Erörterung spielen wird, noch an zwei Dinge erinnern. *Einerseits* bleibt die Unbedingtheit, unter dieser aus dem Griechischen ins Deutsche übersetzten Bezeichnung, die letzte Instanz, das absolute Prinzip, auf das sich die reine Vernunft beruft, bei Kant ebenso wie bei Husserl. *Andererseits* bleibt die Unbedingtheit, unter dieser Bezeichnung, derjenige Punkt, an dem die praktische Vernunft mit der theoretischen, die sie sich unterwirft, verschweißt ist. Sie ist die letzte Wahrheit eines »Interesses der Vernunft«. Als Beweis oder Indiz dafür erwähne ich nur die häufige Berufung auf Unbedingtheit in der *Krisis*-Schrift ebenso wie in der *Kritik der praktischen Vernunft*. Wenn der Philosoph die Rolle eines Gesetzgebers für die Menschheit spielen soll, sagt uns Husserl, so deshalb, weil er eine »unbedingte Wahrheit« beansprucht: die Idee der wissenschaftlichen Wahrheit »will unbedingte Wahrheit sein«,[29] und diese wesentliche Verknüpfung zwischen Wahrheit und Unbedingtheit beweist in Wahrheit, daß Unbedingtheit die Wahrheit der Wahrheit ist. Und wenn die Unterordnung der spekulativen Vernunft unter die praktische ein unumkehrbares hierarchisches Verhältnis darstellt, so Kant zufolge deshalb, weil es dabei um das »Interesse« der Vernunft selbst geht. Nun ist aber das Interesse der spekulativen Vernunft »nur bedingt«,[30] das der praktischen aber unbedingt.

28 Ebd., S. 72 (BA 83 f.).
29 Husserl, *Die Krisis der europäischen Wissenschaften und die transzendentale Phänomenologie*, a. a. O., S. 324.
30 Kant, *Kritik der praktischen Vernunft*, a. a. O., S. 252 (A 219).

Bisher haben wir dem vertraut, was ich als erstes Verständnis des Syntagmas »Die Ehre der Vernunft retten« bezeichnet habe. Ehe wir versuchen, den Ausdruck ganz anders aufzufassen, möchte ich in der Resonanz dieses ersten Hörens das Ohr einer Quelle dieses *unbedingten* Rationalismus *des Unbedingten* zuwenden, die ferner liegt als jene Gestalt, die er in den großen, anspruchsvollen, ehrwürdigen und einzigartigen Formen des transzendentalen Idealismus Kants oder Husserls angenommen hat. Als verantwortliche Hüter dieses Erbes haben wir auch die Pflicht, in diesen beiden Fällen, im Horizont einer unendlichen *Idee* als unendlicher Aufgabe der praktischen Vernunft, eine machtvolle *Teleologie* wiederzuerkennen. Denn die Frage nach dem Ereignis, nach dem Kommen und der Zukunft des Ereignisses muß sich auf diese Suprematie der Idee oder des *telos*, der Vernunft oder des *logos* richten, die sich in ihnen einrichtet oder ihnen gebietet [qui s'y ordonne ou qui les ordonne]; sie muß auf die *Ideo-logie* und *Teleo-logie*, den Grund [raison] der *Idealität* und des *telos* zielen. Wir müssen uns fragen, ob diese großen transzendentalen und teleologischen Rationalismen in ihrer Geschichtlichkeit selbst (denn es gibt unleugbar ein Geschichtsdenken bei Kant und bei Husserl, in gewissem Maße sogar Raum für eine Geschichte der Vernunft) einen Gedanken auf das verwenden oder sich dem aussetzen, was *kommt*, dem *Ereignis dessen, WAS kommt, und dessen, DER kommt*, dessen, was *durch* die Vernunft und was *der* Vernunft geschieht. Dieses *Kommen* [ce venir], dieses substantivierte Verb, welches das Ereignis [événement], die Ankunft [avènement], die Zukunft [le futur] und den Wandel mit einer Semantik des *Kommens* verbindet, diese Substantivierung findet sich gleich zweifach im Titel unseres Kongresses, eingeschrieben in die Syntax eines ziemlich unübersetzbaren Französisch: »Die Vernunft und ihre Zukunft [son avenir], das Werden [le devenir] der Rationalitäten.«

Bleiben wir einstweilen bei diesem ersten Verständnis, dieser ersten akustischen Welle, um – nun freilich eher genealogisch und archäologisch – den Schwingungen eines älteren Bogenstrichs nachzuhorchen. Wenn ich in diesem Register ein wenig mit einer Klangmetaphorik spiele, so um mich dem Wesen des Ereignisses zu nähern: dessen, was einmal, ein einziges Mal, ein erstes und letztes Mal, auf stets einmalige, einzigartige, exzeptionelle, unersetzliche und unvorhersehbare, unberechenbare Weise *geschieht* [advient]; dessen, *was* (oder *der*) ankommt [arrive], und zwar genau dort, wo man es (oder ihn) *nicht mehr kommen sieht*; dessen, was (oder der) nicht mehr am Horizont auftaucht, sondern *horizontlos* ist. Das bedeutet das Ende sowohl des Horizonts wie der Teleologie oder des berechenbaren Programms, des Vorhersehens und der Vorsehung.

Ich kündige bereits an, daß es für mich um die Frage gehen wird, ob es, um das Ereignis, das Kommen, die Zukunft und die Zukunft des Ereignisses zu denken, möglich und in Wahrheit notwendig sein wird, die Erfahrung des Unbedingten, das Begehren, den Gedanken und die Forderung, ja selbst das Recht [raison] und die Gerechtigkeit der Unbedingtheit von all dem abzuziehen, was sich zum System eines transzendentalen Idealismus und seiner Teleologie ordnet. Anders gesagt: ob eine Chance besteht, den Gedanken des unbedingten Ereignisses einer Vernunft zuzuweisen, die eine andere wäre als jene klassische Vernunft, von der wir eben sprachen und die sich als *eidos*, *idea*, Ideal, regulative Idee oder, was nicht dasselbe ist, aber hier auf das gleiche hinausläuft, als *telos* präsentiert oder dessen Erscheinen [présentation] ankündigt.

Geben wir das erste Verständnis beim ersten Hören noch nicht auf. Horchen wir weiter, um besser imstande zu sein, für unsere Vernunft und unser Erbe einzustehen und unserer Verantwortung für sie zu genügen.

»Die Ehre der Vernunft retten«, so fragten wir uns, was soll das in erster Linie heißen? Was sollte das bedeuten? Diese Bedeutungsfrage, wäre das die erste Frage eines Philosophen, der diesen Namen verdient? Als jemand, der sich der Frage widmet, würde sich dieser zunächst gehalten fühlen, zu verstehen, zu analysieren, zu begründen, für den vermeinten Sinn seiner Rede einzustehen. Zumindest wenn er, noch bevor er den so bedeuteten Sinn versteht oder erkennt, es nicht unterläßt, sich zu fragen, was das *für uns bedeuten* [signifier] könnte oder müßte, so wie man es von einer Aufgabe oder Mission, einer Verpflichtung oder Verantwortlichkeit sagt: nicht nur daß sie bedeuten, daß sie Sinn haben oder etwas bezeichnen, sondern daß sie uns zugewiesen [signifiées], angewiesen, an uns ergangen [assignées] sind wie ein Befehl oder ein performativer Rechtsakt. Wie ist das zu verstehen?

Ich hatte das, vielleicht voreilig, eine Hypothese genannt, eine Reihe von Hypothesen. Ein Wort, dem ich einstweilen aus Zeitmangel nur im Vorübergehen einen Gruß zuwinken kann, ohne mich bei all den Winken aufzuhalten, mit denen es uns auf die Zukunft und das Werden der Rationalitäten verweist. Man wird dieses Thema nicht behandeln können, ohne von der *hypothesis* zu sprechen.

Die *hypothesis* wird vor allem die Basis, den Unterbau bedeuten, der unterhalb einer Begründung [fondation] *gesetzt* ist. Somit wird die Hypothese den Hintergrund oder Untergrund, die Grundlage oder Begründung und damit das Prinzip einer Sache, die Rechtfertigung [raison] einer Institution, den Daseinsgrund [raison d'être] einer Wissenschaft oder eines Räsonnements, eines *logos* oder einer Logik, einer Theorie, einer Rationalisierung oder Vernünftelei abgeben. Sie wird es als Sujet, als Substanz oder Supposition eines Diskurses, einer Behauptung, eines Plans oder Beschlusses, zumeist aber als *Bedingung* sein. Die Rationalität der Vernunft ist immer, überall, in jeder möglichen Zukunft und in jedem möglichen Werden dazu verurteilt, sich *zwischen* all diesen Figuren und Bedingungen des Hypothetischen einerseits und der absoluten Souveränität des Anhypothetischen, des unbedingten, absoluten Prinzips andererseits hindurchzuwinden. Ich würde dieses Prinzip als *souverän* bezeichnen, um eine der Noten, nicht nur der politischen Noten meines heutigen Vortrags anzuschlagen, sondern auch um im voraus darauf hinzuweisen, warum ich nicht umhinkonnte, ob ich wollte oder nicht, in den kanonischen Texten des Platonschen *Staats* eine Stelle anzuführen, die ich fast für den Augenblick des Anfangs halten möchte. Es ist der Moment, in dem sich, auf griechisch, zum ersten Mal die *Frage* [question] stellt oder vielmehr, auf griechisch, eine *Anfrage* [demande] ausgeht, von der ich mich frage, ob sie nicht auch heute noch, hier und jetzt, sowohl unser Postulat als auch unsere gemeinsame, unerbittliche Fragestellung [interrogation] ist. Es ist die des Wissens als Macht, der Wahrheit und des Vermögens* *(dynamis)*, nämlich der Macht zu erkennen, der Wissensmacht, der Macht *des* Wissens, des Wissens *als* Macht. Die Nachwirkungen dieser Frage sollten wir, hier und jetzt, gestern, heute und morgen noch spüren: die Frage nach der *dynamis*, nach einer Kraft und einer Macht, aber auch nach dem Möglichen und seinen Grenzen, nach einem souveränen »Ich kann« und einem »Ich kann nicht«, nach dem Potentiellen und dem Virtuellen, wo immer diese Probleme das Berechenbare und Unberechenbare in die ethische, juridische und politische Vernunft, zweifellos aber auch und untrennbar davon in die technische Vernunft dessen einführen, was man heute in den Technowissenschaften, in der Biopolitik usw. ein wenig vorschnell Virtualisierung nennt.

Wir haben Platon noch nicht verlassen. Werden wir es je? Diese Fragestellung nach der *dynamis*, von welcher der *Staat* spricht, diese Besorgnis um die Macht, das Vermögen, die Macht des Erkennens, die gesicherte Macht *zu* erkennen oder die *durch* das Wissen gesicherte Macht ist zunächst eine Fragestellung nach der *Ursache* der Wissenschaft und der Wahrheit *(aitan d' epistemes ousan kai alethaias)*, insoweit sie bekannt sind. Nun ist diese Ursache, die uns das Vermögen, die Kraft, die Macht *(dynamis)* des Erkennens und insofern auch den zu erkennenden Dingen die Wahrheit *(aletheia)* gibt, eine Idee des Guten *(idea tou agathou)*. Zumindest ist, zu unserer Orientierung oder Desorientierung hier und jetzt, an *vier* Merkmale zu erinnern, gleichsam vier gerichtete Pfeile oder Anstöße.

1. Die Idee des Guten befindet sich, zugleich eingezeichnet und ausgestrichen, auf einer *Linie*, die in zwei ungleiche Teile zerschnitten ist, deren jeder wiederum nach dem berechenbaren Verhältnis [raison] eines *logos* geteilt wird (so Platons eigene Worte), und zwar eines *logos*, der nach der *Analogie* das sinnliche Sichtbare, das Mathematische (welches aus sich heraus auch die Linie und ihren *logos* angeordnet hat), das intelligible Sichtbare und das Unsichtbare als Quelle des Sichtbaren, die unsichtbare Sichtbarkeit des Sichtbaren, die ihrerseits unsichtbare und unbedingte Bedingung von Sichtbarkeit, teilt.

2. Denn die Idee des Guten, die den *logos* und das Kalkül, das sie übersteigt, zugleich ordnet und sich ihm einordnet, ist ein *anhypotheton*, die erste Gestalt des »Unbedingten«, das Prinzip und der anhypothetische Archont, zu dem die Seele zu-

rückschreitet *(to ep' archen anhypotheton)*,³¹ ohne Bilder und ausgehend von hypothetischen Bedingungen.

3. Dieser Idee des Guten wird, in politischen oder politisch deutbaren Redefiguren, eine letzte souveräne Macht beigelegt. Ich präzisiere und betone: *souverän*. Ich tue es nicht nur, um mich ein wenig rascher und buchstäblicher dem Thema zu nähern, dem hier meine Sorge gilt, sondern auch deshalb, weil Platon in diesem berühmten Abschnitt ständig von Gewalt, von der Macht der Dialektik, von dem, was der *logos* durch seine dialektische Macht erfaßt *(ho logos haptetai te tou dialegesthai dynamei)*,³² und in Analogie von der Herrschermacht und dem Herrscherrecht *(basileuein)* der Sonne und des Guten spricht, die jeweils wie ein König über ihr Reich oder ihre sichtbare Welt regieren: die Sonne über die sinnliche sichtbare Welt, das Gute über die intelligible sichtbare Welt. Zudem rechtfertigt sich das Wort »souverän« dadurch, daß Platon die Sonne oder das Gute, die in Analogie die sinnliche und die intelligible Sichtbarkeit hervorbringen, auch *kyrion* nennt;³³ schließlich und vor allem aber dadurch, daß Platon bei seiner buchstäblich hyperbolischen Definition der Idee des Guten als *epekeina tes ousias* (jenseits des Seins oder der Seiendheit) die Sprache der Macht – oder genauer der Supermacht – verwendet. Es handelt sich um eine Macht, die mächtiger ist als die Macht, um eine Macht, die in souveräner Überlegenheit und Ausnahmestellung mit der Analogie und der Hierarchie, die sie herstellt, bricht. Darin liegt das wesenlose Wesen der Souveränität. Neben *basileus* und *kyrion* verwendet Platon all die Worte, die in der gesamten verwickelten, reichen, differenziellen Geschichte der politischen Ontotheologie des Abendlands den Begriff Souveränität bezeichnen werden. Es ist der übermächtige Ursprung einer Vernunft, die recht gibt [qui donne raison], die über alles Macht hat [qui a raison de tout], die Ursache allen Werdens ist oder die Genese hervorruft, aber selbst nicht *wird*, sondern

---

31 Platon, *Politeia*, in: ders., *Sämtliche Werke. Griechisch und Deutsch*. Nach der Übersetzung Friedrich Schleiermachers, Bd. 5, Frankfurt am Main und Leipzig 1991, S. 503 (510b).
32 Ebd., S. 505 (511b).
33 Ebd., S. 497 (508a).

durch eine hyperbolische Ausnahmestellung dem Werden oder der Genese entzogen ist. Sie zeugt als generatives Lebensprinzip wie ein Vater, doch ist sie nicht der Geschichte unterworfen. Ein einziges Zitat über das Gute und das Bild des souveränen Guten:

»Die Sonne, denke ich, wirst du sagen, verleihe dem Sichtbaren nicht nur das Vermögen gesehen zu werden *(ten tou oresthai dynamin)*, sondern auch das Werden und Wachstum und Nahrung, ohnerachtet sie selbst nicht das Werden ist *(ou genesis auton onta)*. [...] Eben so nun sage auch, daß dem Erkennbaren nicht nur das Erkanntwerden von dem Guten komme, sondern auch das Sein *(to einai)* und Wesen *(ten ousian)* habe es von ihm, da doch das Gute selbst nicht das Sein ist, sondern noch über das Sein an Würde und Kraft [en majesté et en puissance] hinausragt *(ouk ousias ontos tou agathou, all' eti epekeina tes ousias presbeia kai dynamei hyperechontos)*.«[34]

Die geläufige französische Übersetzung von E. Chambry, die *presbeia kai dynamei* mit *majesté et puissance* wiedergibt, ist gewiß richtig; ich werde der Übersetzung von *dynamis* mit *puissance* oder *pouvoir*, »Kraft« oder »Macht«, nichts hinzufügen. Ich werde aber auf dem Wort *presbeia* insistieren, durchaus richtig mit *majesté* ins Französische übersetzt. *Presbeia* ist auch die Ehre und die Würde, die man der Anciennität dessen, der vorangeht und vorher kommt, dem Alter, der Erstgeburt, aber auch dem Fürstenstand zollt, dem Vorrang des Status oder der Person, der (oder die) das Privileg des Amtsvorgängers, Ahnen, Vaters oder Großvaters innehat – also dessen, der anfängt und befiehlt, der *arche*, wenn Sie so wollen. Ich halte das Wort *presbeion* fest, weil seit Anbeginn die Ehrwürdigkeit geehrt wird, die man dem Ältesten zuerkennt, die Würde, die das Archaische oder den Archonten heraushebt, den Erstgeborenen in einer Abstammungslinie, in dem, was man im Erbrecht nicht das *principium*, sondern, jedenfalls im römischen Recht, das *praecipium* nennt, von *praecipuus* (das dem ersten Erben zuerkannte Recht, von *caput* und *capital*, wieder einmal). Im französischen Recht haben wir das Wort *préciput*, »der Voraus«. Doch die Übersetzung von *presbeia* mit *majesté* scheint mir sowohl richtig wie fruchtbarer. Im römischen politischen

---

34 Ebd., S. 501 (509b).

Recht, um es noch einmal anzuführen, ist *majestas* – die Größe des absolut Großen, das der komparativen Größe selbst überlegen ist, eine sehr hohe und höhere Höhe als die Höhe selbst, das Allesüberragende – genau das Wort, das man mit »Souveränität« übersetzt. Bodin erinnert daran zu Beginn seines Kapitels »Von der Souveränität«, wo er neben dem lateinischen Begriff *majestas* auch die griechische Wortfamilie *kyrion* und *arche* anführt.

Auch wenn die majestätische Souveränität der Idee des Guten nicht das Gesetz *(nomos)* ist, wäre es, glaube ich, leicht, dessen Notwendigkeit mit dem Platonschen Gedanken des Staats, der *polis* oder *politeia*, zu verknüpfen. Man könnte, da es an Zeit mangelt, die schroffe These aufstellen, daß alle großen Rationalismen, in allen Bedeutungen des Ausdrucks, Rationalismen des Staats, wenn nicht staatliche Rationalismen sind. Es ist keineswegs zufällig, daß keiner dieser großen Rationalismen, mit Ausnahme vielleicht gewisser Äußerungen von Marx, jemals die »staatliche« Form der Souveränität ins Auge gefaßt hat.

4. Um nun schließlich die ganze differenzierte Kette dieser genealogischen Filiation, dieses ganze europäische Panorama eines philosophischen Diskurses auszubreiten, der in jener Passage der *Politeia* zugleich ein Diskurs über die Filiation von Erbe und Vermögen war (die Sonne und das Gute wurden dort bekanntlich auch als ein Vater und als ein Kapital definiert), beschränke ich mich auf einen einzigen Hinweis. In der *Krisis*-Schrift, genauer gesagt: im Wiener Vortrag, zitiert Husserl eine gewisse Sonne von Descartes herbei. Husserl hätte diese cartesische Sonne auch durch die platonische ersetzen können (doch kann man die Sonne ersetzen, kann man sich eine ursprüngliche technische Prothese der Sonne denken? Vielleicht ist das die ganze Frage, die ich hier andeuten will). Husserl schreibt – um noch einmal der Vernunft Macht zuzuschreiben, vielleicht gar dem Recht des Stärkeren recht zu geben:

»Erlahmte die Entwicklung« – das Werden der Ideen und der unendlichen Aufgaben im Verlauf der Antike –, »so war sie doch nicht verloren. Machen wir einen Sprung zur sogenannten Neuzeit. Mit einer glühenden Begeisterung wird die unendliche Aufgabe einer mathematischen Naturerkenntnis und überhaupt einer Welterkenntnis aufgenommen. Die ungeheuren Erfolge der Naturerkenntnis sollen nun auch der Geisteserkenntnis zuteil werden. Die Vernunft hat ihre Kraft in der Natur erwiesen.«

Und er zitiert unmittelbar im Anschluß daran Descartes, um seine Behauptung zu stützen:

»›Wie die Sonne die eine allerleuchtende und wärmende Sonne ist, so ist auch die Vernunft die eine‹ (Descartes).« [35]

2. Ankommen – an den Grenzen des Staates (und des Krieges und des Weltkriegs)

Was hat uns diese Geschichte der Vernunft gelehrt? Wie ist dieses beständige und zugleich differenzierte Werden der Vernunft zu denken, dieses wesentliche Band zwischen dem, was – wie mir scheint – die philosophische Genealogie in ihrer mächtigsten Institution beherrscht hat, und andererseits der Vernunft in mehr als einer europäischen Sprache, der Vernunft [raison] als Grund [raison] und Daseinsgrund [raison d'être] der Philosophie?

Es bestünde nach meiner Hypothese oder dem Argument zufolge, das ich Ihrer Diskussion unterbreiten möchte, eine gewisse Unzertrennlichkeit zwischen *einerseits* der Souveränitätsforderung überhaupt (einschließlich der politischen beziehungsweise staatlichen Souveränität, welche der Kantische Gedanke des Kosmopolitismus oder des allgemeinen Friedens keineswegs in Frage stellt, im Gegenteil) und *andererseits* der unbedingten Forderung des Unbedingten (*anhypotheton*, unbedingt*, *inconditionné*).

Die kalkulierende Vernunft (die *ratio*, der Intellekt, der Verstand) müßte sich also mit dem Prinzip der Unbedingtheit verbünden und sich diesem Prinzip unterwerfen, welches das Kalkül, das es fundiert, tendenziell überschreitet. Diese Allianz zwischen Souveränität und Unbedingtheit scheint unzertrennlich. Ihr Widerstand scheint absolut und die Trennung unmöglich: Gehört es nicht gerade zur Souveränität, vor allem in den modernen politischen Formen, die man ihr von Bodin bis hin

---

35 Husserl, *Die Krisis der europäischen Wissenschaften und die transzendentale Phänomenologie*, a. a. O., S. 341.

zu Rousseau und Schmitt zuerkennt, unbedingt, absolut und vor allem, gerade deshalb, unteilbar zu sein? Den souveränen Ausnahmestatus als Recht zur Ausnahme zu haben? Über die Ausnahme zu entscheiden und das Recht, das Recht aufzuheben?

Meine Frage wäre also, in wenigen Worten, die folgende: Lassen sich diese beiden Forderungen dennoch voneinander trennen? Kann man und *muß* man sie im Namen der Vernunft, gewiß, aber auch des Ereignisses, der Ankunft oder des Kommens, das sich ebenso in die Zu-*kunft* [à-venir] wie in das *Werden* [de-*venir*] der Vernunft einschreibt, voneinander lösen? Steht diese Forderung nicht im Einklang mit einem der beiden Pole der Rationalität, nämlich dem Unbedingtheitspostulat? Ich sage *Postulat*, um auf den Anspruch, das Begehren, die gebieterische Forderung hinzudeuten; und ich sage lieber *Postulat* als Prinzip, um die fürstliche und mächtige Autorität des Ersten, der *arche* oder *presbeia*, zu vermeiden; schließlich sage ich lieber *Postulat* als Axiomatik, um die komparative und also berechenbare Stufenleiter der Werte und Wertungen zu vermeiden.

Fragen wir uns also, ob es nicht *heute* möglich ist, im Lichte des heutigen Tages, diese Trennung zu denken und zu erproben, die unmöglich und undenkbar erscheint, nicht zurückführbar auf den *logos* oder zumindest auf das *legein*, verstanden als Sammlung oder Aufsammeln? Heute, da das Denken der kommenden Welt und vor allem der angeblich menschlichen Erde den Schrecken, die Ängste und die Erschütterungen eines Erdbebens durchlebt, dessen Stöße sämtlich gewissermaßen überdeterminiert sind und benannt werden von Kräften, denen es *an Souveränität mangelt* – an Souveränität überhaupt, sichtbarer, deutlicher jedoch an unteilbarer nationalstaatlicher Souveränität. Kann man nicht und *muß* man nicht selbst dort, wo es unmöglich scheint, unterscheiden zwischen *einerseits* dem Zwang oder der Selbstsetzung der Souveränität (die auch und nicht minder die der *Selbstheit* selber [ipséité même] ist, des Selben, das man *selbst* ist [du même de soi-*même*] (*meisme*, von *metipsissimus*), der Selbstheit, die in sich, wie es auch die Etymologie bestätigen würde, die androzentrische Machtposition des Hausherrn, die souveräne Herrschaft des Herrn, des Vaters oder Gatten, die Macht des *Selben*, des *ipse* als man-selbst in sich schließt) und *andererseits* jenem Unbedingtheitspostulat, das man ebensowohl in der kritischen wie (erlauben Sie mir das Wort) dekonstruktiven Forderung *der* Vernunft wiederfindet? Im Namen der Vernunft? Denn die Dekonstruktion, wenn es so etwas gibt, bleibt in meinen Augen ein unbedingter Rationalismus, der, gerade im Namen der kommenden Aufklärung, niemals davon abgeht, in dem zu eröffnenden Raum einer kommenden Demokratie argumentativ, durch rationale Diskussion, sämtliche Bedingungen, Hypothesen, Konventionen und Vorannahmen zu suspendieren, ohne Vorbedingung sämtliche Bedingtheiten zu kritisieren einschließlich derer, die noch der kritischen Idee zugrunde liegen, nämlich der des *krinein*, der *krisis*, der Entscheidung und des binären oder dialektischen Urteils.

Ich werde es wagen, noch weiter zu gehen. Ich werde die Hyperbel über die Hyperbel hinaustreiben. Es wird nicht nur darum gehen, den Souveränitätstrieb und den Unbedingtheitsanspruch als zwei symmetrisch miteinander verknüpfte Terme zu trennen, sondern die eine im Namen der anderen, die Souveränität im Namen der Unbedingtheit in Frage zu stellen, zu kritisieren oder, wenn Sie so wollen, zu dekonstruieren. Ebendies gälte es zu erkennen, zu denken, begründen zu können, so schwierig oder unwahrscheinlich, ja unmöglich es scheinen mag. Dabei geht es genau um ein anderes Denken des Möglichen (der Macht, des beherrschenden und souveränen »Ich kann«, der Selbstheit selbst) und eines Unmöglichen, das nicht einfach negativ wäre.

Unbedingt wäre zunächst, in seiner Wesensstruktur, das Ereignis in seiner Ereignishaftigkeit selbst. Wenn ich so sehr auf der lateinischen Quelle der französischen Sprache beharre, so nicht nur, um dem Leitsatz unseres Kongresses Ehre zu erweisen und gleich bei der Eröffnung darauf zu erwidern. Zwischen der *Zukunft* [avenir] der Vernunft, dem *Werden* [devenir] der Rationalitäten und dem »Komm«, dem *Kommen* [venir] oder der *Ankunft* [venue], im Ereignis [événement] oder dem Herannahen [avènement], in der Entdeckung [invention] des Ankommenden [ce qui arrive] ist das semantische Band im Lateinischen deutlicher. Es bleibt in seinem idiomatischen Netz manchmal unübersetzbar. Man wird seine rationale Notwendigkeit nur dort denkend nachverfolgen können, man wird auf die *Zukunft* [avenir] oder das *Werden* [devenir] der Vernunft nur dort achthaben können, wo man begründet, was in diesem Künftigen [ce »-venir«] in erster Linie *unvorhersehbar* scheint, sichtbar vielleicht, doch unvorhersehbar, selbst wenn man annimmt, man könne jemals sehen, ohne in gewisser Weise vorher- und von einem Horizont her kommen zu sehen. Ein vorhergesehenes Ereignis ist bereits gegenwärtig [présent], läßt sich bereits vergegenwärtigen [présentable], es ist bereits angekommen und in seinem Hereinbrechen neutralisiert. Überall, wo es Horizont gibt und wo man etwas gemäß einer Teleologie und von einem idealen, ideellen Horizont her kommen sieht, das heißt vom Sehen oder Wissen eines *eidos*, überall, wo Idealität möglich ist (und es gäbe weder Wissenschaft noch Sprache, noch Technik, soweit wir wissen, noch überhaupt Erfahrung ohne die Erzeugung einer gewissen Idealität), wird diese horizontale Idealität, wird der Horizont dieser Idealität von vornherein das Ereignis neutralisieren und folglich das, was in einer Geschichtlichkeit, die diesen Namen verdient, die Ereignishaftigkeit des Ereignisses erfordert.

Un-vorhersehbar: ein Ereignis, das diesen Namen verdient, muß nicht nur jeden teleologischen Idealismus überschreiten, jede List der teleologischen Vernunft, die vor sich selbst verhüllt, was ihr geschehen und ihre Selbstheit auf autoimmunitäre Weise affizieren kann – und das ist der Grund, der uns gebietet, es auszusprechen und diesen Gedanken des Ereignisses nicht irgendeinem obskuren Irrationalismus zu überlassen. Das Ereignis muß sich als un-vorhersehbar ankündigen, muß sich ankündigen ohne Vorwarnung, ohne sich zuvorzukommen [sans prévenir], muß sich ankündigen, ohne sich anzukündigen, ohne Erwartungshorizont, ohne *telos*, ohne teleologische Formation, Form oder Präformation. Daher sein monströser Charakter, der es niemals zu präsentieren erlaubt, der es vorzeigbar nur *als* Nichtvorzeigbares werden läßt. Also niemals als solches. Man ruft dann aus: »Das hat es noch nie gegeben!«, mit Ausrufungszeichen. Das Ereignis einer technisch-wissenschaftlichen Erfindung zum Beispiel ist (wie ich an anderer Stelle zu zeigen versucht habe, zu Beginn von *Psyché. Inventions de* *l'autre*³⁶) keine Erfindung und kein Ereignis, wenn es durch eine Menge von Bedingungen jeder Art ermöglicht wurde (politisch-ökonomische Basis, epistemische Konfiguration, Paradigma usw.), von denen man Rechenschaft geben kann und die man einigermaßen identifizieren und bestimmen kann, wie es die Epistemologie, die Geschichte oder Philosophie der Technowissenschaften nachträglich tun und tun müssen. Ein Ereignis oder eine Erfindung ist nur als un-mögliche möglich, das heißt nirgendwo *als solche*. Das phänomenologische oder ontologische »als solches« vernichtet diese Erfahrung des Un-möglichen, die *als solche* weder jemals erscheint noch sich ankündigt.

Dies zu denken und auszusprechen widerspricht nicht der Vernunft. Es ist nicht vernunftwidrig, sich über eine Idiokratie oder einen Teleologismus Sorgen zu machen, welche die Ereignishaftigkeit des Ereignisses tendenziell zunichte macht oder neutralisiert, um sich zu immunisieren. Es ist die einzige Chance, rational so etwas wie eine Zukunft und ein Werden der Vernunft zu denken. Und vergessen wir nicht, es ist auch das, was sowohl das Denken als auch die wissenschaftliche Forschung von der Kontrolle und Konditionierung durch Machtinstanzen und politische, militärische, technisch-ökonomische, kapitalistische Institutionen aller Art befreit (man denke etwa an die Aneignung biogenetischer Entdeckungen durch Patentierung). Es geht hier sogar um »staatliche« Kontrolle der Erkenntnis, manchmal, um nur dieses Beispiel zu nehmen, in der vornehmen und respektablen Gestalt sogenannter Ethikkomitees. Denn so wie keine (politische, juridische, religiöse, ideologische, ökonomische) Macht jemals die Kontrolle oder Beschränkung einer wissenschaftlichen Forschung, einer Suche nach Wahrheit, einer kritischen oder dekonstruktiven Fragestellung, also einer rationalen und unbedingten Forschung in der Ordnung des Wissens und Denkens aus der Vernunft begründen kann, so wird ebenso (oder reziprok) auch niemals ein Wissen als solches, eine theoretische Vernunft, wenn Sie wollen, dauerhaft die Grundlage einer Verantwortung oder Ent-

---

36 Jacques Derrida, *Psyché. Inventions de l'autre*, Paris: Galilée 1987; 2., vermehrte Auflage, Bd. 1, Paris: Galilée 1998.

scheidung abgeben können – niemals so, wie eine Ursache eine Wirkung hervorbringt oder wie ein Seinsgrund [raison d'être] oder zureichender Grund von dem Rechenschaft abgeben kann, was aus ihm folgt. *Man muß es wissen, man braucht das Wissen* [il faut le savoir], gewiß, das Wissen ist unentbehrlich, man muß wissen und so viel und so gut wie möglich wissen, um eine Entscheidung zu treffen oder eine Verantwortung zu übernehmen. Aber das Moment und die Struktur des »Man muß« bleiben, genau wie die der verantwortlichen Entscheidung, dem Wissen heterogen und müssen es bleiben. Eine absolute Unterbrechung, die man immer als »unvernünftig« beurteilen wird, muß sie trennen, weil sich sonst die Übernahme einer Verantwortung auf die Anwendung und den Ablauf eines Programms beschränken würde, manchmal eines Programms in der raffinierten Gestalt teleologischer Normen, Werte, Regeln beziehungsweise Pflichten, also einer Schuld, die abgetragen oder übernommen, mithin in einem wiederum untergründig ökonomischen Kreislauf zu tilgen ist. Und ich bin mir bewußt, daß das, was ich hier sage, deshalb ein sehr großes Risiko birgt.

Eine »Verantwortung« oder »Entscheidung« läßt sich nicht in einem *Wissen als solchem* fundieren oder rechtfertigen, ohne den Sprung irgendeiner Diskontinuität oder radikalen Heterogenität zwischen den beiden Bereichen. Ich spreche lieber abstrakt von »Verantwortung« und »Entscheidung« anstelle von »praktischer«, »ethischer«, »juridischer« oder »politischer Vernunft«, weil dabei Schwierigkeiten auftreten, über die ich gleich ein paar wenige Worte sagen werde.

An diesem Punkt, an dem ich mich meiner Schlußfolgerung zu langsam oder zu rasch nähere, muß ich Ihnen das Zögern gestehen, das ich überwinden mußte. Bei der Vorbereitung dieser Veranstaltung habe ich mich gefragt, wie ich das Problem der Zeit auf die ökonomischste und am wenigsten unvernünftige, wenn nicht gar rationellste Weise lösen könnte. Ich habe also Buch geführt und mein Rechnungsbuch auf den letzten Stand gebracht – Sie wissen, daß man im Französischen ein Rechnungsbuch, in dem die Einnahmen und Ausgaben verzeichnet werden, als »livre de raison« *(rationes)* [comptes, Konten] bezeichnet hat. Eine meiner Arbeitshypothesen, die ich jedoch fallenließ, bestand darin, auf die große Perspektive der noblen rationalistischen und teleologischen Tradition zu verzichten, die von Platon bis Kant und Husserl führt und über eine französische Seitenlinie verfügt (von Descartes bis zur Aufklärung und bis zu all denen, die der Geschichte oder dem Werden, der Plastizität der Vernunft vermehrt Aufmerksamkeit geschenkt haben: Brunschvicg, Bachelard, Canguilhem, Foucault, Lacan usw.). Statt dessen wollte ich mich ganz auf ein heutiges Beispiel konzentrieren, eine konkrete Figur, die Metonymie aller Nöte, die uns heimsuchen. Dieses Beispiel, sagte ich mir, würde mich dazu verpflichten, indirekt die Philosopheme heranzuziehen, von denen eben die Rede war, aber auch dazu, sie in der großen Frage der Vernunft und des Lebens konvergieren zu lassen. (Denn vergessen wir nicht: Platon bestimmt das Gute, das *agathon*, das *epikeina tes ousias*, die Vernunft des *logos*, als Quelle des Lebens, als Figur der Vaterschaft oder des ererbten Kapitals, als den nichtgenetischen Ursprung jeder Genese; wo Aristoteles vom *actus purus* oder vom Ersten Beweger handelt, spricht er von dessen Leben; der christliche *logos* definiert sich selbst als Leben des Lebendigen, und gleiches gilt ganz wörtlich für den Hegelschen *logos*.) Wenn ich ein Beispiel aus dem Bereich des Lebens nähme, so sagte ich mir, würde mir das erlauben, mit einem Schlag strikt und möglichst eng ethische, juridische, politische und vor allem, untrennbar davon, technisch-wissenschaftliche Reflexionen miteinander zu verknüpfen – dort, wo die Instanz der Technik, die große Frage der Technik und die Logik der Prothese nicht bloß akzidentell, sondern wesentlich sind und der Problematik der Vernunft innewohnen. Wäre ich dieser Hypothese gefolgt, so wäre meine Wahl auf das beängstigende Dilemma des (therapeutischen oder reproduktiven) *Klonens* gefallen. Wir würden dort, sagte ich mir, das Beste und das Schlimmste der Vernunft wiederfinden, das Erschreckendste und das Neueste des Kalküls wie des Unkalkulierbaren; die Formen der Macht und die Ohnmacht der Vernunft vor den großen Fragen nach dem Wesen des Lebendigen, nach Geburt und Tod, nach den Rechten und der Würde der menschlichen Person, nach dem Recht und der Macht des souveränen Staates auf diesen Gebieten, nach der Staatsräson, die sich das Recht gibt, sich über alle Rechte zu erheben, über das gegenwärtige und künftige Werden des Völkerrechts (wie Sie wissen, sind die westlichen Staatschefs gerade dabei, über die Schaffung einer internationalen Rechtsprechung zu entscheiden) usw. Würde man die beiden hauptsächlichen Axiomatiken, die heute in den Kreisen von Wissenschaft und Politik, Recht und Medien maßgebend sind, vor ein Tribunal zitieren, so stießen wir wiederum auf die Opposition des Berechenbaren und des Unberechenbaren. Sehr schematisch gesprochen, berufen sich die Befürworter des Klonens, vor allem des therapeutischen Klonens, auf die rationale Notwendigkeit, der theoretischen und technisch-experimentellen Forschung keine Beschränkungen aufzuerlegen, wo immer sie ihre Ergebnisse kalkulieren und den erwartbaren Nutzen vorausberechnen kann, selbst wenn diese Berechenbarkeit sich dem unsicheren, unkalkulierbaren Risiko des Unberechenbaren aussetzt. Die Gegner des Klonens andererseits wenden sich nicht nur gegen die unwahrscheinliche Programmierung riesiger Armeen gefährlicher Klone, die einer industriellen, militärischen oder kommerziellen, dämonischen oder verrückten Vernunft zu Gebote stünden (denn eine bestimmte Vernunft kann an sich selber verrückt werden), sondern in den meisten Fällen auch gegen das therapeutische Klonen (dessen Grenzen nicht streng gesichert wären) beziehungsweise gegen das vorsichtige Experimentieren mit dem reproduktiven Klonen (dessen technische Möglichkeit noch gar nicht bewiesen ist). Die grundsätzlichen Einwände gegen jedes Klonen werden erhoben im Namen der Ethik, der Menschenrechte, der Eigentümlichkeit des Menschen und der Würde des menschlichen Lebens, im Namen der Einzigartigkeit und unwiederholbaren Einmaligkeit der menschlichen Person, im Namen einer Ethik des Begehrens oder der Liebe zum anderen – die, wie mancher offenbar sehr optimistisch glaubt oder anderen weismachen möchte, stets das Motiv zum Zeugungsakt liefert –, sondern auch im Namen des Anteils an Unberechenbarem, den man der Geburt, dem Ans-Licht- oder Zur-Welt-Kommen eines einzigartigen, unersetzlichen und freien, also nicht programmierbaren Lebewesens lassen muß.

Doch was unterschlägt diese ethische Axiomatik, die im Recht und in der Politik der westlichen Länder gegenwärtig vorherrscht, an rationaler Evidenz? Nun, zunächst dies: daß die sogenannte identische Wiederholung, die Duplikation, die man mit solchem Entsetzen zu verabscheuen vorgibt, bereits glücklicherweise überall präsent und wirksam ist, wo es um Reproduktion und Vererbung geht, in Kultur, Wissen, Sprache, Erziehung, deren Voraussetzung sie, ebenso wie Produktion und Reproduktion, gewährleistet. Und vor allem scheint dieser um Ethik, menschliche Einzigartigkeit und Freiheit besorgte Diskurs, dieser militante Humanismus zu unterstellen, daß zwei genetisch identische Individuen identische Schicksale haben würden, daß sie ununterscheidbar sein würden und dem Kalkül unterlägen, der sie hat entstehen lassen; womit aber wiederum nur ignoriert wird, was die Geschichte (des einzelnen oder einer Gruppe) der Kultur, der Gesellschaft, der Erziehung, dem Symbolischen, dem unberechenbaren Zufall, also lauter Dimensionen schuldet, die selbst bei »echten« Zwillingen nicht auf die simple genetische »Natürlichkeit« zurückgeführt werden können. Schlußfolgerung: Letztlich teilt die als ethisch bezeichnete oder sich humanistisch gerierende Axiomatik mit ihrem vermeintlichen Gegner einen genetischen oder biologistischen Determinismus beziehungsweise einen tief verankerten Zoologismus, einen fundamentalen, wenngleich uneingestandenen Reduktionismus.

Das Problem verlangt also (und darin liegt der Grund [ration] einer kommenden Aufklärung) eine ganz andere Art der Bearbeitung. Ich sage das nicht, um einem der beiden Lager recht oder unrecht zu geben, noch aus irgendwelchem kindlichen Vertrauen in ein reproduktives Klonen, für das ich nur wenig Interesse, Anreiz und Wahrscheinlichkeit sehe. Dafür finde ich kaum haltbare und rationale Einwände gegen das therapeutische Klonen, zumindest wenn man es vom reproduktiven abgrenzen kann. Ist der Weg nicht bereits gebahnt und im Prinzip auch gutgeheißen worden durch all die prothetischen Techniken, durch die Therapeutik, die sich seit kurzem mit dem Einblick in die Mechanismen der DNA-Interferenz und ihrer Synthese ankündigt, mit den Teletechnologien der sogenannten Informationsübertragung, die prothetische Strukturen oder Organisationen sind und letztlich – zusammen mit dem, was ich Iterierbarkeit nenne – den eigentlichen Ort eines Problems der Vernunft heute bezeichnen: nämlich des Problems der Technik, der Eigentümlichkeit des Menschen, der Eigentümlichkeit des eigentümlich lebenden Körpers, des Eigentümlichen überhaupt? Auf allen Gebieten. Die gemeinsamen Vorannahmen beider Parteien in der Klon-Debatte erheischen also eine erneute systematische Ausarbeitung, über welche die Vernunft ruhelos, unablässig, unnachgiebig, kühn und entschlossen, vor keiner dogmatischen Einschüchterung zurückzuweichen, wachen muß. Aber, wie gesagt, ich werde über das Klonen nicht sprechen.

Wie könnte ich meine abschließenden Thesen so knapp und ökonomisch wie möglich mit Argumenten rechtfertigen? Den Wert der unvorhersehbaren Un-möglichkeit werde ich mit dem der *unberechenbaren und exzeptionellen Singularität* verknüpfen. Ich berufe mich hier auf den gesunden Menschenverstand, auf das gemeine Verständnis, auf die bekannteste Sache der Welt. Ein berechenbares Ereignis, das als ein besonderer Fall, als Gegenstand eines Wissens, unter die Allgemeinheit eines Gesetzes, einer Norm, eines Bestimmungsurteils oder einer Technowissenschaft, also eines Wissen-Könnens [pouvoir-savoir] oder eines Wissens-zu-können [savoir-pouvoir] fällt, ist – *wenigstens insoweit* – kein Ereignis. Wo es diese absolute Singularität des Unberechenbaren und Exzeptionellen nicht gibt, dort trifft nichts und niemand, nichts *anderes* und also *nichts* ein [rien ni personne, rien *d'autre* et donc *rien* n'arrive]. Ich sage »nichts und niemand«, um zu einem Denken des Ereignisses zurückzukehren, das noch vor der Unterscheidung oder Konjugation des »Was« und des »Wer« erwacht oder wiedererwacht. Es geht darum, die Vernunft zu denken, das Kommen ihrer Zukunft und ihres Werdens als Erfahrung dessen, *was* (und dessen, *der*) kommt oder ankommt – offenkundig als anderes oder anderer, als Ausnahme oder absolute Singularität einer Andersheit, die von der Selbstheit einer souveränen Macht und eines kalkulierbaren Wissens nicht wieder angeeignet werden kann.

1. Die *Unbedingtheit des Unberechenbaren* gibt das Ereignis zu denken. Sie gibt es als *Ankunft* oder *Kommen* des anderen zu denken in Erfahrungen, von denen ich nur einige metonymische Figuren nennen werde. Dabei scheint mir der Rückgriff

auf die Lexik der *Unbedingtheit* nützlich, weil Tradition und Übersetzung (*anhypotheton*, unbedingt, *inconditionnel*) ihre Verständlichkeit, ja ihre Lehrbarkeit erleichtern. Aber ich bin nicht sicher, ob eine künftige Ausarbeitung nicht zu einem anderen Terminus nötigen wird, der gegenüber den traditionellen semantischen Implikationen freier wäre, die sich übrigens von einer Sprache zur anderen ändern: *anhypotheton*, unbedingt, *inconditionnel*, das ist nicht genau dasselbe. Vielleicht ließe sich eines Tages in einer anderen Sprache besser ausdrücken, was es über diese metonymischen Figuren des Unbedingten noch zu sagen gibt. Aber welche andere Sprache, welches Wort oder welche Trope dies auch sein mag, sie werden die Erinnerung an das bewahren oder weitergeben müssen, was in der Unbedingtheit der Vernunft jede Singularität auf das Universalisierbare bezieht. Sie werden das Universelle jenseits jedes Relativismus, Kulturalismus, Ethnozentrismus und vor allem des Nationalismus beanspruchen oder postulieren müssen. Jenseits dessen, was ich – um damit all die modernen Gefahren zu bezeichnen, denen solche Relativismen die Vernunft aussetzen – als *Irrationationalismus, Irrationationaletatismus* nennen würde – man mag es buchstabieren, wie man will.

Unter all den Figuren der Unbedingtheit ohne Souveränität, die ich in den letzten Jahren bevorzugt behandelt habe, gäbe es beispielsweise die der *unbedingten Gastfreundschaft*,[37] die sich

---

37 *Unbedingte Gastfreundschaft*, ich bestehe darauf. Denn mehrere Freunde haben mich in diesem Zusammenhang auf eine neuere Veröffentlichung hingewiesen (»jämmerlicher Pariser Illustriertenklatsch vom Typ *Gala*«, sagte einer von ihnen), deren Autor prätentiös und schulmeisterlich, aber ohne nachprüfbare Quellenangaben, Gegenstände verhandelt, über die ich seit Jahren unter dem Titel der *unbedingten Gastfreundschaft* schreibe. Da ich davon offensichtlich nichts verstehe, gibt mir der Autor sogar, wie einst im Gymnasium, eine schlechte Note und empört sich am Rand meines Schulhefts in energischem Ton: »Absurd!« Nun, warten wir ab ...
Von der *unbedingten Gastfreundschaft* habe ich stets, stetig und beharrlich, behauptet, sie bleibe, als *unmögliche*, dem *Politischen*, *Rechtlichen*, ja sogar dem *Ethischen* fremd. Doch das Unmögliche ist nicht nichts. Es ist sogar das, was per definitionem eintrifft. Ich gebe zu, daß das ziemlich schwierig zu denken ist, aber genau damit beschäftigt sich dieser

dem Kommen des anderen jenseits des Rechts unbeschränkt öffnet, jenseits der bedingten Gastfreundschaft, die durch Asylrecht, Einwanderungsrecht, Staatsbürgerschaft und selbst durch Kants Recht auf universelle, aber noch einem politischen oder kosmopolitischen Recht unterstehende Hospitalität begrenzt wird. Nur eine unbedingte Gastfreundschaft vermag ih-

> Gedanke, wenn es denn einen Gedanken dabei gibt und seitdem es ihn gibt.
> Vielleicht hätte ich der Versuchung nachgeben sollen, angesichts der hartnäckigen Unverfrorenheit von soviel Gerücht und Geschwätz einfach weiterzuzappen. Die erhofften Vorteile sind allzu evident, seit langem. Doch für jeden, der die Aufrichtigkeit besessen hätte, sein *homework* zu machen (wie man es von amerikanischen Studenten erwartet, die sich nicht die Mühe einer Lektüre gemacht haben und statt dessen mit Arroganz etwas Beliebiges äußern), hier einige vorbereitende Hinweise. Es geht in der Tat um paradoxe oder aporetische Beziehungen zwischen zugleich heterogenen und untrennbaren Begriffen, der *unbedingten* Gastfreundschaft und der *bedingten* (nämlich derjenigen, die, ich wiederhole es, allein der Ordnung der – ethischen, rechtlichen oder politischen, nationalen oder internationalen – Gesetze, Regeln und Normen angehört): *Von der Gastfreundschaft*. Übersetzt von Markus Sedlaczek, Wien: Passagen 2001, S. 27 ff., 52 ff., 60 f., 66 ff., 97 ff., 104 ff.; *Cosmopolites de tous les pays, encore un effort!*, Paris: Galilée 1997, besonders S. 41 ff., 46 ff., 56 ff.; *Adieu. Nachruf auf Emmanuel Lévinas*. Übersetzt von Reinhold Werner, München: Hanser 1999, S. 44 ff., 69 ff., 116 ff., 141 ff.; »Glaube und Wissen«. Übersetzt von Alexander García Düttmann, in: Jacques Derrida und Gianni Vattimo (Hg.), *Die Religion*, Frankfurt am Main: Suhrkamp 2001, S. 102 ff.
> Wer nicht mehr als fünf Seiten lesen will, mag sich auf »Le principe d'hospitalité« beziehen, in: *Papier Machine*, Paris: Galilée 2001, S. 273-277, besonders S. 277. Wer sich mit Geduld wappnen mag, lese auch S. 296 ff., 342, 351, 361 ff. Und: *De quoi demain ... Dialogue avec Elisabeth Roudinesco*, Paris: Fayard/Galilée 2001, S. 100-104. Und: *Manifeste pour l'hospitalité – aux Minguettes (Autour de Jacques Derrida)*, Paroles d'Aube 1999.
> Was den Begriff des Opfers angeht, den die genannte Zeitschrift ebenso konfus mit der Sache vermengt, so habe ich darüber so viel geschrieben, daß eine Seite mit Quellenangaben nicht ausreichen würde. Statt dessen ein anderer Rat, Ausweg aus der Verzweiflung: Alles lesen und notfalls noch einmal lesen!

ren Sinn und ihre praktische Rationalität dem Begriff von Gastfreundschaft insgesamt zu vermitteln. Die unbedingte Gastfreundschaft überschreitet den juridischen, politischen oder ökonomischen Kalkül. Doch ohne sie kommt nichts und niemand an.

Ein anderes Beispiel wäre das der Gabe oder der Vergebung, von der ich an anderer Stelle zu zeigen versucht habe, wohin die Unbedingtheit führt, wenn man sie in ihrer Reinheit, so wie ihr Begriff es verlangt, bis zur letzten Konsequenz verfolgt. Eine Gabe ohne kalkulierbaren Austausch, eine Gabe, die ihren Namen verdiente, würde nicht einmal dem Geber oder dem Beschenkten *als solche* erscheinen, weil sie sonst Gefahr liefe, mit der Phänomenalität und mithin ihrer Phänomenologie einen Kreislauf der ökonomischen Wiederaneignung wiederherzustellen, die das Ereignis sogleich vernichten würde. Ebenso könnte ein Vergeben *beim* anderen oder *des* anderen nur ankommen, wenn es jenseits von Berechnung geschieht, jenseits von Entschuldigung, Amnesie, Amnestie, Freispruch oder Verjährung, jenseits sogar der Bitte um Vergebung, also jenseits der reuigen Umkehr, die zumeist als Voraussetzung für Vergebung gilt, zumindest in *dominierenden* Strömungen der Tradition der abrahamitischen Religionen. In der offenen Serie dieser Beispiele hatten wir zwei Figuren der Rationalität zusammenzudenken, die beiderseits einer Grenze einander erheischen und einander überschreiten.

Die unberechenbare Unbedingtheit der Gastfreundschaft, der Gabe oder der Vergebung – zum Beispiel – überschreitet den Kalkül der Bedingungen ebenso wie die Gerechtigkeit das Recht, das Juridische und das Politische. Gerechtigkeit läßt sich niemals auf Recht reduzieren, auf die berechnende Vernunft, auf die Verteilung nach dem Gesetz, auf die Normen und Regeln, die das Recht bedingen, in seiner Geschichte, seinen gegenwärtigen Transformationen und selbst dort, wo es auf Zwangsgewalt zurückgreift, auf die Macht des Könnens [puissance du pouvoir], von der Kant in aller Strenge gezeigt hat, daß sie im reinsten Rechtsbegriff enthalten und gerechtfertigt ist. Das »strikte Recht« schließt das Vermögen oder die Möglichkeit eines »wechselseitigen Zwanges« ein, also der Gewalt, also eines Rechts des Stärkeren, »eines äußeren Zwanges, der mit der

Freiheit von jedermann nach allgemeinen Gesetzen zusammen bestehen kann«.[38] Um zu dieser Heterogenität der Gerechtigkeit gegenüber dem Recht zu gelangen, genügt es nicht, wie übrigens gerade Heidegger es getan hat, die *dike* der Legalität des römischen *jus* zu entziehen; man muß auch, wie ich an anderer Stelle – in *Marx' Gespenster* – anzudeuten versucht habe, die Heideggersche Deutung der *dike* als Einklang oder Versammlung, letztlich als *logos*, in Frage stellen.[39] Die Unter-

---

38 Immanuel Kant, *Metaphysik der Sitten*, in: ders., *Werke in sechs Bänden*, a. a. O., Bd. 4, S. 338-341 (AB 35-38).

39 Vielleicht ist hier der Ort, nachträglich und dennoch sehr knapp einige Präzisierungen zu der Frage beizubringen, welche Beziehungen zwischen der »Dekonstruktion« – zumindest so, wie sie mir in meiner Arbeit seit langem erforderlich scheint – und der Vernunft als *logos* bestehen mögen.
Anlaß zu diesen Präzisierungen war eine Diskussion, die am Ende des Kongresses über »metaphysische und nachmetaphysische Vernunft« geführt wurde. Dabei ging es weithin um *logos* und Dekonstruktion. Aus einer Reihe von Gründen konnte ich mich an der Debatte nicht beteiligen. Ich erlaube mir deshalb, einige Evidenzen ins Gedächtnis zu rufen, die mir damals der unheimliche Gegenstand einer Art von Verwerfung [forclusion] zu sein schienen.
1. Die Heideggersche Dekonstruktion (Destruktion*) richtete sich niemals gegen einen Logozentrismus oder gar gegen den *logos*. Wenn sie zur Dekonstruktion der klassischen Ontologie oder Ontotheologie schritt, so tat sie es vielmehr häufig im Namen einer »ursprünglicheren« Neuinterpretation des *logos*.
2. Die »Dekonstruktion«, die ich versuche oder die mich versucht, ist von derjenigen Heideggers nicht nur verschieden (in zahlreichen Merkmalen, die an anderer Stelle zu oft dargelegt worden sind, als daß ich sie hier erinnern müßte). Vor allem hat sie niemals die objektivierende Gestalt eines Wissens als »Diagnose« angenommen und schon gar nicht einer »Diagnose der Diagnose«. Sie ist stets eingeschrieben in das Element ebender Sprache, die sie in Frage stellt; sie ist stets in diesem Element gefangen, wird in ihr verstanden und stets als solche verstanden, wenn sie sich im Herzen metaphysischer Debatten abmüht, die ihrerseits mit selbstdekonstruktiven Tendenzen zu kämpfen haben. Deshalb habe ich das Motiv der Dekonstruktion niemals mit denen verknüpft, die in der Diskussion so oft beschworen wurden: dem Motiv der »Diagnose«, des »Nach-« oder »Post-«, des »Todes« (der Philosophie, der Metaphysik usw.), der »Vollendung« oder »Überwindung«* (beziehungs-

brechung einer gewissen Ablösung [déliaison] öffnet den freien Raum des Verhältnisses zur unberechenbaren Singularität des anderen. Genau dort überschreitet die Gerechtigkeit das Recht,

weise des »Schritts zurück«*: *dépassement*), schließlich des »Endes«. Man wird in keinem meiner Texte irgendeine Spur dieser Lexik finden. Das ist kein Zufall, man darf es mir glauben, und es hatte Folgen vielerlei Art. Nicht zufällig habe ich – seit der *Grammatologie* (1965) – ausdrücklich erklärt, daß es nicht um ein Ende der Metaphysik geht und vor allem daß Geschlossenheit [clôture] nicht Ende heißt. Ich habe mich beeilt zu erläutern, daß Geschlossenheit nicht gleichsam wie eine kontinuierliche Linie *die* Metaphysik im allgemeinen und im besonderen umschließt, sondern deren heterogenen Raum gemäß einem Raster komplexer und nicht kreisförmiger Begrenzungen durchläuft.

3. Man darf nicht bloß sagen – wie es, nicht ohne Kühnheit, behauptet wurde: »*Luther qui genuit Pascal*«, »Luther zeugte Pascal«, sondern vielleicht auch »*Luther qui genuit Heidegger*«, »Luther zeugte Heidegger«. Was zu ganz anderen Konsequenzen führt. Ich habe an anderer Stelle oft daran erinnert, daß das Motiv und das Wort »Destruktion« bei Luther ein Aufmischen der Ablagerungen [désédimentation] der institutionellen Theologie (man könnte sagen: der Ontotheologie) meinte, um zu einer ursprünglicheren Wahrheit der Schrift zurückzukehren. Heidegger war unzweifelhaft ein gründlicher Leser Luthers. Doch trotz meines Respekts vor dieser ungeheuren Tradition gehört die Dekonstruktion, die mich beschäftigt, ganz und gar nicht in diese Abstammungslinie. Es ist genau dieser Unterschied, den ich gewiß nicht ohne Schwierigkeit zu artikulieren versuche.

Ungefähr das gleiche werde ich zu dem Privileg sagen, das ich beständig dem aporetischen Denken gebe. Ich weiß und ich weiß sehr wohl, was dieses Denken zweifellos den Aristotelischen Aporien schuldet beziehungsweise, ich erinnere gerade hier daran, den Kantischen Antinomien. Doch wie mir scheint, habe ich ihnen eine ganz andere Wendung gegeben. Genau hier stößt die Analogie auf ihre Grenze, und diese Grenze ist allesentscheidend und müßte höchste Aufmerksamkeit verlangen. Und abermals das gleiche werde ich zu dem Hyper- oder Ultratranszendentalismus sagen (der doch auch ein Hyperrationalismus ist), auf den ich mich, um den empiristischen Positivismus zu vermeiden, seit der *Grammatologie* ausdrücklich berufen habe.

4. Schließlich wage ich kaum ein weiteres Mal auf dem Unterschied zwischen Dekonstruktion und Destruktion zu beharren sowie auf dem zwischen Dekonstruktion und Kritik. Die Dekonstruktion sucht nicht die Kritik zu diskreditieren, sie rechtfertigt vielmehr deren Notwendigkeit und Erbe unaufhörlich aufs neue; doch verzichtet sie niemals auf die

setzt aber auch die Entwicklung, die Geschichte und das Werden der juridischen Vernunft in Bewegung beziehungsweise motiviert das Verhältnis des Rechts zur Vernunft und all dem, was in der Moderne die Geschichte des Rechts mit der Geschichte der kritischen Vernunft verbindet. Die Heterogenität zwischen Gerechtigkeit und Recht schließt ihre Unzertrennlichkeit keineswegs aus, sondern fordert sie im Gegenteil: keine Gerechtigkeit ohne die Anrufung juridischer Bestimmungen und der Gewalt des Rechts; es gäbe kein Werden, keine Transformation, keine Geschichte und keine Vervollkommnungsfähigkeit des Rechts, wenn es dabei nicht an eine Gerechtigkeit appellierte, die es dennoch stets übersteigt.

Um diese Heterogenität und diese Unzertrennlichkeit *zusammen*zudenken, muß man eine *Selbstbeschränkung* zur Kenntnis nehmen und bekunden, welche die Vernunft spaltet, eine Autolimitation, die durchaus in Verbindung mit einer gewissen Autoimmunität steht: Was man, in der einen oder anderen Sprache, Vernunft nennt, findet sich auf beiden Seiten. Im Zuge eines jedesmal neu geschlossenen, unerhörten Vergleichs [transaction] ermöglicht die Vernunft den Transit und den Kompromiß zwischen der vernünftigen Forderung nach Berechnung oder Bedingtheit einerseits und dem intransigenten, das heißt nicht verhandelbaren Anspruch des unbedingten Unberechenbaren andererseits. Diese unverhandelbare Forderung ist über alles Herr und *muß* es sein [a raison et *doit* avoir raison de tout]. Ob es um Singularität oder Universalität geht – und es geht jedesmal um beides zugleich: auf beiden Seiten *bedarf es sowohl* des Kalküls *als auch* des Unkalkulierbaren. Die Verantwortung der Vernunft, die Erfahrung, die darin liegt, Vernunft zu bewahren, für eine Vernunft einzustehen, die uns als Vermächtnis gegeben ist, würde ich genau in der extremen Schwierigkeit, besser gesagt: in der autoimmunitären Aporie dieses unmöglichen Kompromisses [transaction] zwischen dem Be-

---

Genealogie der kritischen Idee noch auf die Geschichte der Frage und des Privilegs, das dem fragenden Denken eingeräumt wird.
All diese Motive, wage ich zu sagen, waren Gegenstand ausführlicher Darlegungen und zahlreicher Veröffentlichungen im Laufe der letzten vier Jahrzehnte.

dingten und dem Unbedingten, dem Kalkül und dem Unkalkulierbaren ansiedeln. Eines Kompromisses ohne vorher bestehende Regel, ohne absolute Sicherheit. Gegen das Autoimmunitäre gibt es keine sichere Prophylaxe. Per definitionem. Ein stets gefährlicher Kompromiß muß also jedesmal, in jeder einzelnen Situation, sein Gesetz und seine Norm erfinden, das heißt eine Maxime, die jedesmal das kommende Ereignis empfängt. Verantwortung und Entscheidung gibt es, wenn überhaupt, nur um diesen Preis. Müßte ich dem verschlissenen, in Verruf geratenen Wort »vernünftig« [raisonnable] einen Sinn beilegen, den komplexesten, anspruchsvollsten, maßlosesten Sinn, so würde ich sagen, daß »vernünftig« die wohlüberlegte [raisonné] und wohlbegründete Wette dieses Kompromisses zwischen den beiden anscheinend unvereinbaren Forderungen der Vernunft wäre, zwischen dem Kalkül und dem Unkalkulierbaren. Zum Beispiel zwischen den Menschenrechten, wie sie die Geschichte einer Serie performativer Rechtsakte bestimmt und seit über zwei Jahrhunderten von einer Deklaration zur nächsten angereichert hat, und der Forderung der unbedingten Gerechtigkeit, an der gemessen diese Performativa stets unangemessen sein werden, offen für ihre weitere Vervollkommnung (die mehr und etwas anderes ist als eine regulative Idee) und offen für eine rationale Dekonstruktion, die unbegrenzt ihre Grenzen, ihre Vorannahmen, Interessen und Kalküle, die bei ihrer Aufstellung bestimmend waren, sowie ihre Begriffe in Frage stellen wird – zunächst einmal die Begriffe von Recht und Pflicht, vor allem aber den Begriff des Menschen, die Geschichte des Begriffs des Menschen, seines *proprium*, des Menschen als *zoon logon echon* oder *animal rationale*. Es ist zum Beispiel vernünftig, im selben Moment, in dem die Menschenrechte anerkannt, fortentwickelt, vervollkommnet und festgelegt werden, die Fragestellung dekonstruktiv auf all die Grenzen hin zu erweitern, die man mit Blick auf das Leben, auf das Sein des Lebens und das Leben des Seins (also fast die gesamte Philosophiegeschichte) zwischen dem Lebendigen und dem Toten, der lebendigen Gegenwart und ihren anderen gespenstischen Formen, aber auch zwischen dem eigentlich menschlichen und dem »animalischen« Leben glaubte anerkennen zu müssen. Auch wenn ich hier den Beweis nicht führen kann, meine ich – und die Fragen danach werden immer dringlicher –, daß keine dieser anerkannten Grenzen zwischen dem sogenannten menschlichen und dem sogenannten tierischen Leben, keine dieser Oppositionen, keine dieser vermeintlich kontinuierlichen Grenzlinien eine rationale Dekonstruktion überdauert – gleichviel, ob man Sprache, Kultur, soziale Symbolik, selbst Technik und Arbeit, das Verhältnis zum Tod und zum Schmerz, sogar das Inzestverbot oder die Inzestvermeidung zum Kriterium erhebt –, lauter Vermögen, von denen man dogmatisch behauptet, sie fehlten »dem« Tier (im Kollektivsingular!) bis auf jämmerliche Rudimente.

Ich habe eben im Vorübergehen auf die Unterscheidung zwischen *konstativer* und *performativer* Rede hingewiesen. Während jene die Sprache des deskriptiven und theoretischen Wissens ausmacht, sagt man von dieser gern, sie bringe das Ereignis, das sie aussagt, selbst erst hervor (ein Beispiel wäre jener performative Rechtsakt, mit dem 1945 auf der Basis der Menschenrechte ein Begriff des Verbrechens gegen die Menschlichkeit begründet wurde, der das Ferment einer mühsamen Transformation des Völkerrechts mit all seinen Konsequenzen bildete). Mir scheint jedoch, daß das Performativ nicht weniger als das Konstativ die Ereignishaftigkeit des Ereignisses, die es angeblich hervorbringt, unweigerlich neutralisiert oder annulliert. Eine performative Äußerung schafft ein Ereignis nur, um sich in der ersten Person Singular oder Plural Präsens unter der Garantie von Konventionen oder legitimierten Fiktionen der Macht zu versichern, die sich eine Selbstheit zuspricht, das Ereignis, von dem sie spricht, hervorzubringen – und das sie sogleich neutralisiert, indem sie sich die berechenbare Herrschaft darüber aneignet. Wenn ein Ereignis, das diesen Namen verdient, eintreffen soll, so muß es, jenseits jeder Herrschaft, auf eine Passivität treffen. Es muß auf eine exponierte Verletzlichkeit ohne absolute Immunität stoßen – schutzlos, endlich, horizontlos –, dort, wo es noch nicht oder schon nicht mehr möglich ist, der Unvorhersehbarkeit des anderen gegenüberzutreten und ihm zu trotzen. Insofern ist die Autoimmunität kein absolutes Übel. Sie erlaubt es, sich dem anderen – *das* kommt oder *der* kommt – auszusetzen, und muß deshalb unkalkulierbar bleiben. Ohne Autoimmunität, mit absoluter Immunität, würde nichts mehr eintreffen. Man würde nicht mehr warten, man würde nichts mehr erwarten, man würde weder einander noch irgendein Ereignis erwarten. Was es hier zu denken gilt, ist etwas Unvorstellbares oder Unerkennbares: eine Freiheit, die nicht mehr die Macht eines Subjekts wäre, vielmehr eine Freiheit ohne Autonomie, eine Heteronomie ohne Knechtschaft, kurz, so etwas wie eine passive Entscheidung. Man müßte dazu die Philosopheme der Entscheidung, des grundlegenden Paares von Aktivität und Passivität sowie von Potenz und Akt überdenken. Es ist deshalb rational, rational legitimiert, die fruchtbare Unterscheidung zwischen konstativ und performativ zu befragen oder zu dekonstruieren, ohne sie jedoch damit zu diskreditieren. Ebenso müßte man jenseits von Recht, Schuld und Pflicht eine Hyper-Ethik oder Hyper-Politik rational denken, die sich nicht damit begnügte, »pflichtmäßig«* oder (um die Kantische Unterscheidung aufzunehmen, die der praktischen Vernunft zugrunde liegt) »eigentlich aus Pflicht«*, »aus reiner Pflicht«* zu handeln. Diese Hyper-Ethik oder Hyper-Politik übersteigt bedingungslos die Grenzen des ökonomischen Kreislaufs von Pflicht* oder Aufgabe*, einer anzuerkennenden oder zu tilgenden Schuld, also die Grenzen dessen, was man tun zu müssen *weiß* und was also noch von einem programmatischen und normativen Wissen abhängt, auf dessen konsequente Entfaltung sie sich beschränkt.

Der Hiatus zwischen diesen beiden gleichermaßen rationalen Postulaten der Vernunft, dieser Überschuß einer Vernunft, die sich selbst überschreitet und sich so ihrer Zukunft und ihrem Werden öffnet, diese Ex-position zum unberechenbaren Ereignis hin wäre also auch die irreduzible Verräumlichung des Glaubens [foi], der Glaubwürdigkeit [crédit], der Glaubensüberzeugung [croyance], ohne die es kein soziales Band gäbe, keine Hinwendung zum anderen, keine Redlichkeit, kein einzuhaltendes Versprechen, keine Ehre, also keine bindende Treue [foi jurée] und keine Selbstverpflichtung [gage].

Dieser Hiatus öffnet den rationalen Raum eines hyperkritischen Glaubens ohne Dogma und ohne Religion, der sich auf keine religiöse oder implizit theokratische Institution zurückführen läßt. Ebendas habe ich an anderer Stelle als horizontlose

Erwartung eines Messianischen ohne Messianismus bezeichnet. Ich brauche nicht zu sagen, daß ich dabei nicht einen Hauch von Irrationalismus, Obskurantismus oder Verstiegenheit argwöhne. Dieser Glaube ist eine andere Weise, *Vernunft zu bewahren*, so verrückt er sich auch ausnehmen mag. Wenn das semantische Minimum, das man in allen Sprachen den Lexiken der Vernunft entnehmen kann, die letzte Möglichkeit eines Konsenses oder wenigstens einer universell versprochenen und dem anderen bedingungslos geschenkten Zuwendung ist, dann bleibt die Vernunft das Element oder der Atem eines Glaubens ohne Kirche und ohne Leichtgläubigkeit, die Voraussetzung dafür, daß es so etwas gibt wie Bürgschaft oder Selbstverpflichtung [gage], Kredit oder Glaubwürdigkeit [crédit], Zeugenschaft ohne Beweis; daß es so etwas gibt wie den Glauben [croyance] *an* den anderen oder *in* den anderen – und also auch des Meineids. Denn sofern die Vernunft sich dem (kommenden) Ereignis dessen, was (oder dessen, der) kommt, nicht verschließt, wenn es nicht irrational ist zu glauben, daß stets das Schlimmste – noch jenseits dessen, was Kant unter dem Titel des »radikal Bösen« führt – eintreten kann, dann kann allein schon die unendliche Möglichkeit des Schlimmsten und des Meineids die Möglichkeit des Guten, der Wahrhaftigkeit und der bindenden Treue bestätigen. Diese Möglichkeit bleibt unendlich, doch eben als die Möglichkeit einer autoimmunitären Endlichkeit.

2. Was die *Unbedingtheit der Ausnahme* angeht, so findet sich die Vernunft gleichermaßen auf beiden Seiten, wann immer uns eine Verantwortlichkeit dem verpflichtet, was man im Abendland und in der lateinischen Sprache die *Souveränität* nennt. Wann immer heißt: heute mehr denn je, überall und in jedem Moment. Nun ist Souveränität zunächst eines der Merkmale, mit denen die Vernunft ihre eigentliche Macht und ihr eigentliches Element bestimmt, nämlich eine gewisse Unbedingtheit. Weiterhin ist sie die Konzentration der absoluten Gewalt und der absoluten Ausnahme in einem einzigen Punkt unteilbarer Singularität (Gott, Monarch, Volk, Staat oder Nationalstaat). Man mußte nicht erst auf Carl Schmitt warten, um zu wissen, daß souverän derjenige ist, der ausnahmsweise und performativ

über die Ausnahme entscheidet, der das Recht innehat oder sich verleiht, das Recht aufzuheben; oder um zu wissen, daß dieser politisch-juridische Begriff, wie alle anderen auch, ein theologisches Erbe säkularisiert. Es ist nicht nötig (und ich habe auch die Zeit nicht dazu), all die problematischen Fragen der Souveränität heute und morgen, in Europa und der Welt zu illustrieren. Ich beschränke mich zum Abschluß auf zwei telegraphische und programmatische Hinweise.

A. Warum habe ich *erstens* vorhin die Entstehungszeit der Husserlschen *Krisis*-Schrift betont? Dieses Datum fällt in die Zeit zwischen zwei Ereignissen, die als beispiellos galten und den Namen *Weltkriege* erhielten, auch wenn sie zunächst innereuropäische Kriege zwischen Staaten oder Koalitionen souveräner Staaten waren, deren unterstellte Rationalität den Horizont der *Krisis*-Schrift selbst abgibt. Im Vortrag von 1935 war, wir erinnern uns, nicht nur von Europa und der übrigen Welt die Rede, sondern auch von nationalen Gemeinschaften und Nationalstaaten, die mithin den Horizont dieses Diskurses bilden. Läßt sich ein solcher Aufruf in die Gegenwart übertragen oder übersetzen, in eine Zeit, in welcher der Begriff der unteilbaren und deshalb unteilhabaren nationalstaatlichen Souveränität einer mehr als kritischen Überprüfung ausgesetzt ist? Diese Prüfung beweist mehr und besser denn je (denn die Sache datiert nicht erst von gestern) die Brüchigkeit der nationalstaatlichen Souveränität, ihren prekären Charakter, das Zerstörungsprinzip, das in ihr arbeitet – und die krampfhafte, oftmals mörderische Verleugnung ihrer letzten Zuckungen. Gleichzeitig gibt es aber Bereiche, wo es, wie ich gesagt habe, an *Souveränität* nach wie vor *mangelt*, nämlich dort, wo die Rationalität der universellen Menschenrechte in die nationalstaatliche Souveränität einbricht (man denke an humanitäre Initiativen, Nichtregierungsorganisationen, an die mühevolle Einsetzung eines Internationalen Strafgerichtshofs und so viele andere Beispiele des Völkerrechts). Das führt dazu, daß in dieser so dunkel als »Globalisierung« [mondialisation] bezeichneten Phase der Begriff des *Krieges* (und also auch des *Weltkrieges*, des *Feindes* und selbst des *Terrorismus*, zusammen mit der Opposition zwischen zivil und militärisch, zwischen Armee, Polizei und Miliz) seine Triftigkeit einbüßt. Was man nicht minder dunkel den »11. September« nennt, hat diese neue Situation gewiß nicht geschaffen und nicht einmal ans Licht gebracht, freilich medial inszeniert. Diese theatralische Medieninszenierung ist übrigens ein wesentlicher und mitbestimmender Bestandteil des Ereignisses. Von beiden Seiten einkalkuliert, verdient sie ebenso viele Fragen und Analysen wie das, worüber sie in einem schlichten und neutralen Informationsvorgang nur zu »berichten« scheint.

Zu all den Prämissen, die uns das Ende des kalten Krieges hinterlassen hat, gehört es, daß die vorgebliche Globalisierung [mondialisation] mehr Ungleichheit und Gewalt erzeugt denn je, also eher »vorgeblich« als global [mondiale] ist; daß es *die* Welt [*le* monde] nicht gibt, daß wir weltlos* sind, daß wir eine Welt nur vor diesem Hintergrund von Nichtwelt *formen*; daß es keine Welt, nicht einmal Weltarmut* (wie Heidegger sie den Tieren zubilligt) in diesem Abgrund von Weltlosigkeit gibt, in dem es ohne einen Träger und unter der Voraussetzung des Fehlens einer Stütze, eines Grundes, eines Bodens oder Fundaments so scheint, als ob einer den anderen *trüge*, als ob ich mich ohne Träger und ohne Hypothese *vom* anderen und *zum* anderen *getragen* fühlte, so wie Celan sagt: »Die Welt ist fort, ich muß dich tragen«*; daß es vielleicht keine Welt mehr gibt, daß es die Welt noch nicht gibt, daß die Welt sich vielleicht entfernt, in der Ferne verliert, erst noch kommen soll. Und wenn nun unter diesen Prämissen die vorgebliche Globalisierung in unerhörtem Maße die natürlichen Ressourcen, die kapitalistischen Reichtümer, die technisch-wissenschaftlichen und sogar teletechnologischen Potentiale in einer Parzelle der menschlichen Welt konzentriert und in Beschlag nimmt, wenn sie sich darüber hinaus die beiden Formen von Immunität vorbehält, nämlich öffentliche Gesundheit und militärische Sicherheit – dann steht in den Machtkonflikten um die Hegemonie nicht mehr ein souveräner Staat einem Feind gegenüber, der aktuell oder virtuell staatliche Gestalt annähme.

Die Vereinigten Staaten und ihre Verbündeten beziehungsweise die internationalen Institutionen, die (wie der Sicherheitsrat, wenn nicht überhaupt die UNO) in ihren wirksamen Maßnahmen weitgehend von jenen abhängig sind, sind nicht mehr mit einem identifizierbaren Feind in der Gestalt eines »staatlichen« Territoriums konfrontiert, mit dem sie sich in einem »Krieg« befänden, und wäre es ein Krieg gegen den internationalen Terrorismus. Aus der Luft oder vom Boden abgefeuerte chemische, bakteriologische oder atomare Raketen können ebenso wie diskrete Eingriffe in Computersysteme (»cyberattacks«) die mächtigsten Staatsapparate erschüttern oder zerstören. Diese Waffen entziehen sich von nun an jeder Kontrolle und jeder staatlichen Registratur. Sie stehen nicht mehr bloß einem Staat oder einer Koalition souveräner Staaten zur Verfügung, die zu ihrem Schutz – wie im kalten Krieg – noch in der gegenseitigen Überbietung ein kalkulierbares Gleichgewicht des Schreckens austariert haben, gemäß der Vorgabe einer rationalen Spieltheorie, die mit höchster Wahrscheinlichkeit und aus Prinzip die selbstmörderische Operation ausschloß. All das ist vorbei. Eine neue Gewalt kündigt sich an und wird in der Tat lange wüten, eine Gewalt, die in deutlich höherem Maße selbstmörderisch und autoimmunitär toben wird denn je. Diese Gewalt fällt nicht mehr unter den Begriff des *Welt*krieges oder des *Krieges* überhaupt, schon gar nicht unter den irgendeines Kriegsrechts. Und das hat nichts Beruhigendes, im Gegenteil. Es handelt sich im wesentlichen nicht mehr um einen klassischen zwischenstaatlichen Krieg, der nach alteuropäischem Recht erklärt würde, noch um einen innerstaatlichen Bürgerkrieg, noch um das, was Carl Schmitt »Partisanenkrieg« genannt hat; denn dieser griff – ebenso wie der »klassische« Terrorismus – auf Gewalt und Terror nur zurück, um früher oder später die Befreiung oder Gründung einer nationalstaatlichen, territorial fundierten Gemeinschaft, also einer Souveränität, zu erkämpfen. Heute dagegen gibt es kaum noch etwas, was man in aller Strenge »Krieg« oder »Terrorismus« nennen könnte, selbst wenn hier oder da das Modell von Kriegen oder von Terrorismus in jenem dreifachen Sinne noch überlebt haben mag; und selbst wenn eine wild herumfuchtelnde bewaffnete Rhetorik noch den Eindruck erwecken muß, man ziehe in den Krieg oder bereite gegen diese oder jene feindliche, als Staat organisierte Macht oder dem Feind als Nährboden dienende staatliche Struktur einen Krieg vor. Das Getöse dieser kriegerischen Mobilisierungen ist gewiß entsetzlich effizient, konkret, rational und real, es beherrscht und betäubt die ganze Erde. Aber es darf uns nicht vergessen lassen, daß es sich dabei um nützliche Projektionen und äußerste Verleugnungen handelt, um »Rationalisierungen« im Sinne der psychoanalytischen »Sexualtheorie«. Vielleicht ist eine solche mächtige »Rationalisierung« im Gange, ob sie sich ihres Kalküls nun bewußt ist oder nicht. Sie besteht darin, gegen sogenannte Schurkenstaaten *(rogue States)* Vorwürfe zu erheben und zu Felde zu ziehen, ohne sich dabei sonderlich um das Völkerrecht zu kümmern. Diese Rationalisierung wird von hegemonialen Staaten vorgenommen, angefangen mit den Vereinigten Staaten, denen man früh und überzeugend nachgewiesen hat (Chomsky war nicht der einzige), daß sie sich selbst seit langem als *rogue State* verhalten. Im übrigen ist jeder Staat virtuell und *a priori* imstande, seine Macht zu mißbrauchen und als Schurkenstaat das internationale Recht zu verletzen. Jeder Staat hat etwas von einem Schurkenstaat. Der Einsatz staatlicher Macht ist *ursprünglich* exzessiv und mißbräuchlich. So wie im übrigen der Rückgriff auf Terror und Schrecken, der von jeher, seit Urzeiten – Hobbes hat die völlig zutreffende Theorie dazu geliefert – die letzte Zuflucht der souveränen Staatsmacht gewesen ist: stillschweigend oder ausdrücklich, grob oder subtil, vertraglich oder paternalistisch kaschiert. Das Gegenteil zu behaupten ist stets eine Verleugnung, eine Rationalisierung, manchmal eine Vernünftelei, die uns nicht täuschen sollte.

Das erinnert uns daran, daß man sich im Namen der Vernunft manchmal vor Rationalisierungen hüten muß. Allzu rasch sei im Vorübergehen gesagt, daß die kommende Aufklärung uns nötigen sollte, auch mit der Logik des Unbewußten zu rechnen und also zumindest mit der Idee, um nicht zu sagen mit der Lehre, die von einer psychoanalytischen Revolution angestoßen wurde. Die übrigens keine Chance gehabt hätte, in der Geschichte, unter anderen Umständen, ohne jene vergiftete Medizin, ohne das *pharmakon* jener starren und grausamen Autoimmunität aufzutauchen, die man manchmal als »Todestrieb« bezeichnet und die das Lebendige nicht auf die Form eines repräsentierenden Bewußtseins beschränkt.

Zweifellos ist es also im Namen der Vernunft erforderlich, eine Logik der nationalstaatlichen Souveränität in Frage zu stellen und zu begrenzen. Zweifellos ist es notwendig, mit ihrem Prinzip der Unteilbarkeit, ihrem Ausnahmerecht, ihrem Recht zur Aufhebung des Rechts auch die Ontologie zu erschüttern, die ihr unleugbar zugrunde liegt, selbst wenn sich die Herrschaftsform Demokratie nennt und selbst wenn dies, auf meiner Ansicht nach angreifbare Weise, etwa von Bodin-, Hobbes- und Rousseau-Spezialisten bestritten wird.

Wenn ich von einer Ontotheologie der Souveränität spreche, so beziehe ich mich unter dem Namen Gottes auf den Einen Gott, auf die Bestimmung einer souveränen, also unteilbaren Allmacht. Wo freilich der Name Gottes an anderes denken ließe, etwa an eine verletzliche, leidende und teilbare, sogar sterbliche Nichtsouveränität, die imstande wäre, sich zu widersprechen oder zu bereuen (ein Gedanke, der weder unmöglich noch beispiellos ist), läge ein ganz anderer Fall vor, vielleicht der eines Gottes, der sich bis in seine Selbstheit hinein dekonstruiert.

Jedenfalls ist eine solche Infragestellung der Souveränität nicht bloß die rein akademische, spekulative Notwendigkeit einer politischen Philosophie oder irgendeiner genealogischen beziehungsweise dekonstruktiven Wachsamkeit. Sie ist im Gange, sie ist am Werk, sie ist das, was *geschieht* [arrive]. Sie *ist* und sie *macht* Geschichte im Verlauf der beängstigenden Turbulenzen, die wir erleben. Übrigens geschieht es, wie ich gerade sagte, häufig im Namen der Universalität der Menschenrechte, zumindest ihrer Perfektibilität, daß die souveräne Unteilbarkeit des Nationalstaats zunehmend in Frage gestellt wird, ebenso wie die Immunität der Souveräne, Staatschefs und Generäle und ebenso wie die Todesstrafe, das letzte Attribut staatlicher Souveränität.

B. Und dennoch wäre es *zweitens* unvorsichtig und voreilig, in der Tat wenig vernünftig, sich bedingungslos und frontal einer ihrerseits unbedingten und unteilbaren Souveränität entgegenzustellen. Man kann nicht, und schon gar nicht *frontal*, *jede* Souveränität bekämpfen, die Souveränität *überhaupt*, ohne zugleich jenseits der nationalstaatlichen Gestalt der Souveränität die klassischen Prinzipien der Freiheit und Selbstbestimmung zu bedrohen. Ebenso wie die klassische Tradition des Rechts (und der Gewalt, die es unterstellt) sind diese klassischen Prinzipien von einer unteilbaren und zugleich teilhabbaren Souveränität nicht zu trennen. Die nationalstaatliche Souveränität kann selbst in bestimmten Zusammenhängen zum unentbehrlichen Bollwerk gegen diese oder jene internationale Macht, gegen ideologische, religiöse oder kapitalistische beziehungsweise sprachliche Hegemonien werden, die unter dem Deckmantel des Liberalismus oder Universalismus in einer Welt, die nichts weiter als ein Markt wäre, die bewaffnete Rationalisierung von Partikularinteressen darstellten. In jeweils singulären Zusammenhängen, in denen die respektvolle Aufmerksamkeit, die man der Singularität schuldet, nicht relativistisch, sondern universalistisch und rational ist, bestünde Verantwortlichkeit wiederum darin, sich ohne *determinierende* Regelkenntnis gleichwohl zu orientieren. Verantwortlich sein, Vernunft bewahren hieße: Maximen für die Aushandlung von Kompromissen [maximes de transaction] zu erfinden, um zwischen zwei gleichermaßen rationalen und universellen, jedoch widersprüchlichen Anforderungen der Vernunft wie ihrer Aufklärung zu erfinden.

Die Erfindung solcher Maximen ähnelt der poetischen Erfindung eines Idioms, dessen Singularität keinem Nationalismus wiche, auch keinem europäischen Nationalismus – selbst wenn, wie ich glauben möchte, unter den heutigen geopolitischen Vorgaben, ein neues europäisches Denken, eine ganz neue Zielsetzung und Verantwortlichkeit Europas vielleicht dazu berufen sind, diesem Idiom eine neue Chance zu geben. Jenseits jedes Eurozentrismus. Dieses Idiom wäre wiederum das einzigartige Idiom der Vernunft, des *vernünftig* ausgehandelten Kompromisses zwischen zwei antinomischen Rationalitäten. Auf seine äußerste Schwierigkeit beziehungsweise seine Un-möglichkeit zugespitzt: Was ich hier, in diesen und keinen anderen Sätzen, das *Vernünftige* nenne, dessen *Tragweite* sich auf die *Prä-ferenz* selbst erstreckt, wird stets dem Rationalen *vorzuziehen* sein, auf das es nicht reduziert werden kann und das es überschreitet. In solchen Sätzen hätte das *Rationale* just mit dem Genauen [juste] zu tun, manchmal auch mit der Genauigkeit [justesse] der juridischen und berechnenden Vernunft. Doch das *Vernünftige* tut mehr und etwas anderes. Es würde gewiß die Buchführung der juridischen *Genauigkeit* berücksichtigen, aber es würde sich auch, vermittels Aushandlung und Aporie, um Gerechtigkeit [justice] bemühen. Das Vernünftige, wie ich es hier verstehe, wäre eine Rationalität, die das Unberechenbare in Rechnung stellen würde, um von ihm Rechenschaft zu geben, selbst wo es unmöglich scheint, um es in Rechnung zu stellen und *mit* ihm zu rechnen, das heißt mit dem Ereignis dessen, *was* kommt, oder dessen, *der* kommt.

Um die Ehre der Vernunft zu retten, wird es darauf ankommen, daß man zu *übersetzen* versteht. Zum Beispiel das Wort »vernünftig«. Und daß man, jenseits seiner lateinischen Herkunft, in mehr als einer Sprache den fragilen Unterschied zwischen dem *Rationalen* [rationnel] und dem *Vernünftigen* [raisonnable] zu ehren versteht.

Die Vernunft denkt rational [la raison raisonne], gewiß, sie hat recht und sie gibt sich das Recht, rational zu denken, um sich zu bewahren, um Vernunft zu bewahren. Ebendarin ist sie *sie selbst* und will es sein; ebendarin liegt ihre souveräne Selbstheit.

Doch um die Vernunft an ihre Selbstheit zu erinnern, muß man sie auch vernünftig überdenken [raisonner].

Eine Vernunft muß sich vernünftig überdenken lassen.

[Der folgende Text Derridas – weder Vor- noch Nachwort, weder Klappen- noch Umschlagtext – liegt der französischen Originalausgabe als loses Blatt bei.]

»*La raison du plus fort et toujour la meilleure*
Nous l'allons montrer tout à l'heure.«
»*Des Stärkern Recht ist stets das beste Recht gewesen*
Ihr sollt's in dieser Fabel lesen.«

Aus welcher politischen Geschichte könnten wir heute, in derselben Tradition, diese fabelhafte Moral ziehen?

Zwei Vorträge[1] antworten einander in diesem Buch, wie ein Echo. Beide handeln von der *Vernunft* und der *Demokratie*. Und von dem, was unter diesen beiden Bezeichnungen noch aussteht, *im Kommen* bleibt [reste *à venir*]. Der Ausdruck *kommend* deutet nicht nur auf ein Künftiges hin, sondern auf den, der kommt, oder das, was kommt; auf das Kommen des anderen oder die Unvorhersehbarkeit eines Ereignisses; auf die Ankunft dessen, der kommt und den man nicht kommen sieht; dessen, was kommt und was man nicht kommen sieht.

Handele es sich um die *Vernunft* oder die *Demokratie*, gehe es um Politik oder Technowissenschaft – wie sehen in der Epoche der angeblichen »Globalisierung« die künftigen Beziehungen zwischen Gewalt und Vernunft aus? Gibt es eine Macht der Vernunft? Eine Vernunft als Macht?

Die Begriffe »Vernunft,« »Demokratie«, »Welt« und vor allem »Ereignis« sind in ein und demselben Geflecht miteinander verwoben. Als Leitfaden dient uns die Frage der *Souveränität*, insbesondere der Souveränität der Nationalstaaten, gleichviel, ob sie sich als demokratisch bezeichnen oder nicht.

1 Der erste Vortrag, »Das Recht des Stärkeren (Gibt es Schurkenstaaten?«) wurde am 15. Juli 2002 in Cerisy-la-Salle gehalten. Das von Marie-Louise Mallet geleitete zehntägige Kolloquium von Cerisy stand unter dem Titel »Die kommende Demokratie (Um Jacques Derrida)«. Der zweite Vortrag, »Die ›Welt‹ der kommenden Aufklärung (Ausnahme, Kalkül und Souveränität)«, wurde zur Eröffnung eines Kongresses der Vereinigung der französischsprachigen Gesellschaften für Philosophie am 27. August 2002 an der Universität Nizza gehalten. Dieser Kongreß trug den Generaltitel »Die Zukunft der Vernunft und das Werden der Rationalitäten«.

Was »kommt« heute auf die Technowissenschaft, das internationale Recht, die moralisch-juridische Vernunft, die politischen Praktiken, die bewaffnete Rhetorik »zu«? Was geschieht ihnen, wenn sie dem Begriff und dem Namen der *Souveränität* unterstellt werden, wo doch die überkommene Macht und die ontotheologische Fiktion dieses Namens und dieses Begriffs mehr denn je an Legitimität eingebüßt haben?

Was geschieht mit dem Motiv des »Politischen« und des »Krieges« (des Weltkriegs oder regionalen Kriegs, des zwischenstaatlichen oder Bürgerkriegs, des sogenannten »Partisanenkriegs«)? Was wird aus dem Motiv des (nationalen oder internationalen) »Terrorismus«, wenn das alte Gespenst der staatlichen Souveränität seine Glaubwürdigkeit verliert? Diese Situation ist durch das angeblich zentrale, auf einen ominösen »11. September 2001« datierte »Ereignis« gewiß nicht geschaffen, ja nicht einmal an den Tag gebracht worden, auch wenn die mediale Inszenierung dieser Morde und Selbstmorde die Struktur und die Möglichkeit des besagten Ereignisses bildete.

Das Wort *Schurke* hat eine Geschichte. Der Begriff »Schurkenstaat« ist zunächst die rezente und mehrdeutige Übersetzung dessen, was die amerikanische Administration als *rogue State* bezeichnet. Er gibt also wieder, was im Zuge der *Globalisierung* geschieht (die man neuerdings mit dem sehr fragwürdigen Begriff *mondialisation* ins Französische übersetzt). Diese Übersetzungen bringen uns auf das, was man zumindest vorläufig als »die Frage der Vereinigten Staaten« etikettieren könnte.

Wie jüngst in *Die unbedingte Universität*[2] wird auch in diesem Band eine fragile, doch zweifellos unumgängliche Unterscheidung vorgeschlagen: zwischen der (prinzipiell stets unteilbaren) »Souveränität« und der »Unbedingtheit«. Eine solche Trennung legt – in der Unvorhersehbarkeit eines horizontlosen Ereignisses wie in der einzigartigen Ankunft des anderen – den Gedanken einer *schwachen Kraft* nahe. Diese verletzliche, kraftlose Kraft setzt sich dem *Kommenden*, der (das) sie affiziert, schutzlos aus. Das Kommen dieses Ereignisses fällt nicht mehr

---

2 Jacques Derrida, *Die unbedingte Universität*. Übersetzt von Stefan Lorenzer, Frankfurt am Main: Suhrkamp 2002.

unter die legitime Autorität der sogenannten »Performativa«. Es überschreitet also auch, ohne ihr eine gewisse Triftigkeit abzusprechen, die nützliche Unterscheidung zwischen »konstativ« und »performativ«.

Was hier vertreten wird, könnte an einen messianischen Glaubensakt denken lassen – freilich einen irreligiösen Glauben ohne Messianismus. Eher als an eine »Religion innerhalb der Grenzen der bloßen Vernunft« (die bei Kant ja noch sehr christlich grundiert ist) hätte eine solche Behauptung Anklänge an eine weitere Bestimmung der *chora*. Im Zuge einer Neuinterpretation des Platonischen *Timaios* hatte ich mit dem Namen *chora* (der ganz allgemein *Lokalität*, Verräumlichung, Intervall bedeutet) einen anderen, alterslosen Ort benannt, ein anderes »Statthaben«, den Platz oder die unersetzliche Setzung einer »Wüste in der Wüste«, eine Verräumlichung »vor« jeder Chrono-Phänomenologie und jeder Offenbarung, jeder Dogmatik und jeder anthropo-theologischen Geschichtlichkeit.

Dieser Ort ist weder ein fester Boden noch ein Fundament. Und doch könnte hier ein Anruf ergehen, der Ruf nach einem Denken des *kommenden* Ereignisses: der *kommenden* Demokratie, der *kommenden* Vernunft. Gewiß liegen auf diesem Ruf alle Hoffnungen, aber er als solcher bleibt ohne Hoffnung. Nicht verzweifelt, doch jeder Teleologie, jeder Hoffnung und jedem Erlösungs*heil* [salut de salvation] fremd. Nicht fremd hingegen dem *Gruß* [salut] an den anderen, dem Lebewohl oder der Gerechtigkeit, doch widerspenstig gegen die Ökonomie der Erlösung.

Jacques Derrida
im Suhrkamp Verlag

Das andere Kap
Die vertagte Demokratie. Zwei Essays zu Europa.
Übersetzt von Alexander García Düttmann.
es 1769. 97 Seiten

Gesetzeskraft
Übersetzt von Alexander García Düttmann.
es 1645. 125 Seiten

Gesetzeskraft
Der »mystische Grund der Autorität«. Übersetzt
von Alexander García Düttmann. Für die vorliegende deutsche Ausgabe ist der Text vom Autor
und Übersetzer durchgesehen und überarbeitet
worden. Einmalige Sonderausgabe.
es 3331. 125 Seiten

Grammatologie
Übersetzt von Hans-Jörg Rheinberger und Hanns
Zischler. stw 417. 541 Seiten

Politik der Freundschaft
Übersetzt von Stefan Lorenzer. stw 1608. 492 Seiten

Die Schrift und die Differenz
Übersetzt von Rodolphe Gasché. Die Übersetzung
von »Cogito und Geschichte des Wahnsinns«
wurde von Ulrich Köppen besorgt.
stw 177. 452 Seiten

Seelenstände der Psychoanalyse
Übersetzt von Hans-Dieter Gondek.
104 Seiten. Kartoniert

Die Stimme und das Phänomen
Einführung in das Problem des Zeichens in der
Phänomenologie Husserls. Übersetzt von Hans-
Dieter Gondek. es 2440. 144 Seiten

Vergessen wir nicht – die Psychoanalyse!
Herausgegeben, übersetzt und mit einem Nachwort
von Hans-Dieter Gondek. es 1980. 234 Seiten

Vom Geist. Heidegger und die Frage
Übersetzt von Alexander García Düttmann.
stw 995. 159 Seiten

Die unbedingte Universität
Übersetzt von Stefan Lorenzer. es 2238. 80 Seiten

Geoffrey Bennington / Jacques Derrida
Jacques Derrida. Ein Portrait. Übersetzt von Stefan
Lorenzer. stw 1550. 413 Seiten

Jacques Derrida / Michel de Montaigne
Über die Freundschaft. Übersetzt von Stefan
Lorenzer und Hans Stilett. BS 1331. 93 Seiten

Jacques Derrida / Gianni Vattimo
Die Religion. es 2049. 251 Seiten